小学开放性思政课堂建设研究

周在芬◎著

哈尔滨出版社
HARBIN PUBLISHING HOUSE

图书在版编目（CIP）数据

小学开放性思政课堂建设研究 / 周在芬著 . -- 哈尔
滨 : 哈尔滨出版社 , 2025.1. -- ISBN 978-7-5484
-8094-5

Ⅰ . G623.102

中国国家版本馆 CIP 数据核字第 2024H7C721 号

书　　名：**小学开放性思政课堂建设研究**
XIAOXUE KAIFANGXING SIZHENG KETANG JIANSHE YANJIU

作　　者：周在芬　著

责任编辑：赵　芳

封面设计：吉　祥

出版发行：哈尔滨出版社（Harbin Publishing House）

社　　址：哈尔滨市香坊区泰山路 82-9 号　　邮编：150090

经　　销：全国新华书店

印　　刷：北京虎彩文化传播有限公司

网　　址：www.hrbcbs.com

E-mail：hrbcbs@yeah.net

编辑版权热线：（0451）87900271　 87900272

开　　本：710mm×1000mm　 1/16　 印张：15.25　 字数：239 千字

版　　次：2025 年 1 月第 1 版

印　　次：2025 年 1 月第 1 次印刷

书　　号：ISBN 978-7-5484-8094-5

定　　价：58.00 元

凡购本社图书发现印装错误，请与本社印制部联系调换。

服务热线：（0451）87900279

内容简介

本书致力于探索小学思想政治课堂创新的学术著作。通过深入剖析思政教育的概念、小学生思维发展特点，以及开放性教育理论和跨学科教学的理论基础，本书建立了小学开放性思政课堂的坚实理论基础。在课程设计与内容构建方面，书中详细探讨了思政课程设计原则、跨学科知识的融入，以及如何选取丰富多彩的社会、国家、文化等内容，与个性化的丰富德育活动相结合，为开展开放性思政教育提供了具体指导。突出强调地域文化特色活动和地方名人文化的融合，个性化德育活动与家庭教育的融合，通过实施案例分析，展示了如何通过这些元素丰富思政课堂的内涵。此外，本书聚焦于小学沉浸式、开放性思政课堂建设，阐述了沉浸式思政教育的概念与特点，提出了开放性课堂的设计原则，并通过成功经验的分享，为构建更具活力和吸引力的思政课程提供了实用建议。教学方法与手段方面，书中包含了互动性教学方法的应用、小组合作学习、多媒体技术在思政教育中的运用，以及学生参与型教学实践的案例，为创造更具互动性和生动性的课堂氛围提供了实用指南。评价体系与反馈机制、师资培训与专业发展、家校合作与社会实践等方面也得到了深入研究，为促进思政教育不断创新提供了理论支持和实践经验。最后，本书对信息化手段在思政课堂中的应用和未来发展趋势进行了探讨，为读者提供了前瞻性的思考。通过全面而系统的研究，本书旨在为小学开放性思政课堂的构建与实践提供深刻见解，为推动小学思政教育进一步发展提供宝贵的指导。

前　言

在当今社会，小学思政课程的开放性和多样性对培养学生全面发展至关重要。本研究旨在深入探讨小学开放性思政课堂的建设，以满足新时代小学生对综合素养的需求。随着社会变革步伐的不断加快，小学思政教育的本质也在不断演进。我们迫切需要建构一种既符合学科特点又贴合学生实际的思政教育模式，让学生在探索中体验、在互动中成长。

小学思政教育的理论基础是我们思考如何更好地进行课堂建设的出发点。本书将从思政教育的概念与目标、小学生思维发展特点、开放性教育理论与思政课堂建设、跨学科教学的理论依据以及地域文化与思政教育的融合等方面进行深入研究，为后续的思政课堂设计提供坚实的理论支持。研究中结合基于地域文化特色、沉浸式、开放性德育课堂建设、衔接家校合育社会实践的相关内容，通过这些关注点的综合运用，我们旨在构建一个开放性、有趣味、紧密结合实际的思政课堂，为学生全面发展提供更加丰富的学习体验。最后对相关教学方法与手段、评价体系与反馈机制进行构建，并对信息化手段与思政课堂的未来进行展望，了解当前时代下小学开放性思政课堂建设的具体情况，为小学开放性课堂建设提供理论参考。

目　　录

第一章　小学开放性思政课堂的
理论基础

第一节　思政教育的概念与目标

一、思政教育的定义

思想政治教育是一项追求满足社会和人的发展需要的活动，其本质在于教育者与受教育者根据社会和自身发展的需要，在正确的思想、政治、道德理论的指导下，以适应和促进社会发展为过程，不断提高思想、政治、道德素质，促进全面发展。这一教育形式体现了以人为本的理念，同时强调了正确思想、政治、道德理论的指导，以及教育者与受教育者在社会发展过程中的互动，是社会主义核心价值观的培养、社会责任感的强化和道德判断力的提升的过程。

思想政治教育作为社会发展与人的发展需要的反映，强调了以人为本的教育活动。它不仅注重个体的全面发展，更关注如何满足社会整体的需求，使教育在服务社会的同时实现个体价值的最大化。这既包含了以人为本的理念，也涵盖了以人为用的教育价值实现。思想政治教育强调以正确思想、政治、道德理论为指导，使思想政治教育具有共同的价值取向和遵循准则。这不仅为教育者与受教育者提供了共同的理念基础，也防止了教育只教不信的偏向。正确的理论指导为思政教育提供了坚实的哲学基础，确保其在实践中能够更好地发挥作用。另外思想政治教育强调将教育者与受教育者适应与促进社会发展以及不断提高思想、政治、道德素质和促进全面发展作为目的。适应与促进社会发展既是思想政治教育的社会价值所在，也是为了实现个体价值的发展和全面提升。在这个过程中，思政教育通过培养社会主义核心价值观、强化社会责任感和公民意识，提高道德判断力和行为自律能力，为受教育者在社会中更好地参与和贡献奠定了基础。

二、思政教育的目标

人无德不立，国无德不兴；法治兴则国兴，法治强则国强。提高公民道德修养和法治素养，是促进社会全面进步、人的全面发展的必然要求。青少年阶段是人生"拔节孕穗期"，要扣好人生第一粒扣子，尤其需要精心引导和培育。道德与法治教育基于社会发展和学生成长的需要，以正确的政治思想、道德规范和法治观念对学生进行循序渐进的系统化教育，在道德教育中发挥法治对道德的促进作用，在法治教育中发挥道德对法治的滋养作用，使道德教育与法治教育相辅相成、相得益彰，培养学生成为担当民族复兴大任的时代新人。

思政课是落实立德树人根本任务的关键课程，道德与法治课程是义务教育阶段的思政课。根据 2022 年小学道德与法治新课标的要求，思政教育旨在提升学生思想政治素质、道德修养、法治素养和人格修养等，增强学生做中国人的志气、骨气、底气，为培养以实现中华民族伟大复兴为己任的有理想、有本领、有担当的时代新人打下牢固的思想根基。围绕着核心素养，体现课程性质，反映课程理念，思政教育确定了如下目标：

1. 学生能够初步了解中国的基本国情、中华优秀传统文化的主要代表性成果，了解中国共产党的历史和革命传统、改革开放和中国特色社会主义的伟大成就，汲取党史、新中国史、改革开放史、社会主义发展史所蕴含的精神力量，热爱伟大祖国、中华民族、中华文化、中国共产党和中国特色社会主义，为自己是中国人而自豪；具有维护民族团结的意识，能够把个人发展和国家命运联系起来，维护国家利益和安全；能够理解社会主义核心价值观的内涵及其重要意义，并在社会生活中自觉践行；能够以实现中华民族伟大复兴为己任，增强做中国人的志气、骨气、底气，不负时代，不负韶华，不负党和人民的殷切期望；关心时事，热爱和平，初步具有国际视野和人类命运共同体意识。

2. 学生能够了解个人生活和公共生活中基本的道德要求和行为规范，能够在日常生活中践行诚实守信、团结友爱、尊老爱幼等基本的道德要求；形成初步的道德认知和判断，能够明辨是非善恶；通过体验、认知和践行，养成良好的道德品质。

3.学生能够具有基本的规则意识和安全意识，理解宪法的意义，知道与学生生活密切相关的法律，能够初步认识到法律对个人生活、社会秩序和国家发展的规范和保障作用；形成宪法法律至上、法律面前人人平等观念和权利义务相统一观念；遵守规则和法律规范，增强自我防范意识，掌握基本的自我保护方法，预防意外伤害，养成自觉守法、遇事找法、解决问题靠法的思维习惯和行为方式，初步具备依法参与社会生活的能力。

4.学生能够正确认识生命的意义和价值，珍爱生命，热爱生活；初步具有自尊自强、坚韧乐观的心理素质和道德品质；具有理性平和的心态，能够建立良好的同伴关系、师生关系和家庭关系，树立正确的合作与竞争观念，具有团队意识和互助精神；具备积极向上、锐意进取的人生态度，能够适应变化，不怕挫折。

5.学生能够关心集体、社会和国家，具有主人翁意识、责任感和集体主义精神，主动承担对自己、家庭、学校和社会的责任，自觉维护祖国统一和国家安全；能够主动参与志愿者活动、社区服务活动，具有为人民服务的奉献精神，勇于担当；能够遵守社会规则和社会公德，依法依规有序参与公共事务，具有公共意识和公共精神；敬畏自然，保护环境，形成人与自然生命共同体的意识。

三、思政教育课程的特点

思政教育课程具有政治性、思想性、综合性和实践性的特点。

（一）政治性

思政教育的政治性特征体现在坚持以价值导向为核心，强调中国共产党的领导地位。课程设计和教学实践中，思政教育始终以马克思主义为指导，特别是中国化的马克思主义。习近平新时代中国特色社会主义思想被视为当代中国马克思主义的集中体现，是中华文化和中国精神的时代精华。这一理论体系实现了马克思主义中国化的新飞跃，使思政教育在弘扬社会主义核心价值观、培养拥护党的领导、传承中华文化传统等方面发挥着重要作用。思政教育的政治性特征对塑造学生正确的世界观、人生观、价值观，增强他们的社会责任感和历史使命感具有重要意义。

（二）思想性

思政教育的思想性特征体现在坚持正确思想导向和价值引领，以立德树人为根本任务，以培育社会主义核心价值观为根本目的。在思政教育的实践中，着重帮助学生增强是非判断能力，使他们能够学会做出正确的价值判断与行为选择，逐步形成正确的世界观、人生观、价值观。这种思想性特征意味着在教学过程中，不仅注重传授知识，更重要的是引导学生树立正确的思想观念和价值取向，使其具备正确的道德观念和社会责任感。思政教育的思想性特征对于培养学生的综合素质和社会责任感具有重要意义，有助于他们在未来的工作和生活中做出积极的贡献，成为德智体美劳全面发展的社会主义建设者和接班人。

（三）综合性

思政教育的综合性特征体现在道德与法治课程的全面涵盖和多方面关联。义务教育阶段的道德与法治课程在内容上广泛涵盖了青少年学生社会生活的政治、经济、社会、法治、道德、生命健康等方方面面。强调课程内部及与其他学科知识的整合，致力于打通知识内容与生活世界之间的壁垒，建立课程内容与学生经验、社会生活的紧密联系。这种综合性特征意味着思政教育不仅仅是对知识的传授，更重要的是帮助学生全面理解社会、人生和价值观念，使他们在学习过程中能够将所学知识与实际生活相结合，增强学习的实践性和可操作性。思政教育的综合性特征有助于学生全面发展，提高他们的综合素质和社会适应能力，培养他们成为具有综合素养的新时代公民。

（四）实践性

思政教育的实践性特征体现在道德与法治课程的强调学生在学习过程中的实践活动。该课程的目标并非仅仅是掌握知识内容，而是将所学知识与学生真实生活相结合，注重学以致用、知行合一的理念。通过课堂教学和社会实践活动，实现课程与生产劳动、社会实践的有机结合，充分发挥实践的独特育人功能。这种实践性特征意味着思政教育不仅注重理论知识的传授，更强调学生在实际生活中的运用和实践，促进学生形成正确的世界观、人生观、价值观。通过真实情境的介入，学生能够更深入地理解和应用所学知识，实现高阶思维的深度学习。思政教育的实践性特征有助于提高学生的综合素质和社会适应能力，培养他们成为具有创新能力和实践能力的新时代公民。

三、思政教育的重要性

思政教育课程是立德树人的关键课程，既承载了培养学生社会主义核心价值观的使命，也是引导学生树立正确世界观、人生观、价值观的主要渠道。思政教育不仅是灌输知识，更是熏陶情操、塑造人格的过程。在这个过程中，学生不仅能够学习到党的路线方针政策、国家发展战略和法律法规知识，更能够感受到爱国主义、集体主义、社会主义等优秀品质的力量，逐步形成正确的思想政治立场和人生观。如义务教育阶段中，道德与法治课程作为思政课的重要组成部分，旨在引导学生树立正确的道德观念和法治意识，培养他们自觉遵守法律法规、尊重他人、关爱社会的良好品质。通过深入的思政教育，学生将不仅成为有理想、有本领、有担当的时代新人，更会成为中华民族伟大复兴的坚定支持者和推动者。

另外思政教育重要性不仅在于培养学生个人的思想政治素质和道德品质，更在于推动社会的全面进步和发展。作为社会主义建设的重要一环，思政教育承担着传承和弘扬中华民族优秀传统文化的使命，有助于凝聚全社会的正能量，促进社会主义核心价值观在社会各个方面的深入落实。同时，思政教育课程的开展也为社会法治建设和文明进步提供了有力支持，促进了社会公平正义和法治精神的普及。通过思政教育，中华民族的精神文明和物质文明得以双提升，社会主义现代化建设的目标得以更加坚定地实现。

思想政治教育的任务是综合性的。教书育人，"教书"只是一个渠道、途径，课程、课堂背后着眼的是人的成长。教育的本质应该是启迪学生的心智，通过教学活动、课程来锻炼和培养学生的能力及素养。教师不应该成为一个两脚书橱，而是要思考怎样培养学生的思维能力，怎样引领学生进行深度学习，如何在专业授课中发挥课程的价值教育功能。

思想政治教育以马克思主义作为理论基础，有着博大精深的真理性，同时又深深地关怀人的发展，有着深刻而现实的道义性，引领着社会成员正确地看待自己所处的社会、国家乃至世界的发展，从而正确分析并解决发展中存在的问题。通过全方位育人，促进学生知性的发展、德性的养成、信仰的体悟，形成正确观察社会、分析社会问题的知识、立场和方法。

　　思想政治教育是在思想上解疑释惑、价值引领的事业。学生成长中面临的困惑，特别是思想问题、价值问题，以及我们提出的很多理想，都需要与学生的思想实际相对接。比如，社会主义核心价值观站位高远，我们如何引导学生看待这一目标？在向目标迈进的过程中，为实现民族复兴，我们应当用自己的知识和专业做出哪些贡献？这个时候，思想政治理论就承担了明确"如何看"和"怎么办"的作用。

第二节　小学生思维发展的特点

　　小学生思维充满活力，表现出强烈的好奇心和探索欲望。他们侧重感性认知，通过观察、听觉和触觉来获取信息。思维逻辑简单，更偏向直观理解，容易受感情和情境影响。小学生学习喜欢互动和游戏，通过玩耍中的实践经验积累知识。他们对问题提出直接而天真的疑问，倾向于集体活动，社交和合作意识逐渐发展。小学生思维处于初级阶段，是培养兴趣、想象力和基础认知能力的关键时期。这一阶段，小学生思维发展有一定的特点，以下对小学生思维发展的特点进行详细概述。

一、由具体形象思维向抽象逻辑思维过渡

　　小学生思维发展的初期阶段，即低年级主要以具体形象思维为主要形式。在这个时期，学生通过感官和直观经验来认知世界，主要依赖于直觉和具象的观察。他们所掌握的概念大多是具体而直观的，例如物体的颜色、形状、大小等，这些概念都是直接感知到的。学生在这个阶段难以区分概念的本质和非本质属性，更偏向于关注事物的外在表现而非深层次的抽象特征。这一阶段的学生在问题解决中更多依赖于具体的情境和直观经验，缺乏对抽

象概念的深入理解和运用。然而，随着学生逐渐进入中高年级，小学生的思维开始向抽象逻辑思维过渡。这一过渡期通常出现在四年级左右，是学生认知发展的关键时期。在这个阶段，学生开始对抽象概念产生兴趣，能够更深入地理解事物之间的关系。他们逐渐具备了区分概念本质和非本质属性的能力，能够掌握一些抽象概念、进行判断和推理思考。结合学生的这一特点，在小学道德与法治教育中，教师可以利用具体的生活案例、情景剧或故事来引导学生进行道德思考和行为判断。如可以讲述一个小朋友面对欺凌行为时的选择与行动，让学生感同身受，体验到不同行为的后果，从而形成对正义、公平的直观认知。在教学中，逐步引导学生将所体验到的具体情境与抽象的道德原则和法治理念相联系。在讨论欺凌行为的后果时，引导学生思考为什么尊重他人、拒绝暴力是正确的选择，从而引发对于人与人之间关系、社会秩序的深入思考。学生逐渐掌握了基本的道德判断能力后，教师可以逐步引入更复杂的案例和议题，如公平分配、人权保障等，通过对相关法律法规的介绍和讨论，引导学生将道德原则与法治精神相结合，进行更深层次的思考和分析。

在教育引导下，如果策略得当，训练得法，这一转折期的发展可以提前到二年级。教育者可以通过设计启发性的问题、提供丰富的学科体验、进行实践性的活动等方式，引导学生逐渐脱离过分依赖感官经验，培养他们运用抽象逻辑思维的能力。如教师可以提出一个简单的道德问题，"小明为什么要分享自己的玩具？"引导学生对这一问题背后的原因进行分析、分享，通过这样的思考，学生逐渐理解行为背后的道德原则，并进行抽象化的推理和思考。这个过渡期的思维发展具有重要的教育意义。在小学阶段，及时而有针对性地培养学生的抽象思维，有助于他们更好地适应未来学科学习的挑战。合理的教育引导可以促使学生在小学时期就建立起更为全面和深入的抽象逻辑思维，为其整个认知体系的发展奠定坚实基础。

二、抽象逻辑思维发展不平衡

在小学时期，儿童的抽象逻辑思维发展呈现出明显的不平衡性。这一现象主要表现在不同学科和教学内容中，儿童对抽象思维的运用存在差异。在熟悉的学科和相对简单的任务中，儿童的思维中抽象的成分相对较多，抽象水平较高。以数学为例，在解决熟悉的算术问题时，儿童基本能够灵活运用抽象概念，进行较为复杂的数学运算和逻辑推理。然而，在面对不熟悉的学科和难度较大的任务时，儿童的思维中更容易体现出具体的成分。例如学生在初次接触宪法法律至上、宪法在法律体系中具有最高的权威等法律相关知识时，对儿童来讲，这是全新的知识体系，他们可能更倾向于使用直观感觉和具象经验，难以进行深入的抽象思考。在这种情况下，他们可能更容易受到任务的具体性和难度的影响，表现出较低的抽象水平。这种不平衡性的产生可能受多方面因素影响：如学科的差异和学科难度的不同可能导致儿童在应对不同学科时表现出不同的抽象思维水平。另外教学方法和教材设计的差异也可能影响儿童对不同学科的抽象思维发展。如果教学方法更注重激发学生的抽象思维，那么儿童可能在各学科中都可以更好地展现抽象逻辑思维。

为了促进抽象逻辑思维的平衡发展，教育者可以采取一系列措施。如可以设计多样化的教学活动，要注重学科知识的传授，也要重视抽象思维的培养。通过启发性的问题、逻辑游戏等方式，教育者引导学生跨越不同学科，培养他们在各个领域都能够运用抽象逻辑思维的能力。另外关注学科知识的有机整合，可以促使学生在不同学科中建立起相互联系的认知框架，提高他们处理跨学科问题时的抽象思维水平。

三、抽象逻辑思维从不自觉到自觉

小学低年级学生在抽象逻辑思维方面虽然已经有了一些初步的表现，但主要特点是缺乏自觉性。这一阶段的学生虽然能够掌握一些基本概念，进行简单的判断和推理，但他们通常缺乏对自己思维过程的主动认识和调控。在解决问题或学习新知识时，他们更多依赖直观感觉和具象经验，较少进行深层次的思维反省。在小学低年级，学生的思维主要以具体形象思维为主，他们可能更注重问题的表面特征，难以深入思考问题的本质。在解决问题时，他们可能更倾向于采用机械性的记忆和简单的逻辑判断，而较少关注问题解决的思维过程。这种思维方式的特点在于学生对于自己的思维活动并不具备明确的意识，缺乏对思考过程的深层次理解。然而，随着学生年级的逐渐升高，尤其是进入中高年级，小学生的抽象逻辑思维开始呈现出自觉性的发展趋势。在教师的引导下，学生逐渐具备了对自己思维过程的反思和监控的能力。他们能够意识到自己的解题思路，能够描述自己的思维方式，能够分析问题解决中的关键步骤。这表明学生开始具备了对自己思维过程的自觉性认识。

在中高年级，教师在教学中常常通过启发性的问题、引导性的讨论等方式，激发学生对问题解决过程的思考。学生在这个阶段逐渐学会了审视自己的思维方式，发现问题时能够主动寻找解决方案，并能够分析自己思考的逻辑。他们开始在解题过程中养成观察、反思、调整的习惯，逐渐形成对自己思维活动的自主控制。这种从不自觉到自觉的思维发展表明，小学生的抽象逻辑思维能力并非一成不变，而是在学习和教育的引导下发生显著变化。教育者在教学中可以通过引导学生思考问题的方法、提供合适的学习环境，培养学生对自己思维过程的觉察和自主调控的能力。这有助于学生在解决问题和学习新知识时更为灵活、深入地运用抽象逻辑思维，为其思维能力的全面发展奠定基础。

四、辩证逻辑思维初步发展

小学生的辩证逻辑思维发展经历了初步逻辑思维阶段，这一阶段是逻辑思维的初始阶段，表现为对简单事物关系的认知和思考。在小学一、二、三年级，儿童的思维主要处于初步逻辑思维的萌芽期。在这个阶段，他们开始学会辨别事物之间的简单因果关系，能够进行基本的逻辑推理。例如，他们能够理解简单的"如果……那么……"关系，开始形成对简单事件的因果关系认知。同时，小学生在初步逻辑思维阶段展现出对类别和概念的初步理解。他们能够将事物进行分类，认识到不同事物之间的相似性和差异性。这为后续的抽象逻辑思维提供了基础。例如，学生通过学习能够将不同的行为分为正义、公平、守规则等类别，并理解这些概念对于维护社会秩序和促进良好人际关系的重要性。

随着年龄的增长，小学四年级成为辩证逻辑思维发展的转折期。在这一阶段，儿童逐渐超越简单的因果关系，开始在思维中引入更多的对立、矛盾的概念。他们能够更灵活地运用逻辑思维，开始观察和思考事物的多面性。例如，他们可能开始意识到一个问题可以有不同的解决途径，或者一个概念可以有多种含义。研究表明，小学生的辩证逻辑思维发展水平在整个小学阶段呈现逐渐提高的趋势。初步逻辑思维在一、二、三年级得到初步形成，而在四年级进入了发展的转折期。尽管整个小学阶段的辩证逻辑思维发展水平相对较低，仍处于初级阶段，但这个阶段的培养为后续更高级别的逻辑思维奠定了基础。

教育者在引导小学生的辩证逻辑思维发展时，可以通过启发性问题、讨论、故事情节等方式，激发学生对事物多面性和矛盾性的认识。在四年级这一关键时期，更应关注学生对矛盾和对立的敏感性，引导他们从多角度思考问题。这样的教育引导，可以促进小学生辩证逻辑思维的发展，为他们更高层次的思维活动奠定基础。

第三节　开放性教育理论与思政课堂建设

一、开放性教育理论

开放性教育理论是一种教育理念，旨在推动教育体系从传统的封闭、刻板的模式转向更为灵活、个性化、参与性和实践导向的教学方式。这一理论强调学生在学习过程中的主动参与、个性差异的尊重、合作学习以及将学习与实际应用相结合。以下从这几点对开放性教育理论进行详细概述。

（一）学生参与和主动性

开放性教育理论的核心之一是将学生置于学习的核心，强调学生的参与和主动性。在这一理论框架下，学生不再被看作被动接受知识的对象，而是学习过程中的积极参与者。这意味着教育者与学生之间的关系转变为合作和互动，激发学生的兴趣和主动学习的动机。在开放性教育中，鼓励学生提出问题、参与讨论、表达自己的观点，以促使他们更深入地理解和掌握知识。这种学生参与的过程不仅仅是课堂上的互动，更是一种能够激发学生思考、发问和独立探究的学习方式。通过强调学生的主动性，开放性教育理论致力于培养学生对学习的责任感和自主性，使其在教育过程中成为真正的学习主体。这种学生参与和主动性的教育模式旨在激发学生的求知欲望，培养他们独立思考和解决问题的能力，为其未来的学业和职业生涯奠定坚实基础。

（二）个性化学习

开放性教育理论的关键要素之一是个性化学习，其核心理念在于承认每个学生都是独特的个体，具备独特的学习风格、兴趣和能力。教育者在开放性教育的框架下应根据这些个体差异，为每个学生提供个性化的学习体验，以满足其独特的学习需求，促进其全面发展。这一理论的实现依赖于采用差异化的教学方法，使教育过程更贴近学生的个体特征，激发其学习兴趣。此外，个性化学习还包括对学科的个性化选择，允许学生根据自己的兴趣和目标进行学科的深度学习。通过个性化学习计划的制订，教育者可以更好地满足学生的学习需求，推动其在认知、情感和社会层面的全面发展，为其未来的学业和职业发展奠定坚实基础。这一理论不仅强调了教育的灵活性，更致力于激发每个学生的潜能，使其在学习过程中找到个人价值和成就感。

（三）合作学习

开放性教育理论的核心之一是合作学习，强调学生之间和学生与教师之间的积极互动。在这一教育框架下，学生通过与同学、教师以及其他专业人士的合作，共同分享经验、交流观点，解决问题，培养团队合作和沟通技能。这种协作的学习环境不仅仅有助于学生更全面地理解学科知识，更重要的是培养了他们在社会交往中的技能。合作学习激发了学生的协同工作潜力，使他们能够在团队中合理分工、有效沟通，共同追求共同目标。通过这一过程，学生不仅学到了知识，还培养了在实际工作和生活中必不可少的团队协作、领导力和解决问题的能力。因此，合作学习不仅仅是一种教育方法，更是为学生成为未来社会的积极参与者和领导者奠定基础的关键要素。

（四）实践导向和应用性学习

开放性教育理论的重要方面之一是实践导向和应用性学习，强调将学习与实际应用相结合。在这一教育理念下，学生通过参与实际项目、解决真实问题等方式，将所学知识直接应用于实际情境，从而提高他们的综合应用能力。这种学习方式旨在使学生能够将抽象的学科概念转化为实际的技能和解决实际问题的能力。通过实践导向的学习，学生能够更深刻地理解学科知识，并将其运用于真实情境中，培养创新性思维和解决复杂问题的能力。此外，这种学习方式也有助于学生培养实际应用的技能，使他们更好地适应未来职业和社会的挑战。因此，实践导向和应用性学习不仅为学生提供了更具深度和广度的学习体验，也为他们的终身学习和职业发展打下了坚实的基础。

（五）多元评价

开放性教育理论在评价学生学习成果时提倡多元评价，对传统的单一评价方式进行了挑战。这一理论主张采用多元化的评价方法，其中包括项目评估、自我评价、同伴评价等形式，旨在更全面地了解学生的学习成果和能力。通过多元评价，教育者能够更全面、准确地了解学生的学术成就、创造性思维、沟通技能以及团队协作等方面的表现。相较于传统的标准化考试，多元评价更能体现学生在实际情境中的综合能力和个性发展。项目评估强调实际应用和解决问题的能力，自我评价培养学生的自我认知和反思能力，而同伴评价则促使学生学会理解和尊重他人的观点。通过引入多元评价，教育者能够更好地了解学生的学习过程，为个性化教学提供更有针对性的反馈，从而促进学生全面发展，培养具备创造性、批判性思维和团队协作能力的未来领导者。这一理念强调评价的目的不仅在于衡量学生知识的掌握程度，更在于促进学生综合素养的全面提升，为其未来在多元化社会中的成功奠定基础。

（六）开放式课程设计

开放性教育理论强调开放式的课程设计，旨在突破传统的学科划分，将学科整合为跨学科的学习体验。这一理念推动学校从狭隘的学科界限中解放出来，鼓励跨学科的融合，为学生提供更为综合、全面的学习体验。在开放式课程设计中，学科之间的界限被打破，使学生能够更全面地理解知识，深入思考不同领域之间的关系。这不仅有助于学生拓宽视野，还培养了他们的跨学科思维能力。通过将知识整合在一个开放性的学习环境中，学生能够更好地应对复杂的现实问题，培养批判性思维和创造性解决问题的能力。开放式课程设计不仅强调学科知识的广泛应用，更注重学生对综合学科素养的培养，为其未来在不断变化的社会中更好地适应和成功打下基础。这一理念使教育从传统的学科单一划分中解放出来，为学生提供更富有创造性和挑战性的学习体验，促使其形成更全面、开放的思维方式。

二、开放性教育理论在思政课堂建设中的作用

开放性教育理论在小学思政课堂建设中有许多有益的应用价值，可以促进小学生的全面素养和思维发展。以下对开放性教育理论的应用价值进行阐述。

（一）激发学生兴趣和主动性

在小学思政课堂中，激发学生兴趣和主动性的关键在于贴近学生的生活和实际情境。通过开放性教育理论的引导，教师可以设计富有趣味和挑战性的学习任务，使学习内容贴近学生的日常经验。例如，教师可以选取与小学生生活密切相关的伦理问题，如友谊、公平、诚实等，通过这些案例将抽象的伦理理论具体化，让学生能够在熟悉的场景中感受到伦理道德的重要性。

在设计课程时，要考虑学生的年龄特点和兴趣爱好，选择富有吸引力的教学内容。可以引入与小学阶段学科相关的伦理问题，如小学生在学习和生活中可能遇到的困惑和矛盾，以及如何进行道德决策等。这样的设计不仅能够激发学生对思政课的兴趣，同时也使学习更具实际意义。除了内容设计，还可以通过多样化的教学方法激发学生的兴趣。开展小组合作项目、进行小组讨论，让学生在交流中产生思考，自主学习的过程中发现问题、解决问题。引导学生参与课程设计、选择感兴趣的学习任务，提高学生对学习的投入度和积极性。此外，运用多媒体、互动性强的教学工具，如游戏化学习，可以增加学习的趣味性，从而更好地激发学生的主动性。

（二）培养批判性思维

在小学思政课堂中，培养学生的批判性思维是通过开放性教育理论实现的关键目标之一。

教师可以通过引入具有争议性和深度的伦理问题，激发学生对道德、价

值观的思考。例如，选择一些现实生活中存在的伦理难题，如友谊和诚实之间的冲突、公平和正义的认识差异等，引导学生对这些问题进行深入分析，并从不同的角度思考其中的道德取向。另外开展小组讨论是培养学生批判性思维的有效途径。在小组中，学生可以分享自己的观点，倾听其他同学的不同意见，通过互相交流激发新的思考。教师在引导讨论时可以提出开放性问题，促使学生思考问题的多层次、多角度，培养他们分析问题、评价观点的能力。这样的教学设计有助于学生超越简单的对错判断，更深入地理解伦理问题的复杂性，从而培养批判性思维的习惯。此外，教师还可以通过鼓励学生提出问题、怀疑现象，培养他们对信息的敏感性和主动探究的意愿。在学生提出问题后，可以组织一些探讨、研究的活动，引导学生主动去获取、整理相关信息，进而形成对问题更为全面和深入的理解。这种参与式的学习过程有助于激发学生的主动学习意愿，培养他们在面对复杂问题时能够主动进行分析和批判的思维方式。

（三）综合学科素养

在小学思政课堂中，开放性教育理论强调综合学科素养的培养，旨在帮助学生超越单一学科的视角，更全面地理解和应用知识。

通过引入其他学科的元素，教师可以构建具有跨学科特点的课程内容，使道德、伦理理论与语文、社会、科学等学科紧密相关。例如，在讨论社会公平时，可以引入社会学的视角，分析不同社会阶层的现象；在谈论诚实与勇敢的关系时，可以涉及文学作品中的人物塑造。这样的综合性设计不仅丰富了课程内容，还能帮助学生建立起对不同学科之间关系的认识，培养他们将多元知识整合运用的能力。另外，跨学科的设计能够促使学生运用各学科的知识和方法来解决复杂的伦理问题。在小学思政课堂中，可以设立一些跨学科的项目任务，让学生通过文学分析、社会调查、科学实验等多种方式，全面了解和解决伦理道德问题。这样的学科整合不仅使学生在解决问题时能够运用多学科的知识，同时也拓宽了他们对于伦理问题的理解深度。例如，在探讨环保问题时，可以引导学生了解科学背后的生态原理、社会中的环保行动以及文学作品中对自然的描写，形成对环保伦理的综合认识。

通过综合学科素养的培养，学生能够在不同学科之间建立起联系，拓宽对伦理问题的认识范围，从而更全面地理解和应用知识。这样的学科整合设计有助于提高学生的综合素养，培养他们跨学科思维的能力，为未来更复杂的社会问题做好认知准备。

（四）培养团队协作和沟通能力

在小学思政课堂中，开放性教育理论倡导通过小组合作学习和互动讨论等方式，培养学生的团队协作和沟通能力。通过设计小组项目和任务，教师可以激发学生的团队协作意识。例如，组织小组进行社会调查，让学生分工合作，共同收集、整理信息，形成对于伦理问题的综合性了解。这样的合作项目不仅能够使学生学会协作解决问题的方法，还能够培养他们分工合作、互相支持的团队协作精神。另外通过互动讨论，学生能够培养良好的沟通技能。教师可以引导学生参与课堂讨论，表达个人观点，倾听他人意见，逐步培养学生有效沟通的能力。通过讨论，学生可以分享自己对伦理问题的看法，学会尊重并理解他人观点，提高团队协作中的沟通效果。这样的教学策略不仅能够在课堂上培养学生的团队协作和沟通技能，同时也为他们将来更复杂的社会交往打下基础。

（五）实践应用和生活联系

在小学思政课堂中，开放性教育理论强调将学习与实际应用相结合，通过引入贴近生活的案例和情境，帮助学生更好地将伦理理论与实际生活联系起来。教师可以选择与学生日常生活密切相关的伦理问题，如友谊、诚实、公平等。通过这些贴近生活的案例，学生能够更容易理解抽象的伦理理论，并将其应用到实际情境中。例如，通过讨论在学校或社交场合中可能遇到的友谊纠纷，学生可以深入思考友谊中的责任和义务，培养他们在实际生活中解决问题的能力。另外通过引入实际情境和案例，学生能够更加深刻地理解伦理理论的价值和作用。教师可以设计一些实践性的任务，让学生运用伦理理论来解决具体问题。例如，让学生参与模拟法庭，通过角色扮演来应对伦理决策。这样的实践活动不仅能够使学生学到理论知识，还能够培养他们在实际情境中运用伦理理论解决问题的能力。通过这种实践性的学习方式，学生能够更好地将所学的伦理理论运用到实际生活中，培养出更具实际问题解决能力的思考模式。

（六）个性化学习

在小学思政课堂中，开放性教育理论注重个性化学习，充分考虑学生的个体差异，以满足不同学生的学习需求。通过学生主题报告，教师可以鼓励学生选择他们感兴趣的伦理主题进行深入研究和发表报告。这种个性化的学习方式能够激发学生对学科的浓厚兴趣，使他们在学习过程中更加投入和主动。通过选择个性化主题，学生能够更深入地了解自己感兴趣的伦理问题，从而更好地培养自主学习的能力。另外，通过个性化学习任务，教师可以根据学生的学习水平和兴趣特点，设计差异化的教学内容和任务。例如，对于对某一伦理问题表现出浓厚兴趣的学生，可以提供更深入的拓展资料或进行更复杂的探究性任务，以满足他们的求知欲。而对于对某一问题感兴趣程度较低的学生，则可以提供更轻松、趣味性的学习任务，通过多样性的学习体验激发他们的兴趣。这种差异化的学习任务有助于更好地满足学生个性化的学习需求，提高学习效果。

（七）培养创新思维

在小学思政课堂中，开放性教育理论通过设计启发性的学习任务和鼓励学生提出新颖观点，致力于培养学生的创新思维和问题解决能力。通过设立启发性任务，教师可以引导学生主动探索和解决伦理问题，激发他们的创新思维。例如，教师可以提出一个开放性的伦理命题，鼓励学生从多个角度思考，提出自己的见解。这样的任务不仅激发学生的创造性思考，还培养了他们主动寻找问题解决方案的能力，促进了创新思维的发展。此外，通过鼓励学生提出新颖观点，教师可以培养学生的独立思考和创新意识。在讨论伦理问题的过程中，教师可以鼓励学生提出与传统观点不同、具有创新性的见解。这种鼓励不仅使学生在思考伦理问题时能够打破传统思维定式，更促使他们培养敢于表达独立见解的勇气。通过这样的实践，学生逐渐形成独立思考的能力，培养了创新意识，并在创新的过程中提高了解决问题的灵活性。

（八）社会交往和情感发展

在小学思政课堂中，开放性教育理论强调学生的社会交往和情感发展，通过角色扮演、小组合作等活动，培养学生的社会交往和情感智慧。通过角色扮演，教师可以创造具体的情境，让学生在模拟中体验不同的社会交往场景，理解他人的角度。例如，通过模拟友谊矛盾的场景，学生可以在扮演中感受到友谊中的矛盾与挑战，从而更好地理解和尊重他人的观点。这样的活动不仅促使学生更深刻地体验社会交往中的情感，还培养了他们对于他人感受的关心和理解。通过小组合作活动，学生还能够在团队中培养社会交往和情感发展的能力。教师可以设计小组项目，要求学生共同合作完成任务。在合作的过程中，学生需要相互沟通、协商，共同解决问题，培养了他们的团队协作和社会交往技能。这种集体合作不仅有助于学生建立友谊，还培养了他们与他人共事时的沟通和合作意识，提高了他们社会交往的智慧水平。

第四节　跨学科教学的理论依据

一、跨学科教学概述

跨学科教学是一种基于多元智能理论的教学新思路，旨在通过整合多个学科的知识，以学生的多元智能发展为目标，开展多元智能教学的活动。在这一教学模式中，教师通过构建一个跨学科的知识网络，将各个学科的内容有机地整合在一起。通过这样的整合，学生可以从不同学科的角度深入思考问题，促进多元智能的综合发展。跨学科教学的实施不仅仅是简单地将学科内容放在一起，更是通过找到线索，将多个学科领域的技能和概念有机串联起来。这种线索的设计可以使学生更好地理解知识之间的关系，培养他们的系统性思维。例如，通过一个探讨环境问题的项目，学生可以涉及生态学、地理学、社会学等多个学科领域，从而形成一个跨学科的学习框架，使知识更加有机地结合。

跨学科教学作为一种新兴教学模式，具有打破传统学科壁垒、强调知识交叉融合和培养创新思维的核心理念。其目的在于培养学生的全面素养，使其具备从多角度解决问题的能力。通过这样的教学方法，学生在综合素质的提高过程中不仅能够更好地理解知识，还能够培养批判性思维和创新思考的能力，为未来的学习和职业生涯奠定坚实基础。

二、跨学科教学的特点

（一）整合多个学科的知识体系

跨学科教学的核心特征之一是能够整合多个学科的知识体系，为学生构建更加完善的知识框架。通过将各学科的概念、原理和技能有机地结合起来，学生能够获得更深层次、更全面的理解。这种整合有助于打破传统学科的局限性，促使学生形成更为综合和系统的认知结构。

在跨学科的教学环境中，教师通常会设计涉及多学科内容的项目或主题，让学生从多个学科的角度来探究和理解特定的问题或主题。这样的教学设计促使学生在解决问题时考虑多个维度，从而培养了他们的综合性思维。例如，一个关于环境问题的跨学科项目可能涉及地理、生态学、社会学等多个学科领域，学生需要综合运用这些学科的知识来深入探讨问题，从而形成一个跨学科的知识体系。通过整合多个学科的知识，学生能够建立更加全面和复杂的思维模式。这不仅有助于提高他们的问题解决能力，还培养了他们在处理复杂情境时的适应性和综合性思维。因此，跨学科教学通过整合学科知识体系，为学生提供了更富深度和广度的学习经验，有助于培养具备全方位素养的学生。

（二）培养学生的创新思维

跨学科教学在培养学生的创新思维方面具有显著的作用。这种教学模式通过鼓励学生在不同学科之间寻找联系和交叉融合，激发了学生的创新精神。跨学科的学习环境打破了传统学科之间的界限，使学生更容易将不同领域的知识结合起来。通过涉足多个学科，学生不仅能够接触到更广泛的知识领域，还能够发现这些领域之间的共通之处，从而激发出解决问题的新思路。

在跨学科教学的实践中，学生通常会参与到探索性的学习活动中，需要运用跨学科的知识来解决复杂的实际问题。这种情境下，学生不仅需要灵活运用所学的知识，还需要展开创造性思考，寻找创新的解决方案。例如，一个关于可持续发展的跨学科项目可能需要学生考虑到经济、环境、社会等多个层面，从而促使学生思考创新的可持续发展模式。通过参与跨学科教学，学生能够逐渐培养自己的创新能力。他们不再仅仅局限于某一学科的思维模式，而是能够跳出传统框架，将不同领域的知识有机整合，创造出新颖独特的观点和解决方案。这样的创新思维培养不仅有益于学生在学术上的发展，也为他们未来面对复杂问题和挑战时提供了更为灵活和创造性的思考方式。因此，跨学科教学在培养学生创新思维方面具有重要的教育意义。

（三）提高学生的综合素质

跨学科教学的目标之一是提高学生的综合素质，使他们能够更好地适应未来社会的多样性和变革。通过跨学科的学习方式，学生不仅能够获取更广泛的知识，还能够培养更为全面的技能和素养。

跨学科教学打破了传统学科的局限性，使学生能够接触到多个学科领域的知识。这有助于拓展学生的认知范围，使其具备更为广泛的知识基础。例如，一个涉及科学、文学和历史的跨学科项目可以使学生在这三个领域中获取相关知识，从而形成一个综合性的学科背景。另外跨学科教学注重培养学生的综合技能，包括批判性思维、问题解决能力、团队协作和沟通能力等。学生在解决跨学科问题的过程中，需要运用多学科知识，同时展现出灵活性和创新性，从而培养了他们的全面素质。这种全面素质不仅对学生的学术发展有益，还为他们今后在社会和职业生涯中更好地应对复杂情境提供了基础。此外，跨学科教学强调实际应用和情境化学习，使学生能够将所学知识应用到实际问题中。这有助于培养学生的综合应用能力，使他们能够更好地适应未来的职业和社会需求。通过参与真实项目和实际案例，学生能够更深入地理解知识，并将其转化为实际技能。

（四）增强学生的团队协作能力

跨学科教学为学生提供了一个跨足多个学科领域的学习平台，强调合作解决问题的过程，从而显著增强了学生的团队协作能力。这一教学方式使学生在整个学习过程中都需要与来自不同学科背景的同学紧密合作，共同应对复杂的问题和挑战。

跨学科项目强调多学科团队的合作和协同创新。这样的团队由具备不同学科领域专业知识的学生组成，通过协作共事，共同迎接项目挑战。在这个融合了各种专业背景的环境中，学生们不仅仅是简单地分享各自的专业知识，更是通过互相交流、倾听和理解，促使各专业领域的知识得以更深层次的整合与交流。这种协同努力不仅拓展了学科边界，也加强了团队内部的凝聚力与默契。通过共同思考问题和挑战，学生们逐渐培养出跨学科思维，能够以全面而丰富的视角审视和解决问题。而在实际操作中，学生们更是深刻领悟到协调和合作的重要性，培养了团队协作的技能，不仅在学科知识上得以提升，更在实践中锤炼了解决问题的能力。跨学科教学还注重集体思考和共同决策。学生需要在团队中讨论问题、提出观点，并最终形成共同的解决方案。这样的过程锻炼了学生的集体决策和团队协商的能力，使他们能够更好地倾听他人意见、协调分歧、达成共识。这种团队协作的经验对学生的人际关系和领导能力的培养都具有积极作用。另外，由于跨学科教学往往涉及复杂的实际问题，学生在解决这些问题的过程中需要充分发挥团队协作的潜力。通过共同努力，学生能够发现彼此之间的优势和弱点，形成相互补充的合作关系。这样的经验不仅提高了学生在集体中的融入感，还促使他们更好地理解和尊重团队成员的不同贡献。

（五）激发学生的学习兴趣

跨学科教学的独特之处在于能够将各个学科的知识有机地融合在一起，创造出更为综合和有趣的学习内容。这种整合不仅使学科知识相互关联，还为学生提供了更为贴近实际和生活的学习体验，从而激发了他们的学习兴趣。

跨学科教学打破了传统学科的局限，将各个学科的知识有机结合，形成一个综合性的学习内容。学生在参与这样的教学过程中，能够看到不同学科之间的联系和交叉点，从而理解知识的整体性和综合性。例如，一个关于城市规划的跨学科项目可能涉及地理、数学、社会学等多个学科，使学生能够在解决问题的过程中综合运用不同领域的知识，增添了学习的多样性和趣味性。另外跨学科教学常常采用实际问题和案例进行教学，使学生能够将所学知识应用到真实情境中。这种贴近生活的学习方式能够使学生更容易产生兴趣，因为他们能够看到所学知识的实际应用场景。比如，一个涉及环境保护的跨学科项目可能通过实地考察、实验等方式，使学生亲身体验知识在解决实际问题中的作用，从而激发对学科的浓厚兴趣。此外，跨学科教学注重学生参与和主动学习，提供了更多选择和发挥空间。学生在项目中常常能够选择自己感兴趣的主题，参与设计课题方向，这样的自主性和选择权使他们更有动力去深入学习，并因此产生浓厚的兴趣。

三、跨学科教学实施原则

（一）明确教学目标

明确的教学目标是跨学科教学成功实施的关键。这些目标不仅指导着教育者的教学实践，也为学生提供了清晰的学习方向，确保他们在跨学科环境中取得全面的发展。教学目标应当明确反映出跨学科教学的核心理念，即培养学生的学科整合能力、批判性思维和创新意识。这包括使学生能够跨足不同学科领域，理解各学科之间的联系，通过整合多学科的知识解决实际问题。教育者需要设定具体而可测量的目标，以确保学生在跨学科学习中取得实质性的成果。这可能包括对特定知识领域的深入理解、对解决实际问题的创新思考、在团队中展现卓越的合作能力等方面的目标。通过清晰的目标设定，教育者能够更好地评估学生的学习成果，并为他们提供有针对性的指导。此外，教学目标应当关注学生的个性发展和全人培养。在跨学科教学中，学生除了需要获得学科知识外，还应当培养批判性思维、创新意识、团队协作和解决实际问题的能力。因此，教育者需要明确这些目标，确保学生在学习过程中得到全面的发展。最后，教学目标的设定应当考虑到学生的年龄、发展水平和背景，使其既能够挑战学生，又能够符合其实际能力水平。教育者可以根据学生的特点，制定不同层次和难度的目标，以促使每位学生都能够在跨学科教学中找到适合自己的发展路径。

（二）设计合理的课程内容

设计合理的跨学科课程内容是教育者在实施跨学科教学时的关键任务。

课程内容应当精心选择和整合多个学科领域的知识元素，确保涵盖到相关的概念、理论和实践。通过深度挖掘不同学科的内在联系，教育者可以建立一个有机的知识网络，让学生在学习过程中能够理解学科之间的交叉点和互补关系。课程内容设计还要充分考虑学生的认知水平和学科背景，使其既能够挑战学生，又能够符合他们的实际学习需求。通过差异化的教学内容设计，教育者能够更好地满足不同学生的学习水平和兴趣点，促使每个学生都能够从跨学科学习中获得实质性的收获。此外，课程内容的设计需要注重问题导向和实际应用，通过引入真实案例、解决实际问题的任务，激发学生的兴趣和主动性。这有助于将抽象的学科知识转化为实际应用能力，培养学生的综合素质。因此，通过精心设计的跨学科课程内容，教育者能够更好地引导学生跨足不同学科领域，形成全面的学科整合视角，促使他们更深入地理解和掌握跨学科知识。

（三）创造良好的教学环境

创造良好的教学环境是跨学科教学成功的关键之一。教育者应营造一种鼓励学生自由表达和探索的氛围，让他们在学习中感受到愉悦和自主性。通过提供积极的学习氛围，学生更容易展现出跨学科学习的好奇心和主动性。互动与合作是良好教学环境的重要组成部分。教育者可以通过组织小组合作、互动讨论等方式，促进学生之间的合作与交流，让他们在学习中相互启发，共同构建知识。此外，提供资源和支持也是创造良好教学环境的关键。教育者可以提供充足的学习资源、引导学生使用多种学习工具，以及给予他们个性化的指导和反馈，帮助学生更好地适应跨学科学习的需求。通过以上方式，教育者能够在教学环境中种植积极的学习氛围，促使学生更愿意积极参与，从而提升跨学科教学的效果。

（四）注重学生的个体差异

关注学生的个体差异是跨学科教学中至关重要的一环。教育者应认识到每位学生具有独特的学习风格、兴趣和能力，因此需要差异化的教学策略来满足不同学生的需求。通过了解学生的背景、兴趣和学科偏好，教育者可以个性化地设计学习任务、提供支持，并调整教学方法，以确保每个学生都能够在跨学科教学中找到适合自己的学习路径。这种注重个体差异的教学方式有助于激发学生的学习兴趣，提高学习投入，从而增强整体的教学效果。

（五）提供丰富的教学资源

提供丰富的教学资源是跨学科教学中的重要举措。教育者应该积极寻找和利用跨学科的教材、实验设备、教学软件等资源，以提供多样性的学习材料和工具。这不仅有助于打破传统学科之间的界限，还能够为学生创造更为丰富、多元的学习体验。通过丰富的教学资源，学生能够更全面地了解跨学科领域的知识，拓宽视野，从而更好地应对未来复杂多变的社会需求。

（六）鼓励学生主动参与

跨学科教学的核心目标之一是激发学生的学习热情和积极性，因此鼓励学生主动参与成为教育者的首要任务。通过组织多样性的活动和比赛，教育者能够为学生提供一个充满创造性和互动性的学习环境，从而在轻松愉快的氛围中促使他们深度参与学习过程。这不仅有助于培养学生的团队合作精神和领导能力，还能够在跨学科的融合中激发他们对知识的兴趣，从而使学习变得更为生动有趣。通过引入实际问题和案例分析，教育者能够激发学生主动追求知识的欲望，使他们在解决问题的过程中获得更深层次的理解。

（七）注重实践应用

跨学科教学的独特之处在于其不仅注重理论知识的传授，更着重于知识的实践应用。教育者在这一教学模式下的关键任务之一是引导学生将所学的多领域知识有机地融入实际问题的解决过程中，以培养他们的实践能力。通过将学科之间的界限模糊化，教育者能够激发学生跨越学科边界，将知识应用于复杂的实际情境中，促使他们更深层次地理解和掌握所学的概念和技能。在这个过程中，学生将不仅仅是知识的被动接受者，更是实际应用者，通过解决真实问题来锻炼自己的分析、判断和解决问题的能力。注重实践应用的跨学科教学不仅能够提高学生的综合素养，更有助于培养他们在未来工作和生活中灵活运用知识的能力，使教育目标更加贴近社会需求，为学生的终身发展打下坚实的基础。

（八）持续关注学生的学习成果

在跨学科教学的实践中，持续关注学生的学习成果显得尤为重要。教育者需要不仅仅关注学生在课堂上的表现，更要深入了解他们在跨学科学习过程中所取得的成果。通过实时监测学生的学术表现和参与度，教育者能够迅速发现学生在知识融合和实际应用方面可能遇到的困难，并及时采取有针对性的帮助措施。这种关注不仅有助于提高学生的学习效果，还能够促使教育者灵活调整教学策略，更好地满足学生的学习需求。同时，通过定期的个性化反馈和指导，教育者能够建立起与学生更紧密的沟通渠道，激发他们对学科的浓厚兴趣，从而更好地引导他们实现个人学业目标。持续关注学生的学习成果不仅是对教学质量的有效监控，更是为了确保每位学生都能够充分发挥潜力，成为具备全面素养的终身学习者。

第五节　地域文化与思政教育的融合

一、地域文化

（一）地域文化的概念

在当今多元化文化交流的背景下，地域文化促进了中华文化不断发展，我们要增强文化自信，重视地域文化。当今学术界对于地域文化的概念存在各种各样的说法，有学者把地域文化划分为广义和狭义，狭义的地域文化专指先秦时期中华大地不同区域范围内物质财富和精神财富的总和；广义的地域文化特指中华大地不同区域物质财富和精神财富的总和，多数专家学者认同地域文化专指中华大地特定区域源远流长、独具特色，传承至今仍发挥作用的文化传统。地域文化是一定地域内历史形成并被人们感知和认同的各种文化现象。地域文化可以概括为一定地理范围内人们在社会生产过程中所创造的 物质生产和精神生产的总和。

（二）地域文化的特征

中华文化是中华地域文化创新的结晶。中华文化经历漫长的历史发展，由于自然环境的差异，经济发展方向和水平存在不同，形成了具有鲜明特色的地域文化特征。自然地理环境因素和人文社会因素是影响地域文化特征形成和发展的重要原因，地域文化特征能够反映出当地自然地理面貌，并逐渐渗透到日常生活之中，地域文化呈现出地域性、稳定性、差异性、持续性等主要特征。

1. 地域性特征

地域性特征是中华文化丰富多元的基石。这一文化特征源于在特定地区内经过漫长历史演变而形成的社会生产方式、文化习俗以及历史遗存。地域性体现在地域文化的各个层面，从社会结构、经济活动到日常生活的方方面面，每个地区都独具的文化特色。这种地域性烙印使得中华文化在不同地域呈现出独特而多样的面貌，反映出博大精深的文化底蕴。每一个地域的文化特征在地理环境、气候条件、历史传承等方面都有所不同，形成了各具特色的地域性文化符号。从北方的冰雪奇景到南方的温暖湿润，从东部的沿海文化到西部的内陆风情，每个地域的独特之处都在地域文化中得以体现。这种地域性特征不仅为中华文化注入了丰富的活力，也在各地方社群中激发了强烈的文化认同感，使得地域文化成为中华文化传承和发展的丰富源泉。通过对地域文化地域性特征的深刻理解，我们更能够感受到中华文化的博大精深，以及在多元文化的交流中所展现的独特风采。

2. 稳定性特征

稳定性特征是中华文化传承和发展的关键方面。在漫长的历史文化积淀中，一个地域的文化形态得以形成，并在相对长期内保持相对稳定，生动地反映了该地区的独特特色。这种相对稳定性体现在文化个性、价值观念、艺术表达等多个方面。地域文化的稳定性并非僵化守旧，而是在传统文化的基础上适度演变，形成一种历史传承的延续性。中华传统文化对地域文化的影响是深刻而持久的，因此地域文化在保留传统元素的同时，也在逐渐融合新的文化因素，形成独特的文化风格。这种相对稳定性的特征使得地域文化在变革时能够有序发展，同时为当地居民提供了一种文化认同感和归属感，使得地域文化在社区建设、社会和谐等方面发挥了积极的作用。通过对地域文化稳定性特征的认识，我们能更好地理解中华文化的传承之道，认识到其在多元文化交融中的坚韧性和包容性，为未来文化发展提供了有益的启示。

3. 差异性特征

差异性特征是中华文化丰富多元的根本体现。这一文化特征的形成受到多方面因素的共同影响，包括社会制度、生产水平、自然环境、民俗习惯、交通运输等多个方面。正是由于这些差异性的影响，不同地域之间的文化形态呈现出明显的差异，从而形成了中华文化内丰富多样的地域性特色。社会制度和生产水平的不同导致了不同地区的经济活动和社会结构的差异，进而塑造了各地独有的文化氛围。自然环境的差异在农业生产、食物文化、建筑风格等方面产生深远影响，使得每个地方的文化在物质生活和审美趣味上呈现出各具特色的差异。民俗习惯和交通运输方式的不同则直接影响到了人们的日常生活方式和文化传播途径，进一步加深了地域文化的多样性。这种差异性不仅丰富了中华文化的内涵，也在整体上强化了文化凝聚力，使得每个地方都能在维护本土文化的同时促进地域的积极发展。因此，理解地域文化的差异性特征既有助于我们全面系统地认识中华文化的多样性，也有助于更好地关注和理解地域差异所带来的文化影响，从而为文化的传承和发展提供更为深刻的理论和实践支持。

4. 持续性特征

持续性特征是中华文化传统的鲜明标志。这一文化特征源自在特定地区内，经过漫长历史时光的沉淀与传承而形成的社会生产方式、文化习俗、历史遗产等元素。持续性体现在地域文化的历史延续、传统保持以及对文化核心价值的持守上。这种持续性并非僵化守旧，而是在新时代不断演进和适应，从而确保地域文化在变革中得以传承。地域文化的持续性体现为对传统价值观、礼仪习俗、艺术形式等的保留和发扬，使得地方文化在历史长河中保持着相对稳定的基调。这种持续性特征既为文化传承提供了深厚的历史积淀，又在不同历史时期对新事物的吸纳和创新中展现了强大的生命力。通过对地域文化的持续性的理解和传承，中华文化得以在不同地域间形成多样而具有深度的传统体系，为后人提供了宝贵的文化遗产和精神支持。

（三）地域文化的构成

地域文化的构成是一个综合性的过程，各个方面的因素相互交织，共同塑造了地域文化的丰富多样性。这种多元性使得每个地方都有其独特的文化面貌，为中华文化的多元性和丰富性提供了深刻的基础。以下对地域文化构成的要素进行阐述。

1. 社会生产方式

社会生产方式是地域文化构成的根本影响因素之一。不同地域的社会经济结构、生产方式以及产业发展水平直接塑造了当地的文化特色。在农业社会，人们的生活与自然周期相连接，农耕文化在地域文化中占据主导地位，农民的日常生活与农田、季节变化紧密相连，形成了独特的农耕文化。而在工业社会，随着工业化进程的推进，人们的生产生活发生了巨大变革，城市化、机械化的影响使得地域文化呈现出新的面貌。工业社会中的工匠文化、劳动节奏、城市生活方式等因素成为地域文化的构成要素。这种差异不仅在生产方式上有所反映，更在人们的食物选择、工艺技术、社会交往等多个层面体现出来，使得不同地域形成独具特色的地域文化。因此，社会生产方式在地域文化的构成中扮演着决定性的角色，为地域文化的多元性和丰富性提供了深刻的经济基础。

2. 自然环境

自然环境是地域文化构成中不可忽视的关键因素。地域的地理位置、气候条件和地貌等自然环境元素直接塑造了当地居民的生活方式和文化特色。在山区，陡峭的山峦和多变的气候条件促使居民发展出勤劳、坚韧的生存方式，山区文化在这种环境下形成了对自然的尊重与依存。平原地带的居民由于平坦的地形和丰沃的土地，可能更注重农业生产，形成了以农耕文化为主导的地域特色。而沿海地区的人们，则在海洋资源的丰富和海洋气候的影响下，培育了独特的海洋文化，表现为渔业、海商等活动在文化中的重要地位。这种自然环境对地域文化的塑造影响深远，不仅在经济活动中产生差异，更在社会习俗、宗教信仰、建筑风格等方面形成了独特的文化表现。因此，自然环境是地域文化多样性的源泉之一，通过反映人与自然的相互关系，使得地域文化在丰富的自然条件下呈现出多元而独特的面貌。

3. 历史传承

历史传承是地域文化构成中的关键元素之一。不同地区的历史事件、政治制度和社会演变在地域文化中留下深远而丰富的烙印。历史的长河为地域文化的形成提供了重要的历史背景，塑造了各地文化的独特性。战争、政治动荡、王朝更替等历史事件直接影响了当地人们的命运和价值观，进而在地域文化中形成独有的历史情感。政治制度的演变在形成社会结构、阶级关系的同时，也深刻影响了地域文化的发展方向。社会演变中涌现的先贤英雄、文学巨匠、宗教创始人等历史人物成为地域文化的象征与灵感源泉。每一个历史时期的文化传承都对地域文化构成产生着不可替代的影响，使得地域文化在历史传承中得以延续和发展。历史的沉淀使地域文化更具深度和内涵，为当代人们提供了寻根溯源的文化支持。通过对历史传承的认识，我们更能理解地域文化的形成脉络，感知其中蕴含的文化精神，从而更好地传承和发展中华文化的丰富多彩。

4. 民族习俗

民族习俗是地域文化中不可或缺的丰富元素，涵盖了节庆、仪式、传统技艺等多个方面。这些习俗深刻反映了地域的宗教信仰、价值观念以及社群关系，为地域文化赋予了独特的风格。在节庆方面，各地的传统节庆如春节、中秋节、端午节等都表现出丰富多彩的地域文化。通过独特的庆祝方式和活动，人们传承并弘扬着地方特有的文化精髓。仪式作为一种文化的载体，既反映了当地人们的宗教信仰，又在社群中建立起共同的价值观念和社会秩序，使得地域文化在仪式中得以深刻表达。传统技艺作为民族文化的瑰宝，通过代代相传的方式在地域文化中发挥着重要作用，不仅体现了人们对技艺的热爱，更传承了工艺品独特的地方风格，成为地域文化的独特符号。这些民族习俗在地域文化中交织出绚丽多彩的图景，不仅丰富了地域文化的内涵，更为地域社群提供了共同认同和归属感，使得每个地方都在传统与现代的交融中展现出独具魅力的文化底蕴。

5. 语言方言

语言方言是地域文化构成中紧密关联的要素。地域文化与当地的语言方言相互交织，方言不仅仅是一种语言工具，更深层次地承载了居民的文化认同和社会关系。方言反映了当地居民的生活习惯、历史沿革以及社会互动方式，成为地域文化中独特的语言符号。语言是文化传承的媒介，方言中蕴含的口头传统、俚语习惯等元素承载着丰富的文化内涵。地域特有的方言系统既是居民日常沟通的工具，更是文化认同的象征。方言在地域文化中扮演着沟通社区、传递文化价值观念的重要角色，成为地方文化特色的生动表达。语言方言的差异既是地域文化多样性的表现，也是当地居民与外界区分自我的标志，形成了独特的文化身份。通过对方言的理解，我们不仅能深入感知地域文化的丰富内涵，更能窥见地域居民之间深厚的文化纽带，为语言多元与文化传承提供了深刻的启示。

6. 文学艺术

文学艺术是地域文化传承中的重要表达形式，通过文学作品、传统音乐、舞蹈等形式得以深刻传承。地方的文学作品承载着当地居民的历史记忆、文化传统和生活体验，是地域文化的精神文献。传统音乐作为一种深受人们喜爱的表演艺术，反映了地域居民的情感表达和审美趣味，通过旋律、节奏传达着独特的地域文化情感。舞蹈作为具有文化象征意义的艺术形式，不仅是一种身体语言的传达方式，更是对地域文化精神的生动演绎。这些文学艺术的表达形式，既传承着地域文化的深厚内涵，又在表演中体现了当地居民的审美情趣和精神追求。通过文学艺术的饱满表达，地域文化得以在艺术殿堂中焕发独特光彩，成为中华文化传统的生动写照。这种文学艺术的传承不仅丰富了地域文化的形式，更为后人提供了深刻的文化体验，成为地域文化传承的永恒之美。

二、地域文化与思政教育的融合

地域文化与思政教育的融合具有多方面的价值，可以推动学生全面发展、形成正确的价值观，并在个体层面和社会层面产生深远的影响。具体来讲，将地域文化与思政教育融合在一起，具有如下意义和价值。

（一）培养文化认同感

将地域文化融入小学思政教育的过程中，培养学生对本地文化的认同感具有深刻的教育意义。通过历史的传承，学生能够感受到本地文化的深厚底蕴。了解地方的历史，学习本土名人事迹、传统习俗等，使学生在教育中建立起对本土文化起源、演变的清晰认知。这样的历史渊源既是地域文化的独特标志，也是学生形成文化认同感的基础。通过深入学习，学生能够感受到本土文化与自身发展、成长的紧密联系，从而形成对这一文化传承的认同感。另外，通过深入了解风土人情，学生能够更加全面地体验和感悟当地文化。地方的风土人情反映了本土社会的生活方式、价值观念和社会关系，这些都是构建文化认同感的要素。例如，通过参与当地的传统庆典、文化活动，学生能够亲身感受到节庆氛围和社区的凝聚力。了解当地人的生活方式、交往方式，使学生更容易产生对这一文化方式的认同感。这样的体验式学习能够拉近学生与地域文化的距离，激发对当地文化的独特情感和认同。通过这样的亲身体验，学生能够在情感上与地域文化产生更为紧密的联系，从而增强了对本土文化的认同感。

（二）激发学习兴趣

激发学习兴趣是教育中一项至关重要的任务，而将地域文化巧妙地融入课堂教学，不仅能够为学生提供更加生动有趣的学习体验，同时也能够有效地激发他们的学习热情。在语言文学和艺术领域，教师可以采取一系列巧妙的方法，让学生在学习中更好地认识和体验本地文化。

在语言文学方面，可以选取本地传统文学作品进行教学。比如，通过在课堂上进行朗读、小组朗诵等方式，学生得以近距离感受到本地传统文学的魅力。例如，在中国的课堂中，可以选择经典的地方戏曲或者本地著名作家的小说，通过表演和解读，学生可以更深刻地理解和认同自己所处地域的文化底蕴。通过赏析地方诗词、民间故事等，学生能够体验到文字的力量，感受到本地文学所传达的独特情感，从而引发学生对文学的浓厚兴趣。

在艺术领域，将地域文化元素融入美术、音乐、舞蹈等艺术课程，也是一种有效的方法。在美术课上，可以引导学生学习本地传统绘画风格，通过模仿和创作，学生得以亲身感受到地域文化在绘画中的独特表达方式。在音乐课上，教师可以选择本地特有的音乐曲调，让学生通过演奏或欣赏，感受地域文化在音乐中的独特魅力。在舞蹈课上，结合地方传统舞蹈的动作和节奏，学生可以通过身体的参与更深刻地理解地域文化的韵律。

通过参与手工制作、音乐表演等实践性活动，学生将亲身体验到地域文化在艺术表达中的生动表现，从而引发他们对艺术的主动参与和深入探究的兴趣。这不仅让学生在学习中感受到乐趣，同时也培养了他们对本地文化的认同感和自豪感。在这个过程中，教师的引导和激发更是至关重要，他们需要成为学生学习兴趣的引导者和启蒙者，通过巧妙的设计和引导，让学生在学习中不断发现乐趣和挑战，激发他们持续学习的动力。

（三）促进品格培养

将地域文化的道德规范和伦理观念融入思政教育，对学生品格的培养确实具有深远的影响。这一过程不仅使学生了解和传承地方优秀传统，更让他们接触到一系列积淀着伦理观念和道德准则的传统。在这个过程中，学生通过深入学习地域文化中的故事、寓言和名言警句，汲取其中蕴含的道德智慧，形成积极向上的品德观念，培养正直、善良、宽容等良好品质。

地域文化中的传统故事和寓言往往蕴含着对真、善、美的追求，是一种道德智慧的传承。以中国文化为例，古代蒙学课本如《三字经》《弟子规》等，都包含了关于道德和伦理的教诲。通过学习这些文化经典，学生能够了解到古人对于仁爱、忠诚、诚实等价值观念的强调，形成对良好品德的追求。例如，《弟子规》中强调"爱人者，人恒爱之"，通过这样的教诲，学生能够感受到爱与被爱的重要性，培养出关心他人、乐于助人的品德。

地域文化强调社会关系、家庭价值观念等方面的伦理观念，为学生提供了在亲情、友情、师生关系中培养品格的具体指引。在许多文化中，家庭被视为社会的基本单位，而家庭关系的和谐与团结则是培养良好品格的基石。学生通过深入学习关于家庭、邻里关系的传统文化，能够更好地理解和体验到团结互助、尊敬长辈、关心他人等美好品质。例如，中华文化中强调孝道，学生通过学习古代孝子孝女的事迹，能够明白尊敬父母的重要性，形成孝敬父母、孝亲爱子的良好品德观念。这样的学习不仅能够引导学生在日常生活中形成良好的处世之道，还有助于培养学生的责任心和家国情怀。通过对这些伦理观念的深刻理解和践行，学生能够在性格、人格等多方面得到全面提升，形成积极向上的品格特质。例如，在团队合作中，学生能够更好地理解合作的意义，尊重他人意见，形成团结协作的品格。在解决问题时，学生能够从公正、公平的角度出发，培养出正义感和责任感。

（四）拓宽视野，增强社会责任感

将地域文化融入思政教育是拓宽学生视野、增强社会责任感的有效途径。

通过深入了解当地社会发展的历史脉络，学生能够领略到地域文化对社会进程的深远影响。历史是一个国家、一个地区发展的镜子，通过研究历史，学生可以了解到社会的起起伏伏、兴衰更替。这不仅拓宽了学生的时间维度，让他们对社会发展有更为全面的认识，同时也使他们认识到地域文化在历史演变中所扮演的角色。通过历史的回顾，学生能够深刻地理解自己所处的社会是如何形成、演变的，从而对社会具有更加深刻的认识。

通过了解当地社会现状，思政教育可以引导学生深入思考自己在社会中的定位，并激发他们对社会的责任感。了解社会现状不仅包括经济、政治、文化等多个层面，还涉及社会问题、人群需求等方方面面。学生通过对社会现状的了解，能够更加全面地认识到社会存在的问题和需求。这样的认知有助于唤醒学生的社会责任感，使其认识到自己身处的社会需要更多积极向上的参与。通过思政教育的引导，学生能够逐渐培养起对社会问题的关切之心，激发起为社会建设贡献自己力量的愿望。

（五）提升身心健康

将地域文化中的健康和养生智慧纳入思政教育，对于提升学生的身心健康水平具有深远的意义。

在饮食方面，传授当地传统的饮食文化和养生方法，可以引导学生形成良好的饮食习惯。了解本地食材的特点、传统烹饪方式等，学生能够更加理性地选择食物，摄取多样化的营养，有助于维持身体健康。同时，通过了解传统的饮食调养方法，如食疗、草药搭配等，学生能够在日常生活中更加注重对身体的养护，形成良好的饮食习惯，提高抗病能力，从而在身体健康方面受益匪浅。

在运动方面，地域文化中传承的传统运动方式也是提升身心健康的重要途径。通过学习当地的传统体育项目、民间健身方法，学生能够在运动中获得身体和心灵的愉悦感受。这既有助于改善学生的体质，增强身体素质，也能在运动中培养积极向上的精神状态。了解本地传统的武术、舞蹈、传统体育游戏等，有助于学生选择适合自己的运动方式，保持身体的柔韧性和协调性。通过这样的身体活动，学生既能享受运动的乐趣，又能促进身体健康，形成持久的锻炼习惯。

（六）促进班级凝聚力

地域文化与思政教育的融合不仅仅是在课堂上进行知识传授，更可以通过集体活动和团队合作等方式，深度参与地方传统文化，以促进班级的凝聚力。

通过组织班级集体活动，如地方传统节庆庆祝、文化体验等，学生可以增强对彼此的认同感。通过共同参与这些活动，学生能够在集体中感受到地域文化的独特魅力，激发对共同文化传承的归属感。在这些活动中，学生不仅能够亲身体验地方传统文化的精髓，还能够共同分享活动的快乐，培养班级成员之间的默契和团结合作精神。通过共同体验，学生逐渐建立起对班级的认同感，形成积极向上的班级文化，提升班级凝聚力。

通过鼓励团队合作和协作精神，地域文化与思政教育的融合也可以在日常学习和生活中得以体现。组织班级团队合作的任务，如策划文艺演出、制作地方特色手工艺品等，不仅能够锻炼学生的团队协作能力，还能够让学生在合作中深入感受地域文化的魅力。通过这样的合作过程，学生将逐渐培养起相互信任、相互支持的团队精神，提高班级内部的协同效应。这种共同努力的过程不仅加强了班级成员之间的关系，也促使他们在共同目标下形成更为紧密的群体，增强班级的凝聚力。

（七）创造有利于学习的环境

将地域文化融入教育，有助于创造更贴近学生生活的学习环境，通过设置富有本地特色的教材和教学资源，提高学习内容的亲和度，让学生更容易接受和理解。

定制富有地方特色的教材，可以使学生更加感兴趣和投入学习。这些教材可以涵盖当地的历史、地理、文化等方面的内容，将学科知识与地域文化有机结合，使学生在学习中能够感受到自己的文化根脉。通过了解地方文化的故事、传统、风土人情，学生更容易产生对学习的浓厚兴趣，提高学科知识的吸收和理解能力。这样的教材设计不仅激发了学生的学习热情，同时也为他们建立起对本地文化的自豪感和认同感。

丰富教学资源，提供更具本土特色的案例和实例，有助于增强学生对学科知识的实际应用和理解。利用当地的实际案例、历史事件、地理特点等，将抽象的学科知识与学生身边的实际生活联系起来，使学生更易于理解和运用所学知识。

第六节　个性德育活动与思政教育的融合

一、个性德育活动

个性德育活动是在德育工作中实施个性化教育的一种有效途径。在构建目标明确、内容系统、方法科学的区域德育工作体系中，个性德育活动成为关键组成部分，通过对不同年龄、生理心理状况的学生实施个性化德育教育，以及区别化、差异化的德育评价，旨在促进学生的全面健康成长。

个性德育活动通过实施个性化的德育教育和区别化的德育评价，有助于构建科学有效的德育工作体系，促进学生的健康成长。这种注重个体差异的德育方式能够更好地满足学生的成长需求，培养他们积极向上的品德和道德素养，为其未来的发展奠定坚实的基础。理解个性德育活动时，可以从如下两方面入手：

（一）个性德育活动体现了"以人为本"的教育理念

个性德育活动体现了"以人为本"的教育理念，旨在根据不同年龄、生理心理状况，深入了解每位学生的独特个性，从而实施因材施教。这个过程包括对学生性格、兴趣爱好、价值观等方面的个体差异进行关注，以确保德育活动更加贴近学生的实际需求。量身定制的德育计划和活动与个性德育活动能够更好地引导学生的道德发展，使其在培养品德的过程中更具积极性和自觉性。

个性德育活动注重深入了解每位学生的独特个性。这涉及对学生的性格、兴趣爱好、价值观等多方面进行全面的观察和了解。通过与学生的沟通、交流，以及参与学生日常活动的方式，教育者能够更全面地把握学生的个性特征。这种深入了解为制订个性化的德育计划提供了重要基础，确保德育活动更符合学生的个体差异，更有针对性地促进其道德素养的提升。另外个性德育活动强调因材施教的原则。根据深入了解的学生个性，教育者可以有针对性地制订个性化的德育计划和活动，使之更符合学生的兴趣和发展方向。通过量身定制的德育活动，学生更容易产生对德育的兴趣和积极性，增强他们的自觉性。这种因材施教的方式能够更好地激发学生参与道德发展的主动性，使其在个性德育活动中更好地融入学习、生活。

（二）个性德育活动注重区别化、差异化的德育评价

个性德育活动强调区别化、差异化的德育评价，通过对学生的德育发展状况进行差异化评价，更准确地了解每个学生在品德、道德行为等方面的表现，有利于制定个性化的德育引导方案。这种评价方式不仅更符合学生的实际情况，还能够帮助教育者更全面地认知学生的优势和不足，有助于为每位学生提供更有针对性的德育指导，推动其全面素质的发展。

差异化的德育评价有助于更准确地了解学生的德育发展状况。通过细致入微的观察、记录以及定期的德育评估，教育者能够全面把握每位学生在品德、道德行为等方面的表现。与传统的一刀切式评价相比，这种差异化的评价方式更能体现学生的个体差异，有利于更全面地了解每位学生的德育需求。另外区别化的德育评价有助于制定个性化的德育引导方案。通过深入了解每个学生的德育发展水平和特点，教育者可以有针对性地制订符合学生个体差异的德育计划。这包括为表现较好的学生提供更具挑战性和深度的德育活动，为表现较差的学生提供更细致入微的德育辅导。这种个性化的德育引导方案更容易被学生接受，有助于激发他们在道德发展中的主动性。

二、个性化德育活动与思政教育的融合价值

个性化德育活动与思政教育的融合是一种有益于学生全面发展的教育模式。通过深入了解每位学生的独特个性、价值观以及道德需求，个性化德育活动在思政教育中找到了更加精准的切入点。这种融合不仅注重学生的思想观念，更关注个体差异，使思政教育更贴近学生实际需求。通过制订个性化德育计划，将思政教育的理念渗透其中，可以更好地引导学生培养正确的价值观、提升道德素养。这样的融合不仅使学生在思政教育中更有深度的认知，同时激发了学生的积极性和自觉性，推动其在道德发展中更全面、更自主地成长。个性化德育活动与思政教育的融合具有重要的价值和意义：

（一）关注学生个体差异

个性化德育活动的关注学生个体差异，是构建更为灵活、贴合学生需求的思政教育体系中至关重要的一环。每位学生在品质培养和价值观塑造方面都具有独特的差异，这需要我们在思政教育中更为细致入微地了解学生的个性特点，以更好地满足他们的成长需求。

通过深入了解学生的品质培养需求，可以更有针对性地设计德育活动。不同学生在品质培养上有不同的追求和难点，个性化的德育活动可以针对每个学生的特点，提供有针对性的培养方案。例如，对于那些情感表达能力较差的学生，可以设计一些富有情感表达的活动，让他们通过参与活动更好地发展这一品质。另外关注学生的个性特点有助于更深刻地促使他们参与思政教育。了解学生的兴趣、爱好、学科特长等方面的个性特点，可以设计更具吸引力和参与度的德育活动。例如，对于对艺术感兴趣的学生，可以将思政内容与艺术表达相结合，创造出更富有创意和个性化的教育活动形式，使学生更愿意积极参与。

（二）增强学生参与度

通过个性化德育活动的设计，我们能够有效提升学生的参与度，使思政教育更加生动有趣，同时培养学生的主动学习态度。这对于推动学生在思政教育中的深度参与和体验，实现德育目标具有显著的意义。

个性化德育活动能够满足学生个体差异的需求，使其更容易找到感兴趣的主题。每位学生都具有独特的兴趣、爱好和特长，通过深入了解学生的个性特点，我们能够有针对性地设计与其相关的德育活动。这不仅使学生更易于找到自己感兴趣的主题，也使思政教育更贴近学生的实际生活，从而增强了学生对德育活动的参与欲望。个性化德育活动也能促进学生的参与积极性得到提高。因为活动内容与学生的兴趣和关注点更为契合，学生在参与活动的过程中能够更加专注、积极。这种主动参与的过程不仅仅是对知识的被动接受，更是一种主动思考和实践的过程，从而使学生在活动中更好地理解和体验思政教育的核心理念。

（三）培养实际应用能力

个性化德育活动的实践导向，对于培养学生的实际应用能力起到了重要的作用。通过强调实践和体验，这种德育活动的设计能够使学生更好地将抽象的思政知识转化为实际应用的能力，为他们未来的生活和工作打下坚实基础。

个性化德育活动通过实际操作提高了学生更直观的认识。德育活动贴近学生的兴趣和实际生活，使学生能够在实践中深入了解和体验抽象的思政概念。比如，通过组织社会实践活动或模拟演练，学生能够在实际场景中感受到思政知识的应用，从而更好地理解其内涵。另外这种实践导向的个性化德育活动有助于培养学生实际解决问题的能力。通过参与具体实践，学生需要运用所学的思政知识来解决实际问题，从而培养了他们在面对各种情境时的分析和解决问题的能力。这不仅有益于学生的学科素养提升，也使思政知识更具实用性。

（四）提高德育效果

个性化德育活动与思政教育的融合为提高德育效果提供了有力支持。这种融合不仅更全面地考虑了学生的成长需求，还使学生在个性化活动中更容易接受思政知识，形成积极的德育态度。

个性化德育活动的设计能够更全面地考虑学生的成长需求。了解学生的个体差异、兴趣爱好以及学科特长，可以有针对性地设计德育活动，满足学生在品质培养、价值观形成等方面的个性化需求。这样的设计不仅使思政教育更符合学生的实际情况，也更有助于激发学生对德育活动的兴趣，提高学生参与度。个性化德育活动的融合有助于学生更容易接受思政知识。由于活动更贴近学生的实际生活和兴趣，学生在参与德育活动的过程中更容易接受思政知识。这种自主参与和体验的方式不仅使学生对思政内容更感兴趣，还促使其更深刻地理解和内化这些知识，从而更好地实现德育目标。

（五）促进跨学科融合

个性化德育活动的设计往往涉及多学科内容，为思政教育与其他学科的跨学科融合提供了良好的机会。这种融合不仅能够促使学生更全面地理解和应用思政知识，还有助于形成系统性的思想观念。

将多学科内容融入个性化德育活动，可以促进学科之间的交叉，使学生在活动中接触到不同领域的知识。例如，在解决实际问题的德育活动中，可以引入数学、科学、文学等多个学科的知识，让学生在实践中融合各种学科的元素。这样的设计不仅拓宽了学生的知识面，也增强了他们对不同学科之间关联性的理解。跨学科融合还有助于培养学生的系统性思维。通过在个性化德育活动中引入多学科内容，学生需要综合运用各个学科的知识解决问题，培养了他们的系统性思维能力。这种能力有助于学生更全面地理解复杂问题，形成更为系统和深刻的思想观念。

（六）建立更紧密的师生关系

个性化德育活动的实施往往需要教师更深入地了解学生，与学生建立更紧密的关系。这不仅有助于在思政教育中实现更为有效的沟通与引导，还能使学生更愿意接受德育的引导。

通过深入了解学生的个体差异、兴趣爱好以及学科特长，教师能够更全面地把握每个学生的思想状态和成长需求。这种个性化了解为教师提供了更为准确的引导方向，使其能够更有针对性地设计和组织德育活动，满足学生的多元化需求。同时，这种深入了解也为教师与学生之间建立起更为亲近的关系奠定了基础。另外建立更紧密的师生关系有助于在思政教育中实现更为有效的沟通与引导。通过与学生建立起信任和亲近的关系，教师更容易与学生进行深入的交流，了解他们的想法、疑虑和需求。这种积极的沟通氛围使得思政教育不再是单向的灌输，而是与学生形成一种共同探讨的氛围，从而更好地实现思政教育的目标。

第二章 开放性思政课程设计与内容构建

第一节 开放性思政课程设计原则

　　思政教育教学要与社会实践活动相结合，加强课内课外联结，实现隐性课程与显性课程相配合，通过丰富学生实践体验，促进知行合一。而要实现教学与实践活动的结合，则离不开开放性思政课堂的建设。

　　开放性思政课程设计的原则是确保思政课程具有灵活性、互动性、实践性和开放性，以更好地适应学生的个性和社会的发展需求。以下对开放性思政课程设计中应坚持的原则进行总结概述。

一、个性化原则

　　开放性思政课程设计应坚持个性化原则，这一原则着眼于学生的独特性，旨在深度挖掘和充分考虑个体差异。通过采用灵活多样的教学方法，鼓励学生充分表达独立观点，课堂上为每位学生提供更多参与和展示的机会，促使他们在自由思考和开放讨论中培养独立见解和个性发展。在这一理念下，开放性思政课程成为一个承载多元思想、尊重差异、激发创造力的平台，使每个学生在独特性中找到发展的空间，真正实现个性与整体素质的有机统一。

二、互动性原则

　　互动性原则在开放性思政课程设计中具有重要地位。此原则注重在师生之间以及学生之间建立积极的互动关系，通过多元的教学手段如讨论、小组活动等，激发学生的主动思考和参与意愿，从而创造出富有互动性的课堂氛围。在这种互动的过程中，师生之间的交流成为双向的、富有启发性的对话，促使学生不仅仅是被动接受知识，更是主动参与思考、表达独立见解。

互动性原则的贯彻使得开放性思政课程成为一个真正充满活力和创造性的学习平台，有助于培养学生的批判性思维和团队协作精神，推动教育教学朝着更开放、灵活和互动的方向发展。

三、实践性原则

实践性原则在开放性思政课程设计中具有关键性作用。此原则强调将抽象的思政理论与实际生活、社会实践相有机结合，通过采用案例分析、实地考察等方式，使学生能够在实践中更好地理解、应用和体验所学的思政知识。通过将理论与实际相结合，开放性思政课程旨在培养学生的实际应用能力，使他们具备在复杂社会背景下灵活运用所学理论的能力。这一原则的贯彻不仅让学生更深刻地领会思政知识的实用性，也激发了他们的兴趣和热情，使思政课程真正成为引导学生成长的有力工具。实践性原则的强调使得开放性思政课程更贴近学生实际需求，培养了他们更全面的素质，为未来的发展奠定了坚实基础。

四、开放性原则

开放性原则在思政课程设计中是至关重要的，它鼓励学生提出独立而多元的观点，倡导尊重不同思想的态度，创造一种宽松、包容的学习氛围，以激发学生的积极性和主动性。这一原则意味着不仅要使课堂成为思想碰撞和交流的空间，更要让每个学生在开放的环境中感受到自由表达的权利。开放性思政课程的设计应该着眼于激发学生的思辨能力，引导他们树立独立见解，从而培养具有创新精神和广泛视野的人才。在这种开放的教学模式下，学生更有可能迸发出独特的思考和见解，从而形成更加完整、立体的思维结构。通过坚持开放性原则，思政课程能够更好地促进学生的全面发展，让每位学生都在开明的学术氛围中成长，形成独立、开放、包容的人生观。

五、适应性原则

适应性原则是开放性思政课程设计的重要指导原则，其核心在于根据学生的年龄、兴趣、背景等多方面因素，灵活调整教学内容和形式，以更好地适应学生的认知水平和需求。这一原则要求教师关注学生个体差异，深入了解每位学生的兴趣爱好、学科特长、认知发展水平等方面，从而有针对性地设计和调整教学内容。适应性原则不仅强调对学科知识的传授，更注重将思政理论与学生生活和实际问题相结合，使之更贴近学生的实际需求。通过灵活运用案例分析、小组讨论、实地考察等多元教学手段，适应性原则能够创造出更为生动、有趣、有深度的学习体验，使学生更容易理解和接受所学内容。这样的设计能够激发学生的学习兴趣，增强他们对思政课程的参与度，为他们的全面发展提供更有益的支持。通过坚持适应性原则，开放性思政课程更能贴合学生个体特点，促使其更好地汲取知识精华，培养出具有广泛知识视野和适应能力的人才。

六、问题导向原则

问题导向原则是开放性思政课程设计的重要指导原则，其核心在于以问题为引领，通过激发学生的思辨和探究兴趣，引导他们深入思考、解决实际问题，从而培养其批判性思维和问题解决能力。在问题导向的思政课堂中，教师不仅仅是知识的传递者，更是问题的提出者和引导者，激发学生的好奇心和求知欲。通过引导学生深入思考社会、伦理、价值等方面的问题，问题导向原则能够促使学生积极参与讨论，形成自主学习的氛围。这一原则强调培养学生主动提问、主动思考的能力，让学生在课程中通过对问题的分析和解答，逐渐形成独立、理性、批判性的思考方式。问题导向原则使思政课堂更具启发性，通过实际问题的引导，让学生在学习中建构知识、锻炼逻辑推理能力。通过问题导向，学生将更深刻地理解思政课程所涉及的理论，并能将其运用到实际问题中，培养出具有问题敏感性和创新精神的人才。坚持问题导向原则不仅有助于学生全面发展，还有助于构建积极向上、富有创造性的学习氛围，为学生成长提供有益的引导。

七、跨学科融合原则

跨学科融合原则是开放性思政课程设计的关键指导原则，其核心在于将思政知识与其他学科进行有机结合，旨在丰富课程内容，提升学生的综合素养。通过跨学科融合，思政课程能够更好地贴近学生的实际学习需求，将抽象的思想理论与具体的学科知识相结合，使学生在学习中能够更好地理解和运用思政知识。

在跨学科融合的思政课堂中，教师可以借助其他学科的知识资源，通过引入相关的数学、语文等内容，使思政课程更加具体、生动、有趣。这不仅能够拓宽学生的知识视野，还能够增强学生对思政知识的理解和记忆，使抽象的概念更具体形象化。同时，跨学科融合也为学生提供了在不同学科领域间进行联想和交叉思考的机会，培养他们的综合分析能力和批判性思维。此外，跨学科融合也有助于激发学生的学科兴趣，使思政课程更具吸引力和实用性。通过将思政知识与其他学科的实际问题相结合，学生可以更直观地感受到思政知识的实际应用，增强其学科的实践性和可操作性。这种综合性的课程设计不仅有助于培养学生的综合素养，还能够提高他们的学科学习动力，促使他们更主动地参与学科学习，形成全面发展的学生。因此，跨学科融合原则的坚持是开放性思政课程成功实施的关键因素。

八、实际问题导向原则

实际问题导向原则是开放性思政课程设计的重要指导原则，其核心在于将思政知识与实际社会问题相结合，通过引导学生关注、思考并解决实际问题，培养其实际应用能力。这一原则旨在使思政课程更具实践性和针对性，使学生在学习中能够深刻理解并主动运用所学的思政知识。

在实际问题导向的思政课堂中，教师以现实社会中的热点问题、挑战或具体案例为切入点，引导学生深入分析和思考。通过对社会、国家、文化等方面实际问题的讨论，学生能够更直观地理解抽象的思政理论，增强其实际应用能力。例如，通过关联社会公益、环境保护、社会公平等实际问题，学生能够深入了解社会现象背后的价值观和伦理原则，从而使思政知识更具体、有深度。实际问题导向的课程设计也有助于培养学生的批判性思维和问题解决能力。通过面对实际问题，学生被鼓励思考问题产生的原因、可能的解决方案，并提出自己的见解和观点。这种开放性的思辨过程有助于培养学生主动思考、独立分析问题的能力，使其具备更强的批判性思维，不仅能够理解问题的表层，更能深入剖析问题的本质。实际问题导向原则也使得思政课程更贴近学生的实际生活和学科需求。通过关注社会发展、公民责任等实际问题，学生能够更好地理解思政知识的实际应用场景，增加学科的实践性和可操作性。这种将理论知识与实际问题相结合的设计不仅有助于提高学生对思政知识的兴趣，还能够培养其实际运用思政知识的能力，使之成为有社会责任感和实际问题解决能力的公民。因此，实际问题导向原则的坚持是开放性思政课程设计成功实施的关键因素。

第二节　跨学科融合与思政知识融入

《义务教育道德与法治课程标准》（2022年版）中优化了课程内容结构，设立跨学科主题学习活动，加强学科间互相关联，带动课程综合化实施，强化实践性要求。思政教育是立德树人的关键课程，要达到思政教育的目的，则可以按照《义务教育道德与法治课程标准》中课程内容要求促进跨学科与思政知识的融入。

一、跨学科融合

将不同学科的知识进行整合，使思政课程更具综合性。跨学科的融合，可以帮助学生更全面地理解社会、文化和国家等方面的问题。

（一）建立跨学科教学团队

在小学阶段，思想政治教育对学生的价值观和人生观的塑造起着至关重要的作用。然而，为了更好地实现思政内容与其他学科知识的有机结合，单一学科教学模式显然已经不再足够。因此，我们迫切需要建立一个跨学科教学团队，由不同学科专家组成，共同参与规划和设计小学思政课程。

跨学科教学团队的动机主要源于对学生综合素养的追求。传统的学科教学往往使得学生将知识点独立对待，难以形成系统性的思考能力。而跨学科合作可以更好地实现知识的融通和互补。在小学思政课程中，组建由语文、数学、自然科学、社会科学等多个学科专家组成的团队，可以更好地将思政内容贯穿于学科之间，使得学生在学科知识学习的同时，能够更深刻地理解思政的核心理念。跨学科教学团队的建立为小学思政教育带来了诸多优势。

不同学科专家的参与能够确保思政课程更加全面，不仅注重知识传授，还能结合语文、数学等学科知识点，使得思政内容更具体、更贴近学生的实际生活。另外跨学科团队能够更好地满足小学生强烈的好奇心和求知欲望，通过不同学科的引导，激发他们对知识的兴趣。在具体实践中，跨学科教学团队可以采用项目制教学法。例如，可以设计一个小学综合项目，涵盖语文、数学、自然科学等多个学科，同时融入思政元素。通过这个项目，学生可以在实际问题中应用各学科知识，同时思考与之相关的思政价值观。团队成员可以共同制定项目目标，分工合作，确保项目中每个学科都有专业指导。这种跨学科项目设计有助于培养学生的综合素养，使得他们不仅能够熟练掌握学科知识，还能够在实际应用中体现出思政素养。

（二）跨学科项目设计

在小学思政教育中，我们致力于通过设计综合性项目，引导学生跨足不同学科领域，共同解决实际问题，同时确保项目涵盖思政知识，促使学生在实际操作中融入多学科元素。我们选取了一个贴近学生日常生活的主题，例如"创建友善校园"。学生将组成跨学科团队，包含语文、数学、科学、艺术等不同学科的代表。在项目中，语文学科学生负责撰写项目提案，培养学生的表达和沟通能力；数学学科学生运用数学方法对校园环境进行分析，提供实际数据支持；科学学科学生进行科学实验，提供环保技术解决方案；艺术学科学生设计校园美化方案，通过绘画、雕塑等方式为项目增色。整个项目过程中，我们将引导学生思考与社会责任、环境保护相关的思政知识，并在最终成果展示中，展示团队合作成果，包括提案、数据分析、科学实验结果和艺术设计作品等。通过这个全方位的项目设计，学生将不仅学到跨学科知识，更能够在实际问题解决中培养团队协作、创新思维以及社会责任感，旨在为学生的全面发展奠定坚实基础。

（三）制订跨学科课程计划

在小学思政课程的制定中，我们着眼于培养学生的全面素养和综合能力，因此我们制订了跨学科课程计划，将不同学科领域的知识有机结合，确保学生在学习过程中能够接触到多个学科领域的知识。我们可以通过对小学生认知水平和兴趣的深入研究，选择与其日常生活紧密相关的主题，例如"家庭与社区"。在课程计划中，语文学科将引导学生进行家庭故事的阅读与创作，培养他们的语言表达能力；数学学科将通过统计家庭成员人数、制定预算等实际活动，锻炼学生的数学运算和数据分析能力；道德与法治学科将深入探讨家庭结构、社区发展等话题，引导学生思考社会关系与责任；美术学科则通过绘画、手工制作等方式，让学生表达对家庭和社区的情感。整个课程贯穿了语文、数学、社会学和美术等多个学科，通过项目式学习、实践活动等手段，使学生在解决实际问题的过程中接触到跨学科元素，培养了他们的跨学科思维和综合素养，同时确保了思政知识的渗透，引导学生形成积极向上的家庭观念和社区责任感。通过这样的跨学科课程设计，我们旨在为小学生提供更丰富、全面的学科体验，培养其全面发展所需的跨学科能力和思政素养。

（四）开设跨学科课程

在小学思政教育中，积极响应培养全面发展的目标，因此特别设计了专门的跨学科课程，融合文学、科学、社会学等多个学科的内容，以促使学生在一个课程中接触到多元知识。该跨学科课程以一个引人入胜的主题为核心，例如"探索自然奇迹"。在这一课程中，语文学科将引导学生通过文学作品了解大自然的神奇，培养阅读理解能力；科学学科则通过生动的实验和观察，让学生深入了解自然界的规律和奇迹；道德与法治学科负责介绍自然资源的保护与利用，引导学生思考人类与自然的关系。通过这一课程，学生将在一个统一的主题下接触到语文、科学、道德与法治等不同学科的知识，促使他们涉足多个学科领域，形成综合性的学科视野。同时，通过项目式教学、小组合作等方式，鼓励学生在实际操作中运用多学科知识解决问题，培养跨学科思维和创新意识。这样的跨学科课程设计不仅满足了小学生的学科需求，同时为其提供了更广泛的知识体验，培养了学生的跨学科能力，促进了思政教育与学科知识的融合，使他们更好地应对未来复杂多变的社会挑战。

二、思政知识融入

在设计课程时，应当精心选取具有思政特征的知识点，确保思政理论融入各个学科的内容之中。这有助于培养学生的思政素养和综合素质。

（一）思政主题引导

在小学思政教育中，我们着眼于通过思政知识的有机融入，为学生提供全面的人文关怀和价值引领。其中，我们特别强调思政主题的设计与引导，以确保思政价值观贯穿于不同学科内容之中，形成具有深刻影响的教育体验。

明确的思政主题是构建综合性小学思政课程的基础。通过慎重选择主题，例如"友爱与合作"，我们确保主题具有普遍性和深远影响，与小学生的实际生活和成长需求相契合。这一主题不仅激发学生对友谊、合作的思考，更涵盖了友爱与合作在学科知识学习、团队协作等方面的广泛应用。在语文课中，学生可以通过朗读友谊故事，培养文学素养；在数学课上，通过团队解决实际问题，锻炼数学运算能力；在科学课中，通过小组实验体验合作精神，同时了解自然界的协同性。思政主题的引导使得这一主题贯穿于各个学科，旨在唤起学生对友爱与合作的认知，并通过学科知识的学习，将其内化为行为准则。另外应注重确保思政价值观在课程中有明确的体现。在"友爱与合作"这一主题中，我们明确思政的核心理念，例如人的平等、共同体意识等，贯穿于教学内容和活动设计中。在语文课中，通过分析文学作品中人物之间的友谊引导学生思考平等与尊重；在数学课上，通过合作解决实际问题，培养学生的共同体意识。通过这样的设计，我们不仅使思政知识成为课程的一部分，更使其在学科知识的学习中得到具体体现，帮助学生建构健康的人际关系观念和社会责任感。

（二）案例教学

在小学思政教育中，我们深入贯彻思政知识的融入，着重采用案例教学方法。通过使用思政相关的案例，我们旨在引导学生在学科知识学习的同时，深入思考道德、伦理等方面的问题，从而在学科学习中培养他们的品德修养和价值观念。

案例教学为学科知识的实际应用提供了生动的范例。以"诚实守信"为例，可以选择一位实实在在的小学生，展示他因为诚实守信而受到表扬和信任的案例。在语文课中，通过讲述这个案例，教师可以引导学生深入思考"诚实守信"在日常生活中的重要性，并从中提炼出语文学科中的诚实表达与表达技巧。在数学课上，设计相关的数学问题，让学生思考在学科知识中，诚实守信的原则如何应用。这样，通过案例教学，学生在实际操作中得以体验到思政价值观在学科中的具体运用，有助于培养其品德修养。另外案例教学为学生提供了跨学科思考的机会。选取涵盖不同学科领域的案例，可以引导学生在解决问题的过程中，不仅考虑到学科知识本身，更将道德、伦理等方面的因素纳入综合思考。比如，通过讲述一个关于环保的案例，在科学课上，学生将不仅仅学到环保的科学知识，还能深入了解保护环境的伦理责任。这种综合性的案例教学有助于培养学生的跨学科思维，使其在学科知识学习中更全面地认识和思考问题。

（三）实地考察和实践活动

在小学思政教育中，强调通过实地考察和实践活动将思政知识融入学科教学，以提供学生亲身体验社会问题的机会，并促使他们在实践中理解并运用思政知识。这一教育方法旨在培养学生的实际问题解决能力，引导他们关注社会现象，树立正确的价值观。

教师选择与学科内容紧密相关的实地考察和实践活动。例如，在学习道德与法治课程时，可以安排学生进行社区实地考察。通过走访社区，学生能够亲身感受到社会结构、人际关系等方面的问题，从而引发他们对社会责任和公共服务的思考。在此过程中，结合思政知识，引导学生分析社会问题的根本原因，让他们在实践中理解社会学知识，并反思社会责任与公民义务的重要性。另外实践活动也成为思政知识融入的有效途径。开展社会实践活动，例如环保志愿服务，使学生直接参与社会实践，通过亲身经历学习环保的知识与技能。在此过程中，教师应注重将思政价值观融入实践，强调个体行为对整体社会的影响。引导学生从实际行动中感知社会问题，培养他们主动承担社会责任的观念。在实践活动中，不仅应注重技能的培养，更应注重对学生情感态度的引导，使其在实践中产生深刻的思考与领悟。

（四）跨学科辩论与讨论

小学思政教育中，应积极倡导在跨学科辩论与讨论中引入思政话题，以促使学生在跨学科的讨论中深入思考伦理、社会责任等问题。这一教学方法不仅加强了学科知识之间的联系，更培养了学生的批判性思维和综合素养。

跨学科辩论为学生提供了一个涉足多个学科领域的平台。选择贴近学生生活的综合性话题，比如"科技对社会的影响"，可以将语文、科学、道德与法治等学科知识融合在一个话题中。在辩论中，语文学科的学生可以发挥语言表达的优势，科学学科的学生能够运用科技知识，道德与法治学科的学生则从社会责任的角度进行思考。通过这样的跨学科辩论，学生在学科之间形成了有机的连接，培养了综合思考问题的能力。辩论过程中也可以引入思政话题，使学生更深入地思考伦理和社会责任。在辩论中，可以特别引导学生思考关于科技发展对社会带来的伦理问题，比如隐私安全、人工智能对就业的影响等。通过辩论，学生被鼓励提出自己的见解，从而引导他们理解和分析伦理问题，并形成对社会责任的认知。这种方法旨在培养学生对社会问题有更深刻理解的同时，通过思政知识的引导，引发学生对伦理道德的思考，形成积极的价值观。

（五）综合评价体系

在小学思政教育中，制定一套综合性评价体系，不仅能够考查学生的学科知识，同时能够评价学生对思政知识的理解和运用能力。这一综合评价体系的建立有助于将思政知识有机融入学科评价体系中，实现对学生全面素质的综合评估。

第一应明确学科知识和思政知识之间的关联。深入分析不同学科与思政知识的交叉点，可以确立一套全面而有机的评价指标。例如，在语文评价中，除了关注学生的语法、阅读理解能力，还引入了学生对文学作品中思政主题的理解，考查学生对于价值观、道德规范等方面的感悟。在数学评价中，除了关注学生的计算和解题能力，还设置了一些综合性问题，让学生运用数学知识思考社会问题，以检验他们的跨学科思维能力。另外注重在评价过程中体现思政知识的应用。设置与学科知识结合的实际问题，要求学生在解答问题的同时能够引入思政知识，运用价值观和社会责任观念进行论述。例如，在道德与法治问题评价中可能提出一个与社会问题相关的案例，要求学生分析案例同时提出自己的看法，并引入思政知识，以评估他们的思考深度和综合能力。这种评价方式能够更好地反映学生对思政知识的理解和运用情况，使其在学科学习中形成更为全面的认知。

综合评价体系的建立不仅强调对学科知识的考察，更关注学生在学科知识中的思政素养。这种全面性的评价有助于形成学科与思政知识的有机融合，使学生在学科学习中既能够具备专业素养，又能够培养出积极向上的人生观和价值观。这样的评价体系能够更全面地了解学生的综合素质，为其全面发展提供更有针对性的引导。

（六）持续培训与交流

在小学思政教育中，强调持续培训与交流，为教师提供跨学科教学方法和思政融入策略的培训，以促使他们更好地实施这些策略。同时，鼓励教师之间的经验交流，推动教学实践的创新，旨在提升教师的专业水平，确保思政知识有机融入学科教学。

应注重为教师提供系统的培训。通过组织专业培训课程，可以向教师介绍跨学科教学方法和思政融入策略。培训内容包括课程设计、案例教学、实地考察与实践活动等多个方面，旨在帮助教师更好地理解和运用这些方法。培训不仅局限于理论探讨，更注重实际操作和示范，使教师能够通过实际体验更好地理解和掌握这些教学策略。通过不断更新培训内容，我们确保教师能够跟上教育领域的最新发展，提高他们在思政知识融入方面的实际操作水平。鼓励教师之间的经验交流。定期组织教学经验分享会、研讨会等形式，为教师提供一个相互交流和学习的平台。在这些交流活动中，教师可以分享自己在思政知识融入学科教学中的成功经验和挑战，学习到其他教师的有效实践。这种经验交流不仅促使教师之间形成共同的教学理念，更推动了教学实践的创新。通过互相启发和借鉴，教师能够更有信心、更富创意地将思政知识融入学科教学中，为学生提供更丰富的教育体验。

三、问题导向教学

问题导向教学是一种注重学生实际问题解决能力培养的教学方法，其核心理念是通过引导学生探究、分析和解决实际问题，从而促使他们深刻理解并应用跨学科知识，其中也包含了思政知识。以下对问题导向教学中应注意的问题进行概述。

（一）确定实际问题

在问题导向教学中，确立实际问题是关键的第一步。选择的问题必须既与学科相关，又贴近学生的实际生活，涵盖社会、科技、环境等多个领域。例如，可以选择一个涉及社会公正的问题，如贫富差距，或者关注环境问题，比如垃圾分类。这样的问题选择不仅能引发学生的兴趣，同时也确保了问题的多领域性。

在确定问题时，需综合考虑学生的年龄、兴趣和学科知识水平。问题应当能够引发学生的好奇心，激发他们对知识的探究欲望。考虑到年龄差异，问题的设定需要符合学生的认知水平，使其在解决问题的过程中既不感到过于困难，又能够有一定的挑战性，促使其思考和深入学习。问题的设计也需贴近学科知识，确保能够涉及多个学科领域，从而实现跨学科的学习目标。问题的选择应当服务于教学目标，有助于培养学生的批判性思维、解决问题的能力以及跨学科知识的综合运用。精心选定的实际问题，可以在学科学习中激发学生的兴趣，促使他们主动参与学习过程，从而更好地实现教学目标。这一问题导向的教学方法不仅使学生能够解决实际问题，还能够深化对学科知识的理解，培养跨学科的综合素养。

（二）组织跨学科团队

在问题导向教学中，解决复杂问题的有效途径是组织跨学科的团队。这种跨学科团队的构建涵盖了语文、数学、科学、道德与法治等不同学科领域的专业知识，通过团队成员之间的协作，实现各学科知识的融合与互补。这一方法有助于提升学生的综合素养，培养跨学科思维和团队协作精神。

跨学科团队的构建强调了学科知识的互补性。每个团队成员都能够发挥自己所擅长学科领域的专业性，将自身的知识和技能有机地融入问题的解决过程中。例如，语文老师负责解读和表达问题，数学老师则能够提供问题的定量分析，科学老师可以探讨问题的科学原理，而社会老师则关注问题的历史、政治和伦理等方面。通过这样的团队合作，学生能够全面了解问题，形成多角度的思考，并在解决问题的过程中吸收多个学科的知识。跨学科团队的协作模式还培养了学生的团队协作能力。学生在团队中相互合作、交流意见，通过分享不同学科的见解，推动问题的全面解决。团队成员之间需要协商、沟通、理解对方的专业知识，从而增强了学生的沟通与协作技能。这不仅使学生在问题解决中能够形成整体性的认识，更促进了跨学科思维和团队合作精神的培养。

（三）进行问题研究与分析

在问题导向教学中，学生进行问题研究与分析是解决复杂问题的重要阶段。通过对所选问题的深入研究，学生能够收集相关信息，分析问题的根本原因和影响。这个过程中，学生需要运用各个学科的知识，形成跨学科的思维和分析能力。例如，对于社会问题，学生可能涉及历史、政治、伦理等学科；而对于科技问题，可能涉及数学、物理、信息技术等学科。

学生在问题研究阶段需要展开深入的探究。通过查找相关资料、采访专业人士或进行实地调查，学生能够收集到关于问题的多样性信息。这不仅要求学生在语文学科中具备信息搜集和整理的能力，同时也需要运用数学学科的统计和分析方法，以确保数据的准确性。在这一过程中，学生能够体验到真实问题的复杂性，激发他们对问题解决的兴趣和决心。此外学生需要运用多学科的知识进行问题分析。问题的根本原因和影响往往涉及多个学科领域。例如，解决关于贫富差距的社会问题，学生需要了解历史上的社会结构、政治体制，以及伦理学中的社会公正理念。这要求学生具备将不同学科知识整合和应用的能力，培养了他们的跨学科思维。通过运用不同学科的知识，学生能够更全面地理解问题，并形成更为深刻的问题分析和解决思路。

（四）制定解决方案与实践

在问题导向教学中，学生制订解决方案与实践是问题解决的关键环节。通过问题分析的基础上，学生需要在实际行动中付诸解决方案，并在这个过程中将思政知识有机融入，思考问题背后的伦理、社会责任等方面的考量，培养学生的社会责任感、公民意识以及对道德价值的思考。

学生在制订解决方案时需要考虑到问题的多样性和复杂性。基于对问题的深入分析，学生能够提出切实可行、综合考虑各方面因素的解决方案。在这一过程中，学生需要运用到多学科的知识，不仅包括学科专业知识，还需要融入伦理、道德、社会责任等思政知识。例如，在解决贫富差距问题时，学生可能不仅提出经济发展政策，还需思考社会公正、平等和人权等伦理价值观的考量。这种思政知识的融入使学生的解决方案更具有综合性和社会责任感。另外学生将解决方案付诸实践，实际投入到解决问题的实践中。这个过程旨在培养学生的实际操作能力和实践经验，让他们在真实场景中应用所学的知识。在实践中，学生会遇到各种挑战和困难，需要灵活运用所学的跨学科知识和思政知识来应对。同时，学生也会更深刻地体验到解决问题的复杂性，从而形成对实际问题解决的自信心和勇气。

（五）总结与反思

在问题导向教学中，总结与反思是学生解决实际问题后的重要环节。这个过程不仅有助于对解决方案的有效性评估，还涵盖了对学到的知识和技能的反思，以及思政知识在问题解决过程中的作用，为学生的全面发展提供了深刻的思考。

总结与反思阶段包括对解决方案的有效性评估。学生需要回顾整个问题解决过程，分析解决方案的实际效果，思考其在解决问题中的可行性和实用性。这一过程不仅有助于学生形成对解决问题策略的批判性思考，也能够培养他们对实际问题解决的能力。通过对解决方案的评估，学生能够认识到问题解决是一个动态的过程，不断优化和改进是必要的。另外学生进行学到的知识和技能的反思。问题导向教学注重学生在实际问题中的应用，因此在总结阶段，学生需要思考在解决问题的过程中学到了哪些新知识，掌握了哪些新技能。这种反思不仅有助于学生形成对知识与技能的自主积累，也能够提高他们在实践中应用所学知识的能力。此外，总结与反思阶段也包括对思政知识在问题解决过程中的作用的深刻思考。学生需要探究在解决实际问题的过程中，伦理、社会责任等思政知识对其决策和行动的影响。这有助于培养学生的社会责任感和公民意识，使他们不仅在学科知识上有所发展，更在道德和伦理层面有所体悟。

第三节　社会、国家、文化等方面内容的选取

《义务教育道德与法治课程标准（2022 年版）》中要求道德与法治课程教学中应及时丰富和充实教学内容，反映党和国家重大实践和理论创新成果。按照这一理念，具体教学时，教学要围绕课程内容体系，及时跟进社会发展进程，结合国内外影响较大的时事进行讲解。要将党和国家重大实践和理论创新成果引入课堂，充分体现马克思主义中国化最新成果。要密切联系社会生活和学生生活实际，用富有时代气息的鲜活内容，以学生喜闻乐见的方式，增强道德与法治教育的时效性、生动性、新颖性，让道德与法治课成为有现实关怀和人文温度的课堂。根据新课标的要求，开放性思政课程设计中，应从社会、国家、文化等方面进行教学内容选取，通过这种形式丰富和充实教学内容，反映出党和国家重大实践和理论创新成果。

一、社会问题引入

在小学思政课程设计中引入社会问题，旨在通过深入了解社会现象，培养学生对社会问题的敏感性和责任感。这一设计有助于拓宽学生的视野，激发对社会的思考，并培养早期的公民意识。

社会问题引入的课程设计应注重选题的关联性和学生的实际生活经验。通过选取与学生生活密切相关的社会问题，如环境保护、友善校园、社会公平等，可以激发学生的兴趣，使其更容易产生共鸣。设计生活情境，将社会问题融入小学思政课程中，例如通过让学生观察身边环境、参与小组讨论等方式，引导学生主动发现社会问题，从而建立起对社会的敏感性。另外社会问题引入的课程设计需要通过跨学科的方式，将不同学科的知识融入其中。这样的设计能够使学生更全面地了解社会问题，培养跨学科思维。例如，在

探讨友善校园的问题时，可以结合语文课讲述友谊的故事，结合科学课介绍植物与环境的关系，结合社会课讨论平等与尊重的重要性。综合运用多个学科的知识，促使学生形成对社会问题更为全面深刻的认识。此外，社会问题引入的课程设计应注重培养学生的批判性思维和解决问题的能力。通过引导学生分析社会问题的根本原因、影响及可能的解决方案，培养他们独立思考的能力。可以通过小组合作、案例分析、角色扮演等形式，引导学生深入思考社会问题的复杂性，并提出有建设性的解决方案。这有助于培养学生的问题解决意识和实际操作能力。

二、国家发展与政策

在小学思政课程中将国家发展与政策纳入教学内容，旨在让学生更全面地了解国家的发展方向，培养他们对国家的认同感和责任感。这一设计不仅有助于拓展学生的知识面，还能够激发他们对国家命运的关切与思考。

将国家发展与政策融入小学思政课程的关键在于选取适合学生认知水平的内容。可以通过生动的教学案例、图表、动画等形式，生动直观地向学生介绍国家的基本情况、发展战略以及一些重要政策。例如，通过简单易懂的方式解释国家的五年规划，学生得以初步了解国家的发展方向和政策导向。这有助于引发学生对国家事务的兴趣，从而培养他们对国家的认同感。为了更好地融入国家发展与政策，可以采用跨学科的教学方法，将国家政策与语文、科学、社会等学科知识相结合。引导学生分析国家政策对不同方面的影响，培养他们的跨学科思维。例如，在学习环保政策时，可以结合科学课程深入了解环境科学知识，同时通过语文课程提高学生对相关政策文件的理解能力。这有助于学生更深入地理解国家政策的内涵和背后的理念。另外引入实际案例和互动活动，增加学生对国家政策的实际应用和体验。可以组织学生参与模拟国会议题讨论，让他们切身感受国家政策制定的过程，并从中体会个人观点与国家整体方向之间的关系。通过实际操作，学生能够更深刻地理解国家政策对社会的影响，从而培养责任感和参与感。

三、文化传承与创新

在小学思政课程中，引导学生了解传统文化并鼓励在传承中发现创新点，旨在通过对文化的学习，培养学生的文化自信心和创新思维。这样的教学设计既有助于传承优秀传统文化，又能够激发学生在文化传承中发挥创造性，以下是一个详细概述：

传统文化的引入应以生动有趣的方式展开。通过生动的故事、有趣的活动，向学生介绍传统文化的内涵和价值，以激发他们对传统文化的兴趣。例如，通过传统节日的故事、古老的习俗和传统技艺的展示，学生得以感受到传统文化的博大精深。这有助于引导学生从积极的角度去认识和接纳传统文化。传统文化的学习不仅仅是死记硬背，更要引导学生在传承中发现创新的点。可以通过对经典文学作品的阅读，传统艺术的观摩，以及传统礼仪的体验，激发学生思考如何在传统文化的基础上进行创新。例如，可以鼓励学生尝试用现代语言重新演绎经典故事，或者设计结合传统元素和现代审美的艺术品。通过这样的创新实践，学生能够更好地理解传统文化的内涵，并在创新中形成对传统的深刻理解。同时，传统文化的学习应结合当下社会现实，使学生认识到传统文化与现代社会的关联性。可以通过讨论传统价值观在现代社会的应用，引导学生思考传统文化在现代社会的意义。例如，通过对孝道、礼仪等传统价值观的讨论，学生得以明白这些价值观在当代社会中的重要性，激发他们将传统文化融入现代生活的愿望。此外鼓励学生参与文化传承与创新的实践活动。可以组织学生参加文化体验营、传统手工艺制作、古诗词朗诵比赛等活动，让他们通过亲身参与，深入感受传统文化的魅力。同时，鼓励学生通过自己的方式表达对传统文化的理解和创新，例如通过绘画、写作、舞蹈等方式展现他们对传统文化的独特见解。

四、国际视野

在小学思政课程中融入国际视野，旨在使学生对世界各地的文化、社会制度有更全面的认识，培养他们的国际胸怀和跨文化交流能力。这一设计有助于拓宽学生的视野，激发对多元文化的兴趣，为他们未来的国际交往打下坚实的基础。

　　国际视野的引入应注重提供多样性的信息源。通过多媒体、图片、视频等形式，向学生展示世界各国的文化、传统、社会制度等方面的特点。例如，可以通过展示世界各地的传统节日、风土人情，引导学生思考文化差异和共通之处。生动的案例能够激发学生的好奇心，使其愿意主动了解并尊重不同文化。国际视野的引入还需要结合具体的学科知识，实现跨学科融合。在语文、地理、社会等多个学科中融入国际视野的内容，可以使学生在学科学习的同时了解不同国家的历史、地理、文化等知识。例如，在学习某一地理知识的同时，比较不同国家的实例，促使学生理解地理环境与文化发展之间的关系。这样的跨学科设计有助于提升学生对国际事务的综合认识。此外，组织国际交流活动是培养学生国际视野的有效手段。可以通过线上线下的方式，与其他国家的学校或教育机构开展文化交流、合作项目等活动。通过与外国学生互动，学生不仅能够了解不同文化的特色，还能够培养与他人合作、交流的能力。这样的实际交流经验有助于拓宽学生的国际视野，提高他们的跨文化沟通和理解能力。国际视野的引入应注重培养学生的国际胸怀和全球公民意识。可以通过学习国际重大事件、国际组织的作用等内容，引导学生思考全球性的问题，培养他们对全球事务的关切和责任心。例如，通过讨论国际合作解决全球性挑战的案例，激发学生思考个体与全球的关系，培养他们积极参与全球事务的意愿。

第三章　基于地域文化特色的思政课堂建设

第一节　少先队地域文化特色活动的意义

一、少先队地域文化特色活动

少年儿童是祖国的未来、中华民族的希望，也是党的未来。中国少年先锋队建队七十五周年座谈会认为："党的二十届三中全会擘画了进一步全面深化改革、推进中国式现代化的宏伟蓝图，全国教育大会系统部署了全面推进教育强国建设的战略任务和重大举措。新时代新征程上，少先队要立足党的事业后继有人这一根本大计，聚焦主业、担当作为，更好承担起为党育人的光荣职责。"新出版的《少先队辅导员工作纲要》中指出少先队要以开展丰富多彩的实践活动作为主要的方式，不断引导广大的少年儿童在家庭生活、学校生活、社会生活以及大自然的实践中来充分感悟做人做事的道理，从而养成良好的行为习惯。《少先队指导纲要》倡导课内外联系，通过校内校外有机衔接和沟通，来体现地域特色，并广泛地运用地方资源、文化、经济，因地制宜地开展专题性研究。在杜威的经验教育理论中，他就教育本质提出了"教育即生活"和"学校即社会"，认为教育是生活的一个过程，学校是社会生活的一种形式。杜威对学校课程的认识是：学校科目相互联系的真正中心，不是科学，不是文学，不是历史，不是地理，而是儿童本身的社会活动。所以杜威主张"从做中学"，提倡经验课程，让儿童从活动中亲身体验，获得知识，其实质强调的就是让儿童在现实生活和社会实践的交互作用中构建课程并实现课程的价值。少先队活动课程就是以实践活动为主要开展形式，并强调队员的亲身体验和积极参与的一种课程形态，突出的就是队员在"做"的过程中不断学习。

在党中央的关怀和期望下，少先队事业实现了蓬勃发展。将地域文化融入少先队特色活动中，以特色地域文化作为学校少先队组织根植和成长的土壤，其特有的区域文化是学校少先队活动创新发展的一个基本立足点，以家乡地域文化为内容开发符合队员特点的少先队活动课程，使队员了解家乡地域文化特点，让家乡的地域特色文化得以传承并获得可持续发展，增强队员的传统文化意识和民族自豪感。

少先队地域文化特色活动通过深入了解家乡的地域文化特点，使少先队员更加了解和亲近自己的家乡。通过开展各类特色活动，队员们能够深入参与家乡传统节庆、风俗习惯、历史传承等方面，增进对家乡地域文化的认知和理解，培养对家乡的深厚感情。通过特色活动课程的开发，学校少先队组织成功引导队员们了解和体验家乡的地域文化。这种活动设计不仅注重知识性的传递，更侧重于通过实际参与，激发队员们的兴趣，使他们在亲身体验中对家乡地域文化有更为深入的体悟，增强了文化传承的实效性。在这一过程中，学校少先队组织以地域文化为活动创新的基本立足点，更注重将文化传承贯穿于整个少先队活动的全过程。通过融入地方名人、历史故事等元素，少先队员得以更好地融入家乡的文化背景，形成对传统文化的积极认同，培养了文化自信心和民族自豪感。

二、少先队地域文化特色活动的意义

将少先队活动与地域文化结合，形成少先队地域文化特色活动，有助于全面培养少年儿童，使他们在共产主义信仰下成长为有理想、有道德、有文化、有纪律的一代新人。

（一）培养共产主义接班人

少先队作为共产主义事业的组成部分，通过地域文化特色活动，有助于深化少先队员对共产主义信仰的理解和认同。地域文化特色活动提供了一个丰富多彩的学习平台，使少先队员更好地了解社会主义核心价值观和共产主义思想。通过深入学习地方文化，少先队员能够在具体的实践中体验共产主义理念的具体内涵，从而形成坚定的信仰基础。地域文化特色活动通过让少先队员亲身感受社会主义事业的伟大意义，培养他们对祖国前途的责任感。在活动中，少先队员将能够通过亲身经历，深刻感受到祖国发展的巨大成就和改革开放事业的深刻内涵。这种亲身感受将使他们对共产主义事业充满信心，进而激发对国家发展的热爱和对共产主义事业的责任心，使其成为具有远大理想的接班人。通过参与地域文化特色活动，少先队员将有机会在实践中培养为国家建设做出贡献的意识。这种实践性的活动设计有助于唤起少先队员的社会责任感，使他们从小树立为国家繁荣昌盛贡献力量的信念。地域文化特色活动所提供的亲身体验将深刻影响少先队员，使他们认识到自己可以通过个人努力为共产主义事业做出积极的贡献。

（二）自我管理与教育

在少先队的理念中，强调少先队员自己管理自己是一项重要的教育原则。地域文化特色活动可以有效激发少先队员的自我教育和自我管理意识，从而培养他们在实践中不断增长才干的能力。地域文化特色活动提供了一个自我教育的平台，使少先队员在活动中能够主动学习地方文化知识，了解家乡的传统、历史和文化背景。这种主动学习的过程有助于激发少先队员的求知欲望，培养他们独立获取知识的能力，形成自主学习的良好习惯。通过自我教育，少先队员能够更全面地认识祖国的历史和文化，提升自身的综合素质。通过地域文化特色活动，少先队员能够更加深刻地认识到自我管理的重要性。在活动中，他们需要自主组织学习，协作完成任务，独立思考问题，这些过程都是在实践中培养少先队员自我管理能力的有效手段。自我管理并不仅仅是管理学业，还包括管理个人行为、时间和情感等方面。通过参与地域文化特色活动，少先队员能够在组织、合作、交往中不断提升自己的管理水平，逐渐形成对自己的全面管理。这种自我管理的过程不仅有助于培养他们的自我约束和自律能力，还能在实践中培养发现和解决问题的能力。

（三）全面发展少年儿童

少先队地域文化特色活动是促使少年儿童在德、智、体、美、劳等方面全面发展的重要途径。在道德品质方面，地域文化特色活动通过传承和弘扬本地的中华优秀传统文化，激发了少先队员对家乡文化的认同感和自豪感。通过参与这些活动，少年儿童在感悟传统文化中，逐渐培养出尊老爱幼、团结互助、诚实守信等良好道德品质。这对于他们的人格养成和道德素养的培养具有积极意义。在文化素养方面，地域文化特色活动有助于拓展少年儿童的知识面，增强他们的文化修养。通过参与各种文化活动，少先队员能够更深入地了解本地的历史、民俗、语言等方面的文化特色，培养对中华优秀传统文化的热爱和传承意识。这样的文化体验有助于他们拓展思维深度，提高文化素养水平，培养对于文学、艺术、历史等多领域的兴趣，为其全面发展奠定了坚实基础。在体育素养方面，地域文化特色活动也提供了锻炼身体的机会。通过一些传统体育活动或者特色体育赛事，少先队员能够在锻炼身体的同时，感受到团队协作的重要性。这对于他们的身体素质、团队协作能力和意志品质的培养都起到了积极作用。美育素养方面，地域文化特色活动往往包含了丰富的民间艺术和民俗表演。通过参与这些艺术活动，少先队员可以培养审美情感，感受传统艺术之美，提高对美的鉴赏能力，同时也锻炼了他们的表达和沟通能力。在劳动素养方面，地域文化特色活动往往涉及传统的手工艺制作或者参与一些劳动实践。通过亲身参与劳动活动，少先队员能够培养劳动习惯，锻炼动手能力，加深对劳动的认识和尊重，促使他们养成独立劳动、热爱劳动的良好习惯。

（四）配合学校教育

少先队作为学校教育的得力助手，通过地域文化特色活动，能够更好地配合学校引导少年儿童形成正确的革命理想，培养他们的集体主义精神和积极性。

在革命理想的引导方面，地域文化特色活动为少年儿童提供了感受祖国传统文化、了解历史沿革的机会。通过参与这些活动，少先队员能够亲身感受到祖国的光辉历史和卓越文化，深化对中国共产党的了解，从而形成正确的革命理想。地域文化特色活动往往涉及红色文化、革命历史等方面，通过学习这些内容，少先队员能够更好地接受爱国主义教育，培养对社会主义事业的信仰和热爱。在集体主义精神培养方面，地域文化特色活动强调团队协作，倡导集体荣誉。少先队员在活动中能够学会团结协作、互助互爱，形成强烈的集体主义观念。这有助于他们更好地适应学校集体生活，发扬社会主义集体主义精神，培养奉献精神和责任感。同时，地域文化特色活动中通常包含了一些集体纪念活动，通过参与这些活动，少先队员能够深刻领悟集体的力量，进而形成对团队协作和集体主义的认同。这对于他们在学校集体中更好地发挥个人所长，为集体荣誉贡献力量具有积极的教育意义。

（五）实践锻炼机会

地域文化特色活动的实践性内容，尤其是实地考察等形式，为少先队员提供了丰富的实践锻炼机会，从而培养其实际动手能力和解决问题的能力。

实地考察是地域文化特色活动中的重要组成部分。通过参与实地考察，少先队员有机会亲身感受和了解本地文化、历史、传统等方面的内容。这样的实践活动使得抽象的理论知识变得更加具体和生动，激发了少先队员对学科知识的浓厚兴趣。在实地考察中，少先队员需要主动参与、观察、记录，这种全身心的参与不仅加深了对地域文化的理解，也培养了他们实际动手的能力。实践性内容往往涉及一些实际问题的解决。地域文化特色活动中可能包含的实际问题，需要少先队员运用所学知识，提出解决方案，并在实践中进行验证。这种实践性的学习过程培养了他们的创新意识和问题解决能力。通过思考、讨论、实际操作等多个环节，少先队员能够逐步形成科学的思维方式和实践经验，更好地适应未来的学习和生活。

（六）培养社会责任感

少先队地域文化特色活动中可能涉及的社区服务等社会责任活动，可以有效培养少先队员的社会责任感，使他们更好地融入社区和社会。

社区服务是地域文化特色活动的一项重要内容。在这个过程中，少先队员有机会深入社区，了解社区的实际需求和问题。通过参与社区服务，少先队员能够认识到自己身为一员所承担的社会责任，意识到自己的行为和努力可以对社区产生积极的影响。这种亲身经历有助于激发少先队员的社会责任感，使他们更加关心社区的发展和改善。社会责任感的培养也涉及团队协作和集体意识的培养。社区服务往往需要少先队员协作完成，通过共同努力解决问题，他们能够体验到团队的力量和集体的价值。这样的经历有助于培养少先队员的团队协作精神，使他们在行动中更好地理解集体利益和个体责任之间的关系，形成积极的社会态度。

（七）文化传承与认同

少先队地域文化特色活动在促使少先队员更深入了解和认同本土文化方面发挥着关键作用。这种活动有助于文化传承与认同，培养少先队员对本土文化的热爱和认同感，同时激发他们传承、弘扬地方文化的责任感。

通过参与地域文化特色活动，少先队员得以亲身体验和感受本土文化的魅力。这些活动可能包括参观当地历史古迹、传统手工艺品制作、学习当地方言和民俗等。通过这些实际的体验，少先队员能够更深入地了解和感受到本土文化的独特之处，激发他们对文化的浓厚兴趣。

地域文化特色活动提供了学习和传承本土文化的机会。通过学习地方的历史、传统文化和特色风俗，少先队员可以更全面地认识本土文化的丰富内涵。与传统课堂教育相比，这种方式更富有趣味性，更容易引发少先队员的学习兴趣。同时，通过一系列的活动，少先队员们将逐渐形成对本土文化的认同，培养出对本土文化的自豪感。

（八）团队协作与集体观念

在少先队地域文化特色活动中，团队协作与集体观念的强调为少先队员的全面发展提供了有益的支持。少先队地域文化特色活动通常设计为集体参与的形式，要求少先队员共同协作完成各类任务和活动。这包括文化体验、社区服务、艺术创作等多种形式，需要队员们相互合作，发挥各自的优势，共同达成既定目标。这样的团队协作不仅锻炼了他们的团队合作技能，还促使他们在集体中找到自己的位置，培养了团队协作的意识。地域文化特色活动注重集体感与归属感，通过共同参与有趣的文化活动，少先队员们在活动中建立起紧密的团队关系。这有助于培养他们对集体的认同感和责任心，使他们更愿意为集体的荣誉和利益而努力。团队协作不仅仅是任务的完成，更是在共同努力中培养出的一种集体凝聚力，使少先队员们在面对困难时更能积极应对，共同面对挑战。通过这样的团队协作与集体观念的培养，少先队员们不仅学会了在协同工作中尊重他人、倾听他人意见、分工合作的重要性，同时也建立了紧密的友谊和集体荣誉感。这种协作经验将对他们未来的学业和工作中的团队合作能力产生积极的影响。

第二节　少先队地域文化特色课程设计与内容构建

一、少先队地域文化特色课程设计原则

少先队地域文化特色课程设计需要遵循一些原则，以确保活动能够达到预期的效果并更好地促进少先队员的全面发展。以下对少先队地域文化特色课程设计原则进行阐述。

（一）政治性、教育性原则

在少先队地域文化特色课程设计中，坚持政治性、教育性原则是确保课程达到预期效果的关键。政治性原则强调以理想信念教育、中国梦和社会主义核心价值观为主线，培养少年儿童对党、国家、社会、家乡的朴素感情。这一原则通过将理想信念融入课程内容，以党的优良传统和作风为引领，引导少先队员培养对党忠诚、对社会负责、对家乡有深厚感情的思想观念。在中国梦和社会主义核心价值观的教育引领下，通过对国家梦想的传承和对社会主义核心价值观的引导，培养少先队员树立正确的世界观、人生观、价值观。教育性原则则以"五爱"教育为基础，强调通过对少年儿童进行全面的德、智、体、美、劳教育，培养其从小学习做人、立志、创造的能力，养成良好品质。这一原则通过将"五爱"（爱祖国、爱人民、爱劳动、爱科学、爱社会主义）融入课程，强调对道德品质的培养，以及对智力、体育、美育和劳动等方面的全面发展，使少先队员在成长过程中得到全方位的锻炼，形成积极向上的人生态度。同时，以独特的地域文化为载体，确保教育内容既有益于课程目标的实现，又有利于少年儿童对地域文化的深刻理解，使其更加符合儿童的认知水平和时代发展的特点。

（二）地域性原则

在少先队地域文化特色课程设计中，坚持地域性原则是确保课程紧密结合地方特色、深入挖掘本土文化的关键。这一原则要求结合少先队教育的特点，重点挖掘能够体现地域特色的文化元素，通过乡土风韵、榜样人物、红

色足迹等方面的素材选取，为少先队员呈现贴近生活、具有浓厚地域氛围的教育内容。

地域性原则要求将课程内容与当地的地域特色相结合。深入挖掘家乡的乡土文化，让少先队员更加深入地了解和认识本土文化的方方面面，包括传统的风俗习惯、特有的艺术表达、具有代表性的文化符号等。这有助于唤起少先队员对家乡的归属感，培养他们热爱家乡、传承本土文化的情感，从而激发他们对地域的自豪感和认同感。地域性原则要求选取适宜于儿童学习的地方文化素材。在设计课程时，应根据少年儿童的认知水平和心理特点，选用生动有趣、贴近实际的地域文化素材，以引发他们的学习兴趣。这包括以地方名人、红色历史为载体的故事，或通过互动性的游戏、实地考察等方式，使学习过程更加生动有趣，更容易引导少先队员深入了解和体验家乡的独特魅力。

（三）儿童性原则

坚持儿童性原则在少先队地域文化特色课程设计中是至关重要的，它体现了对少年儿童主体地位的充分尊重和对其年龄特点的深刻理解。这一原则要求我们认真把握少年儿童的情感、意识、信念形成的基本规律，将他们作为开发和实施主体，发挥其自主作用和创造精神，借助少先队集体的力量，创造出符合少年儿童特点的地域文化特色课程。

儿童性原则要求精选与少年儿童学习、生活经验密切相关的教育内容。深入了解少年儿童的兴趣、需求和认知水平，选用贴近他们实际生活的地域文化素材，使课程内容更具吸引力和参与性。例如可以以富有趣味性的地方传说、地域民俗为素材，通过寓教于乐的方式引导少先队员更好地理解和感知家乡文化。儿童性原则要求采取少年儿童易于接受的方式进行教育。在设计地域文化特色课程时，应结合儿童的认知特点，采用富有趣味性、形象化的教学手段，如游戏、互动、实地考察等，激发他们的学习兴趣。生动活泼的教学方式能够更好地引导少先队员主动参与，增强他们的学习体验和感受。

二、课程目标

明确课程目标是课程设计的基石，能够为学生提供清晰的学习方向和期望结果，促使学生更有目的地投入学习。具体而明确的目标有助于激发学生的学习兴趣，提高学习动力，同时为教师提供有效的教学指导。通过明确课程目标，教育者能够更好地规划教学内容和评估学生成果，从而实现更有针对性和有效性的教学过程，培养学生全面发展的能力和素养。少先队地域文化特色课程设计中，也应明确课程目标。具体来讲，少先队地域文化特色课程设计应明确如下几点目标：

（一）以家乡地域文化为内容，开发符合队员特点的少先队活动课程

少先队地域文化特色课程旨在通过深入挖掘家乡地域文化，使少先队员更全面地了解并深刻体验家乡的地域特色文化。通过丰富多彩的文化传承介绍，队员得以对家乡的传统习俗、风土人情等方面有更深刻的认识。在活动中，组织家访、采访当地老人等方式，让队员深入了解家乡的历史渊源、传统工艺和特有的文化活动，从而激发他们对家乡的热爱与认同。另外通过富有创意的文化体验活动，队员得以亲身参与到家乡地域文化的传承中。组织传统手工艺制作、传统美食制作、地方传统音乐舞蹈表演等活动，让队员在实践中感受传统文化的魅力。通过这些亲身体验，队员将更加深刻地理解并珍视家乡独有的文化元素，增强对传统文化的自豪感。同时，互动游戏和小组合作，可以培养队员之间的团队精神和合作意识。设计一些有趣的游戏，可以让队员在游戏中体验到家乡文化的乐趣，并通过团队协作感受到文化传承的重要性。这样的活动不仅拉近了队员们的关系，还促进了对家乡文化的集体认同感，使传统文化传承成为一种共同的责任和使命。在课程中，注重启发性思维和创新能力的培养。开展一些启发式的讨论、思考和创意活动，可以引导队员们对家乡地域文化进行深层次的思考。设置小组研讨、主题演讲等形式，可以让队员们在思考和交流中不断拓展对家乡文化的认知，培养他们的独立思考和创新意识。此外通过社区服务和公益活动，队员们得以将所学到的家乡文化知识付诸实践，为家乡文化的传承和发展贡献力量。可以组织一些社区义工活动，如在文化传统节日为社区居民提供服务，或者参与

家乡文化的宣传推广活动，通过实际行动参与到文化的传承与弘扬中。这样的社区服务体验不仅培养了队员的责任感和奉献精神，同时也将传统文化融入社区生活，实现文化传承的可持续发展。

（二）以地域文化特色为基础，积极探索乡风乡韵

少先队地域文化特色课程旨在以地域文化为依托，深入挖掘乡风乡韵，以提升少先队员对家乡文化的认识为核心目标。通过深入探索家乡的地域文化特色，组织参观考察、座谈交流等活动，队员得以更全面地了解家乡的传统习俗、风土人情，激发对家乡文化的浓厚兴趣。借助地方特有的文化元素，如民俗活动、传统手工艺等，使队员亲身体验家乡文化的魅力，从而树立对本土文化的自豪感和认同感。通过寻找榜样人物，培养队员从小学榜样、长大做榜样的意识。组织讲座、座谈等形式，介绍家乡的杰出人物、先进事迹，使队员们在榜样的引领下，感受到励志力量和正面价值观。通过亲身接触榜样人物，激发队员的学习热情和责任心，同时培养他们以身作则、积极奉献的品质，形成良好的行为榜样。同时，寻找红色足迹，让队员感受革命精神。组织参观红色基地、举办红色革命主题活动，使队员深刻了解家乡的革命历史，感受先辈的英勇奋斗和牺牲精神。通过亲身参与相关活动，如模拟红军长征、演绎红色革命故事等，队员得以更加直观地体验革命历程，激发对祖国历史的热爱和对革命精神的崇敬。此外，通过开展小组讨论、主题研究等形式，引导队员深入思考和讨论家乡文化的重要性以及作为少先队员应该如何传承和弘扬本土文化。鼓励队员们提出自己的见解和创意，培养其独立思考和创新意识。同时，小组协作促使队员们相互交流学习，形成共同的家乡文化认知。通过社区服务和实践活动，将学到的知识付诸实践，队员们得以在家乡文化传承中发挥积极作用。可以组织一些文艺演出、文化展览等，为社区居民提供服务，同时展示和推广家乡的地域文化。通过这样的实践，队员们不仅将理论知识转化为实际能力，同时也为家乡文化的传承和发展贡献一份力量。

（三）培养青少年儿童爱家乡、爱党、爱国的朴素情感

少先队地域文化特色课程的目标是通过深入实施少先队地域文化特色活

动，培养青少年儿童对家乡、党和国家的深厚情感，使其具备爱家乡、爱党、爱国的朴素情感和积极价值观。

通过深入了解家乡地域文化，组织丰富多彩的活动，如参观家乡历史古迹、传统文化体验等，少先队员得以全面地了解和感受家乡的独特魅力，激发对家乡的深厚情感。另外还能够注重培养队员对党的感情。通过学习和了解党的历史，组织党史知识竞赛、党史漫画创作等活动，队员们对党的奋斗历程和取得的伟大成就有更深刻的认识。通过模拟党员义务劳动、参与社区服务等实践活动，培养队员们的党员观念和责任心，使其在日常行为中体现对党的热爱和拥护。同时，通过组织参观革命纪念馆、讲解英雄事迹等方式，深入感受国家的发展历程和英雄人物的奉献精神。组织国旗下讲话、学习国歌、重温国庆等活动，增强队员对国家的认同感和对祖国的热爱。通过实际行动，如参与环保、爱老助残等社会公益活动，培养队员的社会责任感，使其从小树立为社会、为国家贡献力量的信念。此外，挖掘家乡的优秀文化传统和激发少先队员对家乡的文化自豪感，使他们在传承和弘扬家乡文化的过程中产生深刻的情感共鸣。组织一些家乡文化展示、传统技艺传承等活动，让少先队员在亲身体验中深切感受到家乡文化的独特价值，从而激发对家乡的热爱和保护意识。在课程实施过程中，强调小组合作、互动交流，通过小组讨论、团队建设等形式，队员们得以共同思考、共同学习，培养他们的团队协作精神和集体荣誉感。同时，注重启发性思维和创新能力的培养，通过开展一些富有创意的文化活动、主题演讲等形式，引导队员们思考家乡和国家的未来，培养他们的独立思考和创新意识。

三、课程内容

设计少先队地域文化特色课程内容时，可以包括多个方面，以深入挖掘和传承家乡的地域文化为主题。丰富的课程内容，使少先队员更深入地了解、热爱并传承家乡的地域文化。通过这些课程内容，队员们将培养对家乡的认同感、自豪感，同时培养积极向上的人生态度和社会责任感。以下对可以设计的课程内容进行总结。

（一）家乡历史与传统

在少先队地域文化特色课程中，家乡历史与传统是一个关键的内容模块，旨在通过深入介绍家乡的历史沿革、重要事件和传统文化，使少先队员更全面地了解家乡的根源和文化底蕴。

课程将深入挖掘家乡的历史渊源，包括地域的演变、重大事件的发生等，以帮助队员建立对家乡根源的清晰认识。通过讲解家乡的起源、发展历程，引导队员深入思考家乡的独特性和历史的传承。介绍家乡的重要事件，使队员们对家乡的发展轨迹有更具体的了解。这可以包括家乡的重要建筑、文化符号、重大发展时期等。通过历史事件的串联，队员们能够感受到家乡所经历的变革和成长，培养对家乡历史的浓厚兴趣。课程还将聚焦家乡的传统文化，深入挖掘当地独有的民俗、传统习惯和文化特色。组织参观传统手工艺作坊、学习传统文化技艺等活动，让队员们亲身体验家乡传统文化的独特魅力，培养对传统文化的珍视和传承意识。在这一模块中，可以通过专业人员的讲解、图文并茂的展示、互动体验等多种形式，激发队员们对家乡历史与传统文化的兴趣，引导他们通过实际行动去感受和参与，实现对家乡文化的深度认知。这样的课程设计，不仅能够加深队员对家乡历史和传统文化的了解，还能够培养他们对家乡的热爱和对传统文化的自豪感。这种情感认同将为队员们的成长和人格塑造提供坚实的基础，促使他们在未来更积极地投身到家乡文化的传承与发展中。同时，这也有助于强化队员们的身份认同感，使他们成为维护家乡文化传统的积极参与者和传承者。通过这一模块的学习，少先队员将更加深刻地认识到，了解并传承家乡的历史与传统文化，是他们责任和使命的一部分，也是构建自身文化认同的重要环节。

（二）家乡地理与风土人情

在少先队地域文化特色课程中，家乡地理与风土人情模块是一项重要内容，旨在通过深入探讨家乡的地理特点、自然资源，以及地方独有的风土人情，使少先队员对家乡的自然环境和人文景观有更深刻的了解。

课程将着重介绍家乡的地理特点，包括地形、气候、水系等，通过图文并茂的展示和生动的解说，使队员对家乡的自然环境有直观而清晰的认知。

这有助于激发队员们对家乡地理的兴趣，让他们认识到家乡地理环境对人们生活和文化的影响。课程将深入挖掘家乡的自然资源，包括土特产、矿产、农业资源等。通过实地考察和参观，队员们将亲身体验这些资源的丰富和重要性，同时了解家乡经济发展的基础。这有助于引导队员们对可持续发展和资源保护的理念的形成。课程还将关注地方特有的风土人情，通过采访当地居民、举办座谈会等形式，深入了解和讨论家乡独有的社会习俗、文化传统、居民生活方式等。这将帮助队员们更全面地了解家乡的人文风情，培养他们对家乡民俗的尊重和传承的意识。在这一模块中，可以通过引导队员们参与户外实地考察、制作地理模型、收集家乡特产等方式，将学习和实践相结合，让队员们在亲身参与中深入了解家乡地理与风土人情。通过这样的课程设计，队员们将不仅仅是被动地接受知识，更是通过实际参与感受家乡的自然与人文之美。这有助于培养队员们对家乡的归属感和独特身份认同，让他们在成长的过程中懂得珍惜、保护和传承家乡的自然和文化遗产。这也为队员们未来更加积极地参与家乡社区建设、环保活动等提供了坚实的基础。通过这一模块的学习，少先队员将更加深刻地认识到，了解并热爱家乡的地理与风土人情，是他们作为家乡一分子的责任和义务，同时也是对家乡文化传承的积极贡献。

（三）传统节日与习俗

在少先队地域文化特色课程中，传统节日与习俗模块被设计为一个重要的学习内容，旨在介绍家乡特有的传统节日、庆典活动和习俗，组织相关活动让少先队员亲身体验传统文化的魅力。

课程将深入介绍家乡独有的传统节日，包括但不限于春节、清明节、端午节等。通过图文并茂的讲解和实地参观，队员们将深入了解这些节日的起源、庆祝方式和民俗传统，培养对传统节日的热爱和尊重。课程将重点关注家乡的庆典活动，如传统婚礼、年度庙会等。通过实地观摩、与当地居民互动，队员们将亲身感受到庆典活动中的喜庆氛围和文化内涵，加深对这些传统仪式的理解。课程还将深入挖掘家乡的习俗，包括生活习惯、祭祀仪式、饮食文化等。通过家访、座谈会等方式，队员们将更全面地了解家乡的文化传统和居民生活，培养对这些习俗的理解和尊重。在这一模块中，通过组织传统节日文化展览、参与传统庆典活动、模拟习俗体验等方式，将学习与实践相结合，让队员们在活动中深入感受传统文化的独特魅力。通过这样的课程设计，队员们不仅仅可以学习传统节日与习俗的知识，更能够通过亲身参与加深对这些文化现象的认知。这有助于培养队员们对家乡文化的热爱和认同感，让他们在日常生活中更好地传承和弘扬这些传统文化。这一模块的学习不仅仅有助于传统文化知识的灌输，更有助于培养队员们对文化传承的责任感。通过理论知识与实践体验的结合，少先队员将更深刻地认识到，了解并尊重传统节日与习俗，是他们作为文化传承者的责任，同时也是丰富个人人生的一种宝贵体验。通过这一模块的学习，少先队员将更加自觉地将传统文化传承下去，成为家乡文化的积极参与者和继承者。

（四）传统手工艺与技艺

在少先队地域文化特色课程中，传统手工艺与技艺模块是一个关键的学习内容，旨在让队员学习家乡传统的手工艺品制作与技艺传承，通过组织实践活动培养队员的实际操作能力。

课程将深入介绍家乡特有的传统手工艺品，包括但不限于传统织染、陶艺、编织等工艺。通过图文资料、讲解和实地参观，队员们将全面了解这些手工艺的起源、制作工艺以及背后的文化内涵。课程将注重技艺的传承。通过邀请当地技艺传承人、艺术家进行讲解和示范，队员们将有机会近距离学习传统技艺的细节和技巧，强化对这些技艺的认识和理解。接着，通过组织实践活动，如手工制作工坊、编织比赛等，队员们将亲身参与制作过程，锻炼实际操作能力，培养动手动脑的能力。这将使队员们更深刻地体会传统手工艺的独特之处，也加深对技艺传承的珍视。在这一模块中，可以通过参与手工艺品市集、举办手工艺展览等方式，将队员们的成果展示出来，促使他们更有成就感和自豪感。这有助于增强队员对传统手工艺的认同感，激发他们对文化传统的热爱和保护意识。通过这样的课程设计，队员们将不仅仅是学到了手工艺的制作技巧，更是通过亲身实践加深对家乡传统手工艺的感悟。这有助于培养队员们对传统文化的热爱和认同感，使他们在日常生活中更积极地传承和弘扬这些传统手工艺。这一模块的学习不仅仅是手工艺技能的传授，更是在实际操作中培养队员们的动手能力和创造力。通过理论知识与实践体验的结合，少先队员将更深刻地认识到，学习并传承传统手工艺是一项重要的文化责任，同时也是锤炼个人实际操作能力的重要途径。通过这一模块的学习，少先队员将更加自觉地将传统手工艺传承下去，成为家乡文化的积极传播者和继承人。

（五）名人故里与榜样人物

在少先队地域文化特色课程中，名人故里与榜样人物模块是一个关键的内容，旨在挖掘家乡出名的历史人物、文学艺术家等，让队员了解家乡的杰出人物并汲取榜样精神。

课程将深入介绍家乡出名的历史人物，如政治家、军事将领等。通过图文资料、历史考察等方式，队员们将全面了解这些杰出人物的生平事迹、贡献以及对家乡的影响。这有助于引导队员们对家乡历史的深入思考，激发他们对家乡杰出人物的敬仰之情。课程将聚焦家乡的文学艺术家，包括诗人、作家、艺术家等。通过学习他们的作品、参观相关故居和纪念馆，队员们将更全面地了解家乡文学艺术的独特魅力，同时深入感受这些艺术家的创作精神和情感表达。接着，通过组织座谈、讲座等形式，邀请家乡的成功人士、杰出人物进行交流与分享。队员们将从他们的人生经历中获取启示，了解成功的奋斗历程，培养积极向上的人生态度。在这一模块中，通过组织学术讲座、文学论坛、艺术作品展示等方式，队员们可以深入了解家乡杰出人物的思想与精神风貌，激发他们对人文艺术的热爱和追求。通过这样的课程设计，队员们将不仅仅是学习杰出人物的事迹，更是通过他们的榜样，激发自己对人生的追求。这有助于培养队员们对榜样人物的崇敬与敬仰之情，引导他们向着积极向上的目标努力奋斗。这一模块的学习不仅仅有助于了解家乡杰出人物的历史功绩，更有助于通过与榜样人物的互动与学习，培养队员们的自我认知和人生规划能力。通过理论知识与实践体验的结合，少先队员将更深刻地认识到，榜样人物是引导他们走向成功道路的灯塔，是推动他们向前发展的动力源泉。通过这一模块的学习，少先队员将更加自觉地汲取榜样精神，成为家乡文化的传承者和创新者。

（六）红色文化与革命历史

在少先队地域文化特色课程中，红色文化与革命历史模块是一项重要的内容，旨在通过参观革命纪念馆、了解当地的红色历史，培养队员对革命精神和英雄事迹的敬仰。

组织队员参观当地的革命纪念馆，深入了解家乡的红色历史。通过文物展览、历史照片、实物模型等方式，队员们将全面了解家乡在革命历史中的重要地位、英勇事迹和牺牲精神。这有助于引导队员对红色历史的深刻理解，激发他们对革命先烈的敬意和对国家的热爱之情。

通过讲解和研讨的形式，帮助队员深入了解当地的红色历史背景、历史事件和英雄人物。通过学习英雄事迹，队员们将更直观地感受到革命精神的伟大力量，加深对英雄的崇敬之情。接着，组织红色革命历史知识竞赛、演讲比赛等形式，激发队员学习红色历史的兴趣，提高他们对红色文化的认知水平。这有助于培养队员对国家历史发展的关注和对传统精神的传承。在这一模块中，可以通过组织走访红色革命历史遗址、举办主题展览等方式，将学习与实践相结合，让队员们亲身感受红色文化的历史底蕴，激发对红色精神的自觉认同。通过这样的课程设计，队员们将不仅仅学习红色历史的事实，更通过亲身体验和实际行动，加深对红色文化的情感认同。这有助于培养队员们对红色文化的热爱和敬仰之情，激发他们为国家和人民贡献力量的责任感。这一模块的学习不仅仅是历史知识的传递，更是通过参与和体验，培养队员们对红色文化的感悟和理解。通过理论知识与实践体验的结合，少先队员将更深刻地认识到，了解并敬仰红色文化是他们的历史责任，同时也是塑造自身品格的重要途径。通过这一模块的学习，少先队员将更加自觉地传承红色文化，成为弘扬家乡文化的积极推动者和创新者。

（七）当地特色美食与文化传承

在少先队地域文化特色课程中，当地特色美食与文化传承模块是一个富有活力且引人入胜的内容，旨在介绍家乡的特色美食，通过烹饪活动等方式，让队员们亲身体验传统饮食文化的魅力。

深入介绍家乡独有的特色美食，包括但不限于传统小吃、当地特产、民间美食等。通过图文介绍、食材讲解和实地品味，队员们将全面了解这些美食的制作工艺、历史渊源以及文化内涵。这有助于引导队员们对家乡美食的独特之处有更深刻的认知，激发他们对传统饮食文化的热爱和尊重。

通过组织烹饪活动，邀请厨艺高超的当地厨师传授烹饪技巧，队员们亲手动手参与美食的制作过程。这将培养队员们的实际操作能力，让他们更深入地感受传统美食的独特魅力，同时促进队员间的团队协作和沟通能力的培养。接着，组织美食文化讲座、研讨会等形式，邀请美食专家、文化传承者分享对家乡美食的理解和传承经验，使队员们能够更深入地理解美食背后的文化内涵，从而培养对家乡饮食文化的认同感。在这一模块中，可以通过举办美食节、传统烹饪比赛等方式，将队员们的烹饪成果展示出来，激发他们对传统美食的自豪感和成就感。这有助于加强队员们对美食文化身临其境的体验，激发对家乡美食的传承意识。通过这样的课程设计，队员们不仅仅能够了解家乡美食的历史和特色，更能够通过亲身参与和实际操作，加深对美食文化的感悟。这有助于培养队员们对传统美食的热爱和认同感，让他们在日常生活中更积极地传承和弘扬这些传统饮食文化。这一模块的学习不仅仅是烹饪技能的传授，更是通过与美食文化的互动与学习，培养队员们的创新思维和文化传承能力。通过理论知识与实践体验的结合，少先队员将更深刻地认识到，了解并传承传统美食，是他们作为文化传承者的责任，同时也是享受美好生活的一种愉悦体验。通过这一模块的学习，少先队员将更加自觉地将美食文化传承下去，成为家乡文化的活力传播者和魅力创造者。

（八）家乡音乐舞蹈与传统艺术

在少先队地域文化特色课程中，家乡音乐舞蹈与传统艺术模块旨在让队员学习家乡的传统音乐、舞蹈和艺术，通过组织表演和创作活动，培养队员的艺术鉴赏能力。

课程将深入介绍家乡独有的传统音乐，包括民歌、戏曲音乐等。通过音频、视频演示和实地听觉体验，队员们将感受到家乡音乐的独特魅力，了解音乐背后的文化内涵。这有助于引导队员们对传统音乐的深刻理解，激发他们对音乐艺术的热爱和鉴赏意识。课程将聚焦于家乡传统舞蹈，包括舞蹈形式、舞蹈动作、服饰等方面的介绍。通过观摩和实践，队员们将亲身体验到家乡舞蹈的优美和多样性，同时了解舞蹈与文化的密切关系。这将培养队员们对舞蹈艺术的兴趣，激发他们对舞蹈的创作和表演的欲望。接着，通过组织舞蹈表演、音乐创作等活动，鼓励队员们展现自己的才艺，同时培养他们在艺术创作和表演中的团队协作能力。这有助于提高队员们的自信心和舞台表现力，同时促进团队合作与创意发展。在这一模块中，通过组织音乐舞蹈展演、艺术创作比赛等方式，将学习与实践相结合，队员们可以更好地理解传统音乐舞蹈与艺术的价值和意义。这有助于激发队员们对文化艺术的热爱和对家乡传统艺术的传承意识。通过这样的课程设计，队员们将不仅仅能够学习音乐舞蹈与传统艺术的知识，更能够通过亲身参与和实际表演，加深对家乡文化艺术的感悟。这有助于培养队员们对传统艺术的热爱和认同感，使他们在日常生活中更积极地传承和弘扬这些传统文化艺术。这一模块的学习不仅仅是对传统音乐舞蹈与传统艺术技能的传授，更是通过与艺术的互动与学习，培养队员们的审美情趣和创意思维。通过理论知识与实践体验的结合，少先队员将更深刻地认识到，了解并热爱传统艺术是他们作为文化传承者的责任，同时也是发展个人艺术潜力的重要途径。通过这一模块的学习，少先队员将更加自觉地将传统音乐舞蹈与传统艺术传承下去，成为家乡文化的生动传播者和艺术创新者。

（九）社区服务与文化推广

在少先队地域文化特色课程中，社区服务与文化推广模块是一项关键内容，旨在通过参与社区服务、文化展览等活动，让队员将学到的家乡文化知识付诸实践，促进文化传承和弘扬。

课程将组织队员参与社区服务活动，例如清理公共场所、为社区居民提供帮助等。通过实际行动，队员们将具有服务他人的责任感并了解团队协作的重要性，同时通过服务与居民的交流，促进文化传承的互动，让家乡的文化更深地融入社区生活。通过组织文化展览、传统手工艺品市集等形式，队员们将学到的家乡文化知识展示给社区居民。通过互动、解说等方式，队员们将成为文化传播的使者，促进居民对家乡文化的认知，激发对传统文化的兴趣。接着，组织文艺演出、庆祝传统节日等社区活动，展示家乡独有的文化特色，让队员们通过表演、展示等方式，将学到的文化知识传递给更广泛的社区居民。这将促进家乡文化的传承，同时拉近少先队员与社区居民之间的距离，形成更紧密的社区共同体。在这一模块中，通过组织社区文化节、文艺晚会等方式，将学习与实践相结合，队员们可以在社区服务与文化推广中更好地体验和展示家乡文化的魅力。这有助于培养队员们对文化传承的责任感，使他们在实际行动中更积极地弘扬家乡文化。通过这样的课程设计，队员们将不仅仅能够学习家乡文化知识，更能够通过社区服务和文化推广实践，将所学知识付诸实践，推动文化传承。这有助于培养队员们对社区服务的热爱和认同感，激发他们对家乡文化的主动传播和推广意识。这一模块的学习不仅仅是对文化知识的传递，更是通过实际行动，培养队员们的社区服务意识和文化传播能力。通过理论知识与实践体验的结合，少先队员将更深刻地认识到，通过服务社区和推广文化，是他们作为文化传承者的责任，同时也是促进社区文明的一种积极贡献。通过这一模块的学习，少先队员将更加自觉地将家乡文化传承下去，成为社区文化的积极传播者和文明建设的推动者。

第三节 实施案例分析：融合少先队 地域文化的活动课程

地域文化特色少先队课程是在教学实践过程中，少先队员自主开展的活动，辅导员老师起引领作用。下面以我参与的山东沂源县教育和体育局开展的一项关于《少先队地域文化特色活动课程的探索与研究》课题中的融合少先队地域文化活动课程为例进行分析。

一、少先队地域文化的活动课程背景及目标

沂源县地域文化特色突出，内容丰富多彩。如："618"战备电台、"牛

郎织女"沂源猿人遗址、沂源溶洞、沂源红苹果等。这些丰富多彩的特色地域资源作为少先队实践活动的课程资源，有效解决了学校校内少先队活动课程内容单调，缺乏活力，没有特色，与社会实践脱节等问题。在开展少先队地域文化活动课程中，主要以沂源县特有的地域文化探索为指引，以队员亲身体验寻访为突破，编辑适合队员的地域文化特色的少先队课程资源，让队员走进家乡的生活、家乡的人物、家乡的历史、家乡的特色、家乡的大自然，增强他们爱家乡、爱祖国的情感。

通过少先队地域文化活动课程设置，主要实现如下几点目标：

第一，了解地域文化资源在少先队活动中的运用现状和原因。

第二，构建具有沂源县地域文化特色的少先队活动课程，形成全县少先队活动课程体系。

第三，借助家乡有代表性的榜样人物，培养爱家乡情怀。

二、少先队地域文化的活动课程资源内容

依据《少先队活动课程指导纲要》，以网络搜寻、专题学习，实地实践等方式，构建了具有沂源县地域文化特色的"乡土风韵、榜样引领、红色足迹"三类课程，并开展试点学校认领的方式，深入实践，让地域文化特色活动有依据。

（一）乡土风韵篇

以"知乡土风韵，品家乡之美"为理念，充分利用本地区具有特色的牛郎织女、沂源猿人遗址等自然资源，来丰富学生的知识面，让其了解家乡知识，体现活动教育的生活化、本土化和弹性化的特点，让孩子在青山绿水的家乡中，感知家乡的魅力；结合本地区的风景名胜对孩子进行美育教育，增强作为沂源人的自豪感。通过亲身体验、观察、实践的方式，加深每个队员对家乡的热爱之情，树立从小爱家乡的意识，真正地感受家乡的丰富物产和秀美风光，潜移默化地坚定传承家乡自然文化的信念。表1为沂源县乡土风韵。

表1　沂源县乡土风韵

家乡名胜	简介	主题
牛郎织女	海拔532米，森林覆盖率96%，悬崖如削，巨石嵯峨，松柏森列，生态环境优良。被称为"牛郎织女故乡、中国爱情文化源地"。	爱情之源
沂源苹果	沂源苹果有百余年的栽培历史，中国果品流通协会决定对排名前20位的县（市）授予"中国苹果20强县（市）"荣誉称号。	果品之香
沂源猿人遗址	"沂源猿人"是最早的山东人，也是黄河中下游地区最早的古人类。作为山东唯一的旧石器时代遗址——"沂源猿人遗址"，现已成为研究人类学起源的重要科学基地。2006年5月，遗址被国务院核定为第六批全国重点文物保护单位。	生命之源
沂源溶洞群	有大小洞穴100多个，均发育于中奥陶世厚泥晶灰岩中，由于其数量多，分布特别集中，总称为沂源土门喀斯特溶洞群。这是我国北方最大的溶洞群，被专家誉为"江北第一溶洞群"。是淄博沂源县首个获国家AAAA级旅游景区殊荣的景区	地质之美
鲁山	山东省第四高峰，现为国家森林公园，园区内秀峰耸立，沟壑纵横，森林茂盛，是典型的山岳风景区。山势峻峭，风光奇绝，成为探险旅游的极佳去处。	生态之美

（二）榜样引领篇

以"看家乡人物，寻榜样力量"为着力点，充分发挥沂源县的地域文化特色，确定了十名值得全县少先队员学习和推广的榜样人物进行寻访。忆沂蒙革命老区人民在战争年代建立了不朽的功勋，看家乡人民在和平建设时期成就卓著，辉煌灿烂，深入理解"红色沂源"内涵，激发每个学生树立正确的人生目标，树立正确的世界观、人生观、价值观，在榜样身上获得力量，树立从小学榜样，长大做榜样的意识，从小积极向党组织靠拢，激发爱党之情。表2为沂源县榜样人物。

表2　沂源县榜样人物

榜样人物	简介	品质
朱彦夫	参加过上百次战斗，三次立功，十次负伤，动过47次手术的特等伤残军人；用坚强意志和为民情怀书写着自己的"极限人生"，被誉为"中国的保尔·柯察金"	身残志坚
李振华	扎根沂蒙山区支教60多年，先后资助学生2000多名，被评为"感天动地天下父母情全国十佳人物"、首届"感动山东十佳人物"、全国教育系统劳动模范。	爱岗敬业

续 表

榜样人物	简介	品质
杜丽	中国射击队国际级运动健将，第28届雅典奥运会10米气步枪冠军（首金）。被淄博市委、市政府、沂源县委、县政府授予"建设淄博突出贡献奖""建设沂源突出贡献奖"荣誉称号。	事争一流
江照云	20多年来，他仅仅凭着"摊煎饼"的微薄收入，关爱他人，热心捐助达10万余元。他用一张张不足毫米厚的煎饼，谱写了人间万丈真情，用平凡的行动诠释了一名普通百姓的无限大爱。	乐善好施
马乐乐	马乐乐，1989年生，淄博市沂源县南麻镇马王峪村人，沂源县中医院内二科的护士。为了捐献骨髓干细胞救助一位3岁儿童，马乐乐两次将自己的婚期推迟，被称为"最美天使"。"我不是什么'最美天使'，救死扶伤本来就是我的职业道德，这是应该的。"2012年3月27日上午，躺在病床上接受干细胞采集的马乐乐微笑道。当天下午，她的骨髓干细胞被带往上海，去救治一位素不相识的儿童。	无私奉献
唐玉乐	淄博市沂源县鲁村镇学生，唐玉乐曾经有一个温暖的家，勤劳的父亲，质朴的母亲，活泼可爱的妹妹。然而一场意外的车祸，使她失去了父亲，母亲精神失常，妹妹得了疾病。她用稚嫩的肩膀扛起家庭的重担，被评为全国优秀少先队员，山东省孝心少年。	孝老敬亲
任纪兰	母亲患有精神疾病，父亲患癌症离世，家中因残、因病拮据不堪……面对多灾多难的家庭，她挑起生活的重担，还以优秀的成绩考取大学。带母上学，毕业后回到家乡，被评为山东省五四奖章。	自强不息

（三）红色足迹篇

沂源县是革命老区，这片红色的热土养育了无数的革命先烈，蕴涵着丰富的红色故事。以"寻红色足迹，守初心使命"为主线，队员们以走、听、看、访的方式展开探索，探寻震撼心灵的历史记忆，从而继承和发扬先辈们的爱国热情。不忘革命先烈之路，自觉肩负起强国之路、民族复兴的历史使命，需要新时代的队员们继往开来，勇挑重担，将爱国精神根植于心，做新时代爱国好队员！表3为沂源县红色基地。

表3　沂源县红色基地

红色基地	简介	精神
618战备电台旧址风景区	山东省党史教育基地、山东省国防教育基地、淄博市爱国主义教育基地，市级重点文物保护单位。	居安思危
万祥山革命教育基地	县级重点文物保护单位、沂源县爱国主义教育基地、县级烈士纪念建筑物保护单位。	英勇无畏
沂源县委旧址	1944年，沂源县委书记边一峰在双石屋村办公，主持沂源县委工作。在抗日的同时开展锄奸、筹粮、征兵工作。在当时不足100人的小山村，从1945年至1948年有5人入党、13人入伍。	艰苦奋斗
沂源县烈士陵园	省级重点纪念建筑物保护单位、市级爱国主义教育基地、市级党员教育基地、市级双拥文化教育基地	舍己为国

三、少先队地域文化的活动课程实施路径

沂源县少先队地域文化活动课程实施时，通过搭建三个平台进行课程实施，以下对课堂活动进行详细概述。

（一）设置中队小课堂

一个班级就是一个中队集体，将班级中性格迥异的学生团结起来，组成一个具有很高凝聚力和向心力的集体，是中队辅导员的最高工作目标。细心捕捉工作中的有利时机，往往能起到事半功倍的效果，抓住吸收队员的有利时机，能启迪学生的集体意识。

（二）设置学校主阵地

根据少先队的性质，少先队的根本任务是在集体中和活动中启发引导少年儿童主动学习，争做全面发展的社会主义现代化建设的接班人。学校作为一个大集体，是开展少年儿童思想政治教育的主阵地，学校少先队以少年儿童成长过程中的重要时间节点为教育契机，结合高、低年级各个年龄段的成长特点，利用仪式教育、实践活动等多种形式，引导队员向上向善。让孩子在传承中华优秀传统文化的同时，密切关注新时代的发展，关心家乡发展与进步，立志报效祖国。

（三）社会大学校

以"搜寻""走访""摄录"和"体验"等活动方式，深入实地探究。

1."搜寻"式探究。队员通过网络查询、资料查阅等途径，寻找有关家乡文化资源的资料或典故。

2."走访"式探究。组织小记者团通过走访居民及相关单位，收集家乡文化、名人故事，丰富特色文化资源表象。

3."摄录"式探究。指导队员借助照相机、摄像机等设备，将遍布家乡各处的文化遗迹、丰富多彩的民间风俗活动等拍摄下来充实文化资源资料。

4."体验"式探究。引导队员通过身临其境的角色转换、岗位体验，了解家乡文化资源的丰富内涵。

（四）少先队地域文化的活动案例

沂源县少先队地域文化活动课程实施过程中，开展了多项活动，下面以学校中阵地为例对队活动案例进行概述。

榜样引领篇：知行合一，争做"爱在沂源"传承人

——寻访全国教育系统劳动模范李振华

【活动目的】

1.知：引导队员知晓美德的含义。

2.情：懂得美德是人的"第二张身份证"，对自己、对他人、对社会意义重大。

3.意：激发队员培养与人为善的好品质，树立正确的人生观、价值观。

4.行：践行社会主义核心价值观。通过一系列情景体验，充分发挥队员的主体性，引导队员积极参与活动，参与到争当美德少年的行动中去。

【活动准备】

五年级队员代表们在队会上展开激烈的讨论，并制定了自己的中队任务：

一中队：负责利用网络、报纸等媒体搜集有关美德少年的故事；

二中队：准备用诗歌朗诵的形式为队员们展示美德故事；

三中队：寻找身边的美德少年；

四中队：李振华爷爷的事迹展厅离我们最近，是我们身边的劳动模范，让我们一起去寻访李振华爷爷吧！

【活动建议】

1. 红领巾在行动

各个中队的队员们分头行动，一中队搜集资料，二中队寻访，三中队排练、诵读美德故事，四中队邀请李振华事迹展厅的小讲解员张恩铭为寻访李爷爷的活动谋划做准备。

2. 红领巾在传播

五年级各中队代表们汇报

一中队讲述美德故事，二中队诗朗诵《让世界充满爱》，三中队展示校园里发现的美德行为，四中队表演情景剧《长大后我就成了你》……

3. 红领巾飘起来

（1）队员们组成"李振华爷爷"故事宣讲团，把李爷爷的故事讲给全校的队员们听。

（2）邀请张恩铭到各个中队为更多的队员做讲解他和李爷爷的故事。

（3）红领巾广播站向全校的少先队员们发起了倡议，从身边小事做起，努力向榜样看齐。

（4）各中队利用主题队会展开讨论：我们应该学习"李振华爷爷"的哪些品质？我们应当怎样争当美德少年？

【红领巾争章】

"爱在沂源"主题的研学活动是一次身心的体验，更是一次灵魂的洗礼。行走的课堂给予队员们开阔的视野、丰富的阅历，给孩子们的人生画卷增添了浓墨重彩的一笔。深化了队员们爱家乡、爱国情怀，提高他们的社会责任感、创新精神和实践能力，队员们更坚定了做好"爱在沂源"传承人的信念，榜样的力量把他们的心紧紧地连在了一起，队员们在以自己的实际行动争创接力章。

【活动拓展】

（1）学习宣讲李振华爷爷的事迹故事。

（2）以此次寻访活动为契机，开展学校美德少年、中队美德少年评选。

在这一少先队地域文化特色活动课程中，主要以"爱在沂源"为主题，通过寻访全国教育系统劳动模范李振华的事迹展厅，旨在引导队员了解美德的含义，激发对美德的重视，并通过实际行动培养队员与人为善、树立正确的人生观和价值观。

　　课程活动实施中充分利用了队员的主体性，由不同中队负责不同任务，包括搜集美德少年故事、准备诗歌朗诵、寻找身边的美德少年以及寻访劳动模范李振华。这种分工合作的方式有助于培养队员的团队协作和组织策划能力。在活动中，通过不同中队的合作与发挥，少先队员们在行动、传播、演绎等方面表现出色。他们通过搜集、展示、宣讲等方式，将美德传递给更多的队员和社区居民，实现了知行合一的目标。通过各中队的努力，此类活动具有三大亮点，包括红领巾在行动、红领巾在传播、红领巾飘起来。这三个环节既体现了知识的学习与传播，又通过实际行动激发队员们对美德的践行，实现了理论与实践的结合。最终，通过少先队员们的共同努力，活动不仅在学校内部展开，还通过社区服务、文化展览等形式向更广泛的社区居民传递了家乡文化的魅力。队员们的努力不仅提高了他们对美德的认知，还在实践中培养了团队协作和社会责任感。

　　这一少先队地域文化的活动课程的成功经验在于紧密结合"爱在沂源"主题，通过多角度的寻访、学习、实践，全面激发队员们对美德的认知和对社会责任的理解。同时，分工合作、活动准备周密、活动建议具体可行等方面的因素也为活动的顺利进行提供了保障。这次活动为少先队员们提供了一次深刻的家乡文化体验，加深了他们对传统文化的热爱和认同，为进一步推动地域文化特色课程提供了有益的启示。

第四节 融入地方名人文化的思政课程建设

一、地方名人文化

（一）地方名人文化概念

名人，顾名思义就是著名的人，有名气的人。即在某一领域崭露头角，在某一方面对国家、对民族、对人民起过重大作用，有着深远影响的那类人物。地方名人文化是最具历史、社会、文化特色的，是当地文化的集中体现，是民族文化的精华部分，是宝贵的传统资源。

（二）地方名人文化的特点

地方名人文化是地域文化的精华，具有代表性和影响力、历史传承、文化底蕴、社会认同感等特点。这些特点反映了地方名人在特定地域内对文化、历史和社会的深刻影响，对于地方文化的传承和当地社区的凝聚具有深远的意义。

1. 代表性和影响力

地方名人文化以其明显的代表性和深远的影响力成为地域文化的独特表征。这一文化现象聚焦于那些在某一领域脱颖而出、取得杰出成就的人物。无论是在文学、艺术、科学还是政治等领域，这些名人都因其卓越的才华和突出的贡献而备受尊崇。这些地方名人以其在特定领域的杰出成就而成为当地文化的杰出代表。他们的成功标志着地方文化的独特价值和魅力，通过他们的成就，地域特色得以集中展现。这一代表性使得地方名人成为当地社区和民众心目中的楷模，他们的事迹和贡献成为地方文化的象征，激发着人们对家乡文化的自豪感和认同感。地方名人的影响力不仅体现在其在特定领域的卓越成就上，更深刻地反映在他们对当地社会的深远影响上。他们的思想、艺术、创新等方面的贡献承载了地域的历史和文化传统，影响并塑造着当地社会的价值观念和发展方向。地方名人的成就不仅是个人的成功，更是对整个地方社会的激励，为社会进步注入了新的动力。地方名人文化的代表性和影响力贯穿于各个领域，如文学家的作品、艺术家的创作、科学家的发现、政治家的贡献等，都在各自领域中创造了深远的影响。他们的杰出成就超越了个人，成为当地文化传承的亮丽篇章，为后人树立了榜样，推动了社会的发展。

2. 历史传承

地方名人文化在其独有的特质中蕴含着深厚的历史传承，既是个体历史贡献的体现，也是地域历史传统的延续。这一文化现象承载了名人们在特定领域的杰出成就和为地方社区带来的深远影响，其事迹不仅是个体光辉的历史篇章，更是当地历史传统的重要组成部分。这些名人的成就与地方的历史密不可分，通过对他们事迹的传承，我们不仅能够深刻理解个体在特定时代的贡献，同时也能够感知到地域文化在历史长河中的延续与演进。名人的生平、思想、创作等方面的贡献既是对个体历史的纪念，也是对当地社区历史的见证。这种历史传承不仅仅是对名人事迹的简单叙述，更是对地方文化传统的有机延伸。名人成就的传承使得地域文化得以扬长避短，从而形成独特的文化风格。这些传承的历史故事成为地方文化的精彩篇章，通过世代相传，激励着后人发扬光大。历史传承不仅仅是为了回顾过去，更是为了启迪未来。通过对地方名人文化的历史传承，人们能够从中汲取智慧，继承先贤的精神，推动社会向更加光明的方向发展。这种传承是对历史的尊重，也是对传统文化的珍视，是一种连接过去、现在和未来的文化纽带。

3. 文化底蕴

地方名人文化展现了深厚的文化底蕴，通过名人在艺术、创新和思想等方面的卓越贡献，为特定地域注入了丰富而独特的文化内涵。这一文化现象不仅是对个体成就的呈现，更是地方文化的集中体现，使得当地的文化底蕴变得更加多元而丰富。名人的成就在艺术领域的突破，创新方面的贡献以及思想观念的引领，都为地方文化赋予了特有的标志。艺术家的创作、科学家的发现、思想家的启示等都反映了特定地域独特的审美、创造和智慧。这些贡献不仅在艺术和学术上为地方文化注入了新的活力，也在思想层面上拓展了地方社区的认知边界。文化底蕴的体现还表现在对传统文化的传承和发展上。地方名人通过对传统文化的理解和创新，将传统融入现代，形成独特而具有代表性的文化符号。这种继承与创新的结合丰富了地方文化的层次，使得文化底蕴得以持续传递，并在时代变迁中焕发新的生机。这一文化底蕴的体现不仅对地域文化的发展有着积极的推动作用，同时也为当地社区和居民提供了具体而深刻的文化体验。名人的成就成为地方文化的象征，使人们在日常生活中感受到文化的深沉和丰富。这种文化底蕴的传承不仅为地方社会提供了凝聚力，也为后人提供了更广阔的文化视野，激发了对本地文化的自豪感和热爱之情。

4. 社会认同感

地方名人文化以其独特的社会认同感成为地域社会凝聚力的源泉。名人的卓越成就和引人注目的事迹不仅使当地居民产生强烈的对本地区的认同感，更激发了深沉的自豪感。这种社会认同感不仅是对名人本人的尊崇，更是对整个地方社区的认同和身份认知的体现。通过对地方名人的仰慕和尊敬，当地居民在名人的成功中找到了自己的身份认同。名人的成就成为地域社会的光辉象征，使居民能够自豪地宣扬自己的地方身份。这种社会认同感使居民深深融入地域文化中，将名人的成功视作自身的一部分，形成了强大的社会凝聚力。社会认同感也体现在对地域社区的集体自豪感和对共同文化传统的共鸣上。名人的成功不仅是个体的光荣，更是整个社区的骄傲。当地居民通过共同对名人的敬仰和共鸣，形成了共同的价值观和文化认同，使地域社会更加凝聚。这种共同认同感是地方文化传承的坚实基础，促使社区成为一个更加紧密的集体。此外，社会认同感还在促进地方社会的发展和创新中发挥着积极作用。名人的成功不仅是对过去的认同，更是对未来的期许。通过对名人成就的认同，地域社区激发了对未来的信心和动力，推动着社会的积极发展。社会认同感不仅是对过去的自豪，更是对未来的信心，为社会的可持续发展提供了内在动力。

5. 地方性和独特性

地方名人文化凸显着鲜明的地方性和独特性，每位名人都在其特定地域内留下深刻的影响，形成了独具特色的地方名人文化。这种文化现象不仅是地方社会的文化标志,更是各地文化多样性的生动体现。地方性体现在每位名人都与特定地域紧密相连,其成就和事迹深深扎根于当地的土壤。无论是出生、成长还是在某一地区有着深厚的创作和贡献,名人的成功都与其所处的地域密不可分。这种地方性不仅仅是名人个体的标志,更是地域社区的骄傲和认同。通过对名人地方性的追溯,人们能够更深入地了解特定地域的文化底蕴和独特魅力。独特性表现在每个地方名人都有着独具个性的成就和贡献,他们在文学、艺术、科学等领域的杰出表现使其成为特定地域的独特象征。这些名人所呈现的独特文化风格和价值观不仅在个体层面上独具特色,更为整个地域社区注入了鲜明的文化特点。这种独特性使地方名人文化成为地域社会的文化符号,为当地社区赋予了个性化和独特性,使其在广大社区中脱颖而出。地方名人文化的地方性和独特性为地域社会带来了丰富的文化多样性。不同地方的名人代表着各地文化的独特特色,通过对名人成就的尊崇,当地社会形成了共同的文化认同和自豪感。这种地方性和独特性的结合使地方名人文化成为各地社区的文化瑰宝,为全球文化交流增添了丰富的内涵。

6. 传统与创新的结合

地方名人文化展现了传统与创新的巧妙结合,既传承了地方的传统文化,又融入了对传统的创新和发展。每位名人通过对传统文化的理解和个体创造的实践,将传统元素注入现代语境,为地方文化赋予了新的内涵。传统文化的传承体现在名人对当地历史、风土人情以及传统价值观的深刻理解和继承上。名人通过对家乡传统文化的研究和体验,使传统文化得以延续和传递。这种传承不仅在文学、艺术、科学等方面表现出来,更体现在名人对传统精神和价值观的坚守和弘扬上。通过对传统文化的传承,地方名人文化在当地社会中形成了深厚的文化根基。与此同时,名人的创新精神体现在他们对传统的巧妙改编和对现实问题的独到见解。名人通过对传统文化的再解读和创新性的发展,使得传统文化得以更好地适应现代社会的需求。这种创新不仅表现在艺术作品、学术研究中,更融入名人对社会问题的关切和积极参与中。名人的创新为地方文化注入新的活力,促使地方社会在变革中得以不断发展。这种传统与创新的结合使地方名人文化既保持了对过去的敬仰，又不断迎接未来的挑战。名人通过对传统文化的深度挖掘和对创新思维的不断追求，使得地方文化能够在变革中保持活力和鲜明个性。这种结合促使传统文化得以在当代焕发新的生机，为地方社区提供了强大的文化支持。

7. 文化认同和传承

地方名人文化凝聚了当地居民对本地文化的强烈认同，并在相应程度上推动了文化的传承。通过对地方名人的深入学习、宣传和崇敬，地方文化得以在新的时代背景下传承和弘扬。这种文化认同和传承的结合为地域社区带来了强烈的凝聚力，使地方名人成为文化传承的活跃力量。文化认同体现在居民对地方名人的崇拜和对其成就的认同上。名人所取得的杰出成就不仅代表个体的成功，更是地方文化的骄傲。居民通过对名人生平、事迹和成就的深入了解，形成了对本地文化的认同感。名人的成就成为地方的象征，使居民能够在日常生活中对本地文化产生强烈的自豪感和认同感。文化传承体现在对地方名人的学习、宣传和弘扬中。通过学习名人的创作、贡献和精神追求，地方居民能够深入了解本地文化的内涵和价值观。名人的成就成为传承本地文化的有力媒介，引导着年轻一代对传统文化的认识和学习。通过对名人事迹的宣传和崇敬，地方社区在文化传承中形成了持续的动力，使文化得以在时光中延续和发展。这种文化认同和传承的结合使地方名人不仅仅是个体的成功者，更是地域社区文化传承的重要代表。名人的成就和事迹成为当地社区共同的文化资源，为社区提供了共同的价值认同和文化支持。通过对名人的认同和学习，地方居民将传统文化融入现代生活中，为社区文化的传承创造了有利的条件。

二、融入地方名人文化的思政课程建设

融入地方名人文化的思政课程建设是一种基于当地名人故事和文化传统的思政教育模式，旨在通过深度挖掘地方名人的精神风貌、卓越成就以及为社会做出的贡献，培养学生积极向上的人生态度、社会责任感和文化自信心。这一教育理念通过将名人事迹融入思政课程，以名人为载体，引导学生在品德修养、社会认同、家国情怀等方面进行全方位的素质培养。

（一）融入地方名人文化的思政课程建设强调了情感教育

融入地方名人文化的思政课程建设突出了情感教育的重要性。通过深入挖掘名人的家国情怀、对社会的热爱以及对人民的无私贡献，课程致力于在学生心灵深处激发对本地文化的情感认同。名人的家国情怀是教育的出发点，通过讲述名人的亲情、爱情、友情等生活层面的感人事迹，课程力图让学生更加深刻地认同自己所处的地域文化，从而培养对家乡的深厚感情。在情感层面上，学生通过对名人的学习体验到对祖国的深厚热爱。名人的社会情怀和对社会发展的积极参与，使学生对社会产生认同感。通过深入了解名人的为人民付出的事迹，学生能够体验到对人民的深情厚谊，进而激发起学生为社会、为国家、为人民作出贡献的责任感。这样的情感教育旨在培养学生热爱祖国、热爱社会的情感认同，使其在日常生活中形成对社会责任的认识，并积极投入到建设社会、服务人民的实践中。

（二）融入地方名人文化的思政课程建设注重了人格塑造

融入地方名人文化的思政课程建设强调了对学生人格塑造的关注。通过深入分析名人的为人处世、品德风范以及面对困境时的艰苦奋斗历程，课程旨在引导学生从名人的人生经历中汲取正能量，明确正确的人生价值观和行为准则。名人的典范作用在于为学生树立起明确的道德标杆，使其能够在社会大潮中坚守良好的品德风范。在人格塑造方面，思政课程通过名人的典型事例激发学生对美好品德的追求。通过深入挖掘名人的为人正直、慈善奉献、助人为乐等方面的品德典范，学生能够在潜移默化中汲取良好品德的营养，塑造积极向上的品格。名人的精神风范和品德榜样在学生心灵深处激发对道德追求的渴望，引导他们积极塑造自己的人格特质。同时，融入地方名人文化的思政课程建设力图引导学生培养独立、坚韧、创新的人格特质。通过名人的励志经历、创新实践，课程鼓励学生面对困难保持坚韧不拔的意志，勇攀科技、文化、社会的高峰。名人的奋斗历程为学生树立了积极向上的榜样，激发了他们培养独立思考、勇于创新的人格特质，使其能够成为有担当、有责任心的社会主义建设者和时代接班人。

（三）融入地方名人文化的思政课程建设强调了文化认同和自信心的培养

融入地方名人文化的思政课程建设着眼于文化认同和自信心的培养。通过深入研究地方名人的文化背景和思想传承，课程旨在引导学生深刻认识本地文化，培养对其的认同感。名人作为文化的代表性人物，其思想、言行与地域文化密切相连，通过学习名人的文化背景，学生能够更好地理解并认同自己所处地方的独特文化。同时，融入地方名人文化的思政课程注重通过名人的文化传承引导学生对传统文化的理解和传承。名人作为文化的传承者，其思想和行为是对传统文化的有机延续。课程通过深入研究名人的言行，使学生对传统文化有更深刻的认知，同时引导他们在现代社会中发挥自身特长，为文化传统注入新的生命力。这种文化传承的方式激发了学生对传统文化的兴趣和热爱，培养了他们对文化的自觉认同。在文化认同和自信心的培养方面，融入地方名人文化的思政课程鼓励学生在现代社会中发挥自身特长，为文化传统注入新的生命力。通过学习名人的创新实践和现代社会中的成功经验，学生能够更好地理解自己在文化传承中的角色，激发他们积极向上的文化自觉，进而在社会中更好地发挥自身的作用。这有助于培养学生积极向上、自信自强的文化自觉，使他们能够更好地适应并参与现代社会的发展。

第五节　地方名人文化在思政课堂的重要性

思政教育是一门综合性很强的学科，这门课程资源是多样的、开放的。因此，在教学的过程当中我们应该重视结合学生的生活实际，开发道法课程的地方资源，让学生接受教育，从而体现教育的真实性和有效性。一方水土养一方人，不同的地域环境与历史背景，必将形成文化差异。名人文化是中华传统文化的重要组成部分，这些各具特色的地方名人文化可以说是学生良好品德形成的又一方沃土，因此是小学思政课堂教育的重要资源。以下对地方名人文化在思政课堂中的重要性进行阐述。

一、激发学生对本地文化的兴趣

激发学生对本地文化的兴趣是思政课堂中至关重要的一环。地方名人文化作为当地文化的生动代表，通过深入研究地方名人的事迹，可以为学生呈现一幅丰富多彩的地域画卷。这不仅仅是对历史的追溯，更是对地方文化传承的一次探索。学生通过了解地方名人的成就、奋斗历程以及为社会做出的贡献，能够建立对本地文化的浓厚兴趣。这样的兴趣并非仅仅停留在知识的表面，而是植根于情感层面，让学生对家乡产生深刻的热爱和认同感。在这个过程中，思政课堂要通过引导学生主动参与，使他们在学习中产生共鸣和情感共振。通过生动的故事、真实的案例，深入挖掘地方名人的背后故事，学生能够在情感上真切感受到这些名人对家乡的深厚感情。通过情感的投入，学生能够更加主动地去了解、去探索，形成对本地文化的积极兴趣。这样的兴趣是持久的，能够激发学生主动学习的动力，使其在认知过程中更加深入地融入本地文化的精髓。

二、塑造学生良好的品德典范

塑造学生良好的品德典范是小学思政课堂的重要任务之一。地方名人文化提供了一个独特的渠道，通过深入研究这些名人的品德典范，引导学生在学习过程中建立正确的道德观念。这种学习不仅仅是对事迹的追溯，更是对品德的感悟，通过名人的典范行为，塑造学生崇高的人格标杆。

在小学思政课堂中，通过讲述地方名人的善行善举、助人为乐的感人事迹，引导学生认识到真善美的重要性。这样的教育方法不仅仅是告诉学生应该追求何种品德，更是通过名人的形象激发学生内在的道德追求。通过深入研究地方名人的为人处世、品德风范，学生能够逐渐形成积极向上、正直诚实的品格特质，使他们在成长过程中不断追求更高尚的道德境界。在这一过程中，思政课堂的引导起到至关重要的作用。教师可以通过引导学生深度思考、展开讨论，使学生在情感上更为投入，从而更好地理解和接受名人的品德典范。通过案例分析、小组讨论等多元化的教学手段，使学生在不断的互动中形成正确的价值观，从而真正理解并内化为自己的品德信条。

三、传承本地历史与文化

传承本地历史与文化是思政课堂中地方名人文化的重要价值之一。通过深入研究地方名人的事迹，学生能够更好地了解本地区的历史发展脉络。这并非仅仅是对历史的死记硬背，更是通过名人的个体经历，将抽象的历史变得具体而生动。学生通过这样的学习，将历史变成了有血有肉的故事，更能够体会到历史对当地的深刻影响。在学习中，地方名人往往是当地文化传承的载体。他们通过自己的努力和贡献，成了地方文化的代表性人物。因此，学生通过研究地方名人的事迹，也就是在间接地了解和学习本地文化。这不仅有助于学生形成对传统文化的尊重态度，更是在潜移默化中培养起他们的文化传承意识。这样的学习既是对过去的致敬，也是对未来的启迪，使学生在传统文化中找到自己的根脉，有力地推动了本地文化的传承。思政课堂在此过程中的作用至关重要。教师应当通过引导学生深度思考、提出问题，使学生在学习中逐渐发展出对历史和文化的思考力。通过适当的教学手段，如实地参观、小组讨论等，学生得以亲身地感受历史和文化的魅力。思政课堂在传承本地历史与文化的过程中，既是知识的传授者，更是文化传承的引导者，引领学生在发现历史中发现自我，为传统文化的传承奠定坚实基础。

四、激发社会责任感与公民意识

激发社会责任感与公民意识是地方名人文化在思政课堂中的又一重要价值所在。地方名人往往以自己的实际行动践行社会责任，他们通过奉献精神的践行成为社会的楷模。在学习地方名人的事迹过程中，学生能够深刻地感受到社会责任的重要性。通过这些正面的榜样，学生逐渐认识到个体在社会中的角色，并培养起关心社会、关爱他人的积极心态。这种学习不仅仅是对名人事迹的崇拜，更是对社会责任观念的内化。在思政课堂中，教师应当通过案例分析、实地考察等方式引导学生深入思考社会责任的内涵。通过讨论名人如何在特定背景下展现社会责任感，学生能够更好地理解社会责任与个体行为之间的联系。同时，思政课堂也应该激发学生对社会事务的积极参与意愿，使他们在学习中不仅仅是被动地接受信息，更是主动地投身到社会事务中。通过参与社会实践活动，学生能够深刻地体验社会责任感带来的成就感，形成公民意识的积极向上的态度。

五、培养学生实际解决问题的能力

培养学生实际解决问题的能力是地方名人文化在思政课堂中的重要价值之一。地方名人往往在解决现实问题和创新领域有卓越的贡献，他们的实践经验成为学生学习的宝贵资源。通过深入研究地方名人的经验，学生能够更好地理解问题解决的方法和创新思维的过程。这样的学习不仅仅是理论的灌输，更是实践经验的传承。学生通过借鉴名人的实际操作，能够培养出解决实际问题的思维方式，使理论知识得以在实践中得到巩固和应用。在思政课堂中，教师应当引导学生深入思考名人是如何应对挑战、解决问题的。通过案例分析、实地调研等方式，学生能够在具体问题中运用所学知识，提高解决问题的能力。思政课堂还应当注重培养学生的创新思维，通过让学生思考名人是如何在创新领域中取得成功的，激发学生的创造力和创新意识。这种培养将有助于学生在未来的实际生活和工作中更好地应对各种挑战，展现出解决问题的能力。

六、促进实践教育与情感共鸣

促进实践教育与情感共鸣是将地方名人文化融入思政课堂的重要手段之一。通过实地走访、实践活动等方式，学生能够更直观地感受和体验地方名人的事迹和地域文化。例如，组织学生参观名人故居、纪念馆或者实地调研名人的工作场所，能够使学生更加贴近名人的实际生活和工作环境，加深对名人事迹的直观认知。这样的实践教育有助于激发学生对地方文化的浓厚兴趣，使学生在亲身参与中更好地理解和记忆所学内容。在思政课堂中，教师应当通过实践活动引导学生产生情感共鸣。让学生亲身参与，感受名人事迹中的情感元素，他们能够更深刻地理解名人的情感体验。例如，模拟名人面临的困境，让学生感受名人的毅力和坚持，引发对名人的敬仰之情。这样的情感共鸣有助于加深学生对名人事迹的理解，并使课程内容更具感染力和吸引力。

第六节　名人文化的融入与设计

名人文化的融入与设计是指在思政课程中巧妙地将地方名人文化元素融入课程设计，以达到更好地引导学生的效果。这一设计应当考虑到如何使地方名人文化与课程内容有机结合，激发学生兴趣，提高学习效果。在整个设计过程中，要注重课程的层次性、系统性，确保名人文化的融入与设计既能够激发学生的情感共鸣，又能够达到思政课程的教学目标。通过这样的融入与设计，地方名人文化将成为思政课程中有力的教育资源，为学生成长成才提供积极的引导和启发。

一、名人文化的融入与设计原则

（一）符合课程主题

在思政课程设计中，坚持符合课程主题的原则是确保名人文化融入与设计有效的关键。这一原则要求设计者在整个过程中紧密关联名人文化与主题，以确保教学内容的一贯性、连贯性，并最终实现教学目标。

名人文化的融入应该是有意义的，与课程主题紧密契合。教学主题作为课程设计的灵魂，是整个教学过程的指导核心。因此，在融入名人文化时，设计者应深入理解课程主题的内涵和要求，确保名人文化的引入不是简单的附加，而是有机地融入主题中，为主题提供更为生动、具体的阐释和实例。名人文化应服务于主题，而不是独立存在。教学中名人文化的引入应当有助于解析和丰富主题，通过名人的事迹、思想等来具体诠释主题中的抽象概念，使之更具体、更有实际应用性。名人文化应成为主题的有机组成部分，为学生提供深刻、感人的实例，以加深对主题的理解和印象。另外符合课程主题的名人文化融入与设计要求设计者在选择名人时慎重考虑，确保选取的名人与主题相关性强。名人的选取应根据主题所涉及的领域、背景等因素进行精准匹配，以确保名人的故事和成就能够有力地支持和丰富课程主题。这种匹配性的选择有助于学生更深入地理解主题，并在名人的经历中找到启示。要在名人文化的融入中保持整体的教学框架和逻辑。名人文化虽然是课程的一部分，但其融入不应独立于整个教学过程，而是与其他知识点、案例相互贯通，形成一个有机的整体。这要求在设计过程中，合理安排名人文化的引入、发展和总结，确保整个课程在逻辑上紧密衔接，使名人文化的融入成为整个课程的有机组成部分。

（二）突出名人的特质

在名人文化的融入与设计中，坚持突出名人的特质原则是确保课程深入、富有启发性的重要方面。这一原则要求设计者在选择、呈现和解读名人文化时，有意识地突出名人的特质，包括品德、背景、成就等，以使名人文化更具深度和教育意义。

突出名人的品德是名人文化融入与设计中不可或缺的一环。通过深入剖析名人的品德特质，如坚韧不拔、奉献精神、正直诚信等，课程设计能够引导学生理解良好品德对于个体和社会的重要性。通过名人的榜样作用，学生能够感受到积极向上的人生态度，形成正确的价值观和道德观。另外突出名人的背景有助于丰富课程内容，使之更具地域性和文化传承性。名人的背景包括生活环境、家庭背景、地域文化等方面，通过突显这些背景，可以将名人文化融入当地文化中，激发学生对本地文化的认同感和自豪感。同时，名人的背景也能为学生提供多元化的视角，促使他们更全面地理解和接受多样文化。此外突出名人的成就是名人文化融入与设计中的关键点之一。通过深入挖掘名人在各个领域取得的卓越成就，课程设计能够为学生提供成功经验的借鉴，激发他们对个人发展的探索和追求。名人的成就也是启发学生积极进取、奋发向前的有力推动力，有助于培养学生的进取心和创新精神。最后，突出名人的特质原则要求在整个课程设计过程中注重平衡，确保在突出名人个体特质的同时，不失对整体主题的服务。名人的特质应有机地融入课程，为学生提供立体、全面的认知和情感体验。这要求设计者在呈现名人文化时，精心选择和组织材料，使之既具体突出名人的特质，又服务于整体教学目标。

（三）引导学生深度思考

在名人文化的融入与设计中，坚持引导学生深度思考原则是确保课程更具深度和启发性的重要方面。这一原则要求设计者不仅要呈现名人的事迹，更要通过巧妙设置问题，引导学生深入思考名人的品德、为人处世之道，从而培养其独立思考的能力。

通过提出深度思考的问题，可以引导学生更深刻地理解名人文化所蕴含的价值观和思想精髓。问题可以涉及名人的人生观、世界观、对社会问题的看法等方面，激发学生对名人思想内涵的独立思考。例如，可以问学生："你认为名人的品德和为人处世有哪些值得学习的地方？为什么？"通过这样的问题，学生被引导去深入分析名人的品德特质，并将其与个人价值观相结合，形成独立而深刻的见解。

设计问题要能够引导学生将名人文化与自身生活、社会实践相联系，培养学生运用所学知识解决实际问题的能力。例如，可以提问："在你的生活中，有没有遇到过类似名人所面临的困境？你可以怎样运用名人的思想和品德来解决问题？"通过这样的问题，学生被引导去思考如何将名人文化应用于实际生活，培养解决问题的实际操作能力。另外设计具有启发性的问题，可以激发学生的学习兴趣，培养其主动学习的态度。问题设计要具有挑战性，引导学生深度挖掘名人文化背后的思想深度。例如，可以问学生："如果你是名人，你会在面对某个社会问题时如何做出决策？为什么？"这样的问题不仅促使学生对名人思想进行深度思考，同时也激发了他们对未来社会问题的思考和想象。

（四）情感共鸣与体验活动

在名人文化的融入与设计中，坚持突出情感共鸣与体验活动原则是确保学生深刻感受名人文化的情感内涵和加强情感体验的关键。这一原则要求设计者通过巧妙的情感引导，使学生能够更贴近名人的情感体验，通过情感共鸣进一步理解名人的情感经历。

情感共鸣的设计需要依托名人的生平和事迹，通过故事性的讲解或多媒体资料的呈现，引导学生对名人的情感经历进行感同身受的共鸣。设计者可以通过渲染氛围、运用音乐、语言等手段，营造出让学生能够产生共鸣的情感氛围，使学生在学习名人文化的过程中产生深厚的情感体验。体验活动是加强情感体验的有效手段，可以设计情景还原、角色扮演等活动，让学生亲身体验名人的情感世界。例如，可以组织学生进行情景还原活动，让他们扮演名人生平中的关键时刻，通过身临其境的体验感受名人情感的起伏和波折。这样的活动不仅丰富了课堂形式，更让学生在参与中深刻理解名人的情感体验，增强对名人文化的情感认同。通过反思与分享，促进学生对情感共鸣与体验活动的深层次理解。设计者可以设置反思环节，引导学生回顾自己在活动中的情感体验，通过个人分享，让学生更全面地理解名人文化所传递的情感内涵。这有助于巩固学生对名人情感体验的理解，促使其在情感认知上更为深刻。

（五）多元教学方法

在名人文化的融入与设计中，坚持突出多元教学方法原则是确保学生全面理解和体验名人文化的有效途径。这一原则要求教学者在课程设计中综合运用多种教学方法，如案例分析、实地走访、小组讨论等，以满足不同学生的学习需求，提升教学的多样性和灵活性。

采用案例分析的方法有助于学生深入了解名人文化的具体内容和背后的价值观。通过选取具有代表性的名人案例，教学者可以引导学生分析名人的成就、品德、人生哲学等方面的案例，使学生能够在具体实例中感受名人文化的丰富内涵。案例分析既可以用于课堂教学，也可以作为课后讨论的素材，提高学生对名人文化的深度理解。另外实地走访是将学生带入名人生活轨迹的重要方式，通过亲身感受名人故里、参观名人故居等实地活动，学生能够更加全面地了解名人的家庭背景、生平经历等方面的信息。实地走访不仅能够增强学生的学习兴趣，还可以培养学生的实地观察和调查能力，使他们能够更深入地体验名人文化的魅力。此外采用小组讨论的方式促进学生交流与合作，激发思想碰撞。通过组织学生参与名人文化的小组讨论，可以拓展学生对名人的多角度理解，同时培养学生团队协作和表达能力。小组讨论可以围绕名人的不同方面展开，如学术成就、社会影响等，让学生在交流中相互启发，形成更全面的认识。

二、名人文化的融入与设计策略

（一）主题选取与名人匹配

在名人文化的融入与设计中，选择与地方名人相关的主题并确保主题与名人的事迹、品德相匹配是一个关键策略。这一策略的核心在于通过主题选取与名人的有机结合，实现课程内容的深度挖掘，引导学生更深入地理解和思考名人文化的内涵。

选择与地方名人相关的主题是确保课程与名人事迹紧密结合的基础。主题的选取应当围绕名人的核心价值观、成就和社会贡献展开，以主题为纽带将名人的事迹与课程内容连接起来。例如，如果地方名人以其社会责任为特点，那么主题可以选择关注社会责任感的培养，通过名人事迹引领学生思考社会责任的意义以及个体在社会中的作用。另外应确保主题与名人的事迹、品德相匹配是保证课程完整性和一贯性的关键。名人文化的融入应当避免主题与名人事迹不协调的情况，以免引起学生对课程内容的混淆或不理解。例如，如果名人以其创新精神和实际操作能力著称，那么主题可以围绕创新教育和实际问题解决能力的培养展开，通过名人的创新经历激发学生的独立思考和实践动力。整体而言，主题选取与名人匹配的策略要求教学者在设计课程内容时充分考虑地方名人的特质和突出点，将名人的事迹和品德融入主题中，使得课程在主题和名人文化之间形成一种有机的联系。通过这种方式，教学者能够引导学生更深入地理解名人文化，同时确保课程内容的连贯性和深度挖掘，使学生在学习过程中得到更为全面的启发和培养。

（二）案例分析与故事讲述

在名人文化的融入与设计中，充分利用地方名人的典型事例进行案例分析或故事讲述是一项有效的策略。通过将名人的思政理论具体化，具体而微地呈现名人的成长经历和奋斗历程，可以使抽象的思政理念更加贴近学生的实际生活，激发他们对品德和人生价值的深刻认同。

案例分析与故事讲述提供了一个生动的教学载体，有助于突破抽象概念的难度。通过选取地方名人的典型事例，教学者可以将理论抽象具体化，使学生更容易理解和接受。例如，通过讲述名人在面对困境时的坚持不懈和努力奋斗，引导学生从实际经历中汲取坚韧不拔、积极向上的品质。此外案例分析与故事讲述还有助于激发学生的情感共鸣。名人的成长经历和奋斗历程往往蕴含着丰富的情感元素，生动的叙述可以引起学生的情感共鸣，使他们更深刻地感受到名人所展现的品德价值。通过情感共鸣，学生更容易将所学到的道德观念内化为自己的信仰和价值取向。

（三）实地走访与参观活动

实地走访与参观活动是将名人文化融入思政课程的重要策略之一。安排学生实地走访名人故居、纪念馆等地，使他们能够亲身感受名人的生活环境。这有助于增强学生对名人的实感认知，并深化对名人事迹的理解与感悟。

实地走访名人相关场所提供了一种更为直观、实际的学习体验。学生能够目睹名人曾经生活、工作、奋斗过的地方，触摸名人曾经使用的物品。这样的直观感受有助于打破抽象概念，使学生更具体地感受到名人的生活和成就。例如，参观名人故居，学生可以了解名人家庭的生活状态，感受到名人在特定历史背景下的生存环境。实地走访与参观活动能够激发学生的参与热情，增加他们的学习动力。通过亲身体验，学生更容易产生情感共鸣，进而对名人事迹产生更为深刻的理解和认同。例如，在名人纪念馆，学生可以通过展览、文物等多种形式感受名人的影响力，这样的感受有助于激发学生对名人精神的认同和崇敬。

（四）情感体验与角色扮演

情感体验与角色扮演是将名人文化融入思政课程的富有创意的策略之一。通过这种方式，学生能够更深刻地感受名人的情感经历，实现对名人文化的情感共鸣。

情感体验与角色扮演提供了一种情感化、身临其境的学习体验。学生通过模拟名人的情境和经历，能够更加全面地了解名人的人生轨迹、面临的困境以及所表现出的情感。例如，通过角色扮演名人的一天，学生可以更加深刻地体验名人的责任担当、奋斗精神等特质，从而在情感上更贴近名人。另外情感体验与角色扮演有助于激发学生的创造力和主动性。通过自己扮演名人或身临其境地感受名人情感，学生在参与中更容易展现出创造性思维和主动学习的态度。例如，在角色扮演中，学生可以自主设想名人可能面对的场景，并通过思考、讨论展现名人的内心感受。

（五）课堂互动与讨论

课堂互动与讨论是将名人文化融入思政课程的重要策略之一，这种方式可以促使学生更加深入地思考、理解地方名人文化的内涵。

课堂互动与讨论提供了学生表达观点和分享理解的平台。通过小组讨论、课堂演讲等形式，学生可以将自己对地方名人的认识与理解展示出来，从而促进彼此之间的交流和思想碰撞。这有助于丰富课堂氛围，使学生在思政课堂上更积极主动地参与学习。另外课堂互动与讨论有助于激发学生的批判性思维和分析能力。提出问题、引导讨论可以引导学生深入思考地方名人的事迹、思想以及其对社会的影响。学生在与同学的互动中，能够不断拓展思维边界，形成独立、深刻的见解。

（六）创新设计与实践活动

创新设计与实践活动是将名人文化融入思政课程的关键策略之一，这种方式可以使学生更好地理解、体验和应用地方名人文化的核心价值。

创新设计课程内容，使之符合学生的兴趣和实际需求。引入富有创造力的教学元素，如角色扮演、小组合作等，可以激发学生的学习兴趣，增加课程的吸引力。例如，设计学生以地方名人为原型进行创意表演，或者通过小组协作完成名人事迹的多媒体呈现，从而使学生更深入地了解和感受名人文化。通过实践活动将名人文化融入学生的日常生活。组织学生参与社区服务、文化推广等实践活动，让他们在实践中深入体验地方名人的精神和价值观。例如，学生可以组织名人纪念活动、策划文化展览，将所学到的名人文化通过实际行动传播给更多的人，从而实现名人文化的传承和弘扬。

第七节　名人故事的课堂应用

名人故事在思政课堂中具有丰富的应用方式，成为传递价值观念、培养学生品德的重要工具。沂源县是一座名人辈出的城市，这些名人身上发生的故事，蕴含着丰富的育人元素。我们学校，依托地域上的优势，把这些名人故事融入思政课教学中，从而达成教育目标，并以此深化学生对当地人文资源的认识，提升他们的地域认同感和自豪感，最终实现育人目的。因此以下对我校思政教育中开展的名人故事在课堂中的应用进行阐述。

一、名人故事课堂应用案例

我们将沂源县地方名人文化融入思政课堂中时，通过开展"寻找榜样人物，从小学榜样，长大做榜样"的活动实现了名人故事课堂打造的目的。

具体实施时，主要以榜样引领篇、以"看家乡人物，寻榜样力量"为着力点，充分发挥沂源县的地域文化特色，确定了十名值得全县少先队员学习和推广的榜样人物进行寻访。以下对其中一项名人故事课堂应用活动进行阐述。

榜样引领篇：学做"最美少年"

（一）活动目标

通过了解全国优秀少先队员唐玉乐的优秀事迹，引导队员正视自己的优缺点，制定符合自己实际情况的目标并认真执行，争当"最美少年"。

（二）活动准备

1.搜集一些关于全国优秀少先队员唐玉乐的事迹。

2.走访唐玉乐同学曾经的老师，了解唐玉乐同学在小学阶段的学习、生活。

（三）活动建议

1.共同了解学习唐玉乐同学的优秀事迹。

2.身边榜样我来学

你从唐玉乐同学身上学到了哪些优良的品质？

交流自己的想法，说一说以后的做法。

3.游戏："最美少年"棋

①游戏棋盘设计成太阳的形状，分8—10个格，外围分别可以填"善良""仁爱""礼貌""诚实""勤劳""助人"等，中心可以填"最美"。以五颜六色的色彩做背景，象征太阳的光芒。

②游戏过程：小组合作，讲出一种美德故事，就可以在棋盘上填写一种美德。全部填写完毕，就可以获得"最美少年小组"奖章。

最美少年在行动

①讨论：你心中的最美少年是什么样子的？

②设计"最美少年"行动卡片。

③填写"最美少年"行动卡片。

标准	善良	爱心	礼貌	助人	勤劳	诚实	……
行动							

（四）红领巾争章

争获"美德章"

1.说一说"最美少年"的要求。

2.参加中队故事会，能讲好好少年的故事。

3.制订自己的行动计划，并认真执行。

（五）活动拓展

1.说一说学习后的感受

2.收集和讲解身边最美少年的小故事，并举行中队故事会。

3.制订自己的行动计划，并认真执行。

二、名人故事课堂应用的经验总结

上述名人故事课堂应用中，以全国优秀少先队员唐玉乐的事迹为案例，通过学习榜样的优秀品质和行为，引导队员正视自己的优缺点，制定个性化的目标，并通过实际行动争当"最美少年"。这一活动设计充分发挥了名人故事在课堂中的应用价值，具体体现如下：

（一）榜样引领目标明确

在教学设计中，活动目标的明确性是确保课程有效性的关键。通过深入了解唐玉乐的事迹，教师在教学中清晰地确立了活动的目标，即引导队员正视个体的优缺点，制定适应实际情况的个人目标，并通过实际行动努力成为"最美少年"。这种目标明确性不仅为学生提供了明确的学习方向，也使得整个活动更具实际意义。学生在名人榜样的启示下，不仅能够认识到自身的优势和不足，还能通过设定个人目标并努力去实现这些目标，从而培养起积极向上的学习态度和实践精神。这种明确的教学目标不仅使学生在学习中更具方向性和动力性，也为教学活动的顺利开展提供了坚实的基础。

（二）实地走访与真实感受

在教学活动准备中，通过实地走访唐玉乐同学曾经的老师，深入了解其在小学阶段的学习和生活，为将名人故事与学生实际生活联系起来提供了重要的素材和体验。这一实地走访的设计使得学生能够亲身感受到榜样的成长历程和优秀品质，为名人故事注入了更为真实的元素。通过与唐玉乐的老师交流，学生可以获得关于榜样性格、学业成就等方面更为详细的信息，使名人形象更加鲜活。这样的真实感受不仅丰富了教学内容，也提高了学生对名人故事的关注度和参与度，从而更好地实现了榜样引领的教学目标。

（三）多样化的教学策略

在活动建议中采用的"最美少年"棋游戏和"最美少年在行动"等多样化教学策略为课堂注入了生动趣味，极大地激发了学生的学习兴趣。游戏的形式使学生在参与中愉快地学到知识，而小组合作和讨论则促进了学生间的互动和交流。这样的多样性不仅使课堂更富有趣味性，也更好地满足了不同学生的学习风格和需求。学生通过参与游戏和小组活动，不仅更容易理解和接受课堂内容，同时也培养了他们的合作意识和团队精神。这种多元化的教学策略为活动的顺利进行和达成预期目标提供了有力的支持。

（四）情感共鸣与实际行动

在活动的拓展中，通过情感共鸣和实际行动的引导，学习与生活得以巧妙结合。学生通过讨论学习后的感受，分享身边最美少年的小故事，并制订自己的行动计划，不仅深度体验了名人故事所传达的情感和价值观，也在实际行动中将所学到的美德付诸实践。这样的设计使学生不仅在情感层面上更深刻地理解名人故事，而且在实际生活中更有针对性地应用和践行所学的美德，达到了情感体验与实际行动相结合的教学目标。这样的综合性设计不仅促进了学生的内化学习，也培养了他们积极向上的品格和行为。

（五）奖励激励与争章机制

引入"美德章"的奖励机制是活动中一个精心设计的激励手段，不仅是对学生积极参与和表现的认可，更是对榜样品质的巩固和传承的强化。这一奖励机制在活动中充当了积极的促进因素，使学生在参与活动的过程中不仅能够深刻体验名人故事的精神内涵，还能够通过获得"美德章"这样的奖励，实实在在地感受到自己努力的价值和社会的认可。这样的奖励机制不仅激发了学生更积极地参与活动，也在潜移默化中巩固了学生对美德的追求，使活动成为学生生活中一次有意义的成长经历。

第四章 沉浸式、开放性德育活动课堂建设

第一节 沉浸式、开放性思政教育的概念与特点

一、沉浸式、开放性思政教育的概念

沉浸式、开放性课堂是指营造具身化、可交互的活动环境,构建开放性、动态性的课堂结构,实施个性化、多样化的参与式教学方法和策略,通过平等的、互动的合作关系实施的课堂模式。本研究主要是指以实践活动为载体的让学生身心参与的思政实践活动课堂,以此提升学生的探究、实践能力,强化思政教育效果。

沉浸式、开放性思政教育是一种教学模式,其核心理念是通过创造具身化、可交互的学习环境,构建开放性、动态性的课堂结构,实施个性化、多样化的参与式教学方法和策略。这种教育方式通过让学生在实践活动中深度参与,促使其身心全面发展,以提升学生的探究和实践能力,同时强调平等、互动的合作关系,旨在达到更加深刻和全面的思政教育效果。沉浸式、开放性思政教育注重通过实践活动来促进学生的全面成长。通过创造身临其境的学习体验,学生能够更加深入地理解并投入到思政教育的主题中。这种参与式的学习方式强调学生的主动性和创造性,使其在学习过程中通过亲身实践来获得知识,提高综合素养。另外,开放性思政教育强调构建灵活、动态的课堂结构。这种灵活性使教学更具适应性,能够更好地满足学生的个性化需求。采用开放性的教学方法,如小组合作、讨论、实践项目等,促进了学生之间的互动与合作,形成平等的师生关系,有助于激发学生的思考和创造力。

二、沉浸式、开放性思政教育的特点

沉浸式、开放性思政教育通过创新教学方式和活动设计,使得思政教育

更加贴近学生的实际需求，培养学生的实际操作能力和综合素养。沉浸式、开放性思政教育具有如下几个特点：

（一）身临其境的体验

沉浸式思政教育的独特魅力在于其能够通过创造真实而引人入胜的学习环境，让学生仿佛身临其境，深度感知教育内容。这种体验式的学习不仅令学生在知识的海洋中徜徉，更让他们沉浸于生动的场景之中，使抽象的概念变得具体而实在。通过沉浸式体验，学生在实际情境中思考、亲身参与，不再局限于书本知识的理论性学习，而是能够在互动中更全面地领悟思政教育的内涵。这样的学习方式不仅有助于加深对知识的理解，更使学生对所学内容产生了更为深刻和持久的记忆，为其思想观念的形成和发展提供了独特而有力的支持。

（二）学生参与度高

学生参与度高的教育模式以学生为中心，注重塑造学习的互动性和实践性，通过开展各种生动活泼、具有实践性的教学活动，激发学生的学习兴趣和积极性。在这个教学模式中，学生不再是被动的接受者，而是积极参与、主动探索的学习者。通过实际的互动活动，学生能够更加深入地理解和消化所学知识，因为他们不仅仅被灌输知识，还通过亲身实践去感知、体验并运用所学的知识。这种学生参与度高的教育模式不仅体现在课堂上的实时互动，还包括学生在课外的独立学习和团队合作。通过设计激发思考的问题、组织小组探讨、实地考察等多元化教学手段，学生在参与中不仅培养了自主学习的能力，同时也促进了团队协作与沟通技能。这样的学习过程，使学生不再把知识仅仅看作是教材上的文字，而是将其融入实际生活中，形成对知识的深层次理解和运用。这一教育模式的优势在于更好地激发了学生的学习主动性，使他们在积极参与中体验到学习的乐趣。学生参与度的提升，直接影响到对知识的吸收和运用。因为在实际操作中，学生能够更清晰地认识到知识与实际生活的联系。这种互动性和实践性的教育模式，不仅提高了学生的学科素养，更培养了他们解决问题、分析情境的能力，为将来面对复杂的社会挑战提供了坚实的基础。

（三）开放性的课堂结构

开放性的思政课堂结构代表着一场教学革命，将传统的封闭模式打破，为学生提供了更为自由而充满活力的学习环境。在这个独特的教学框架中，沉浸式的思政教育成为一种引人入胜的学习方式，突破了传统的教师主导、学生被动的格局。教室变成了一个开放的思想共享空间，教师与学生之间建立起平等而互动的合作关系，共同参与探讨、交流、实践，使整个课堂呈现出一种充满活力和创造性的氛围。在开放性的课堂结构中，教学不再是单一的知识传递，而是更注重引导学生思考、启发学生的创造性思维。教师通过设计开放性问题、引导学生自主讨论，使学生在思辨中成长，在批判性思维的锤炼中培养独立见解。这样的课堂氛围不仅拓展了学生的认知边界，更让他们在自由的交流氛围中培养了开放、包容的思想态度。教学内容也因此更贴近实际生活和社会现实，使学生能够更好地理解和运用所学的思政知识。此外，开放性的课堂结构也鼓励学生参与各类实践活动，将理论知识与实际问题相结合。通过实地考察、社会调研、模拟演练等形式，学生得以亲身经历和实践所学，将抽象的思政理论转化为切实可行的解决方案。这种开放性思政教育不仅加深了学生对知识的理解，更培养了他们解决实际问题的实际能力，为未来的社会参与和责任担当奠定了坚实基础。

（四）个性化教学方法和策略

个性化教学方法和策略的兴起标志着教育的一场深刻变革，即不再采取一刀切的教育模式，而是根据每位学生的独特兴趣、特长和需求，实施量身定制的个性化、多样化教学。这种教学理念注重挖掘每个学生的潜力，使其在个性化的学习环境中得到更全面、更有效的发展。通过深入了解学生的学科喜好、学习风格和学习节奏，教师能够精准制订教学计划，让学生在自身感兴趣的领域中更深入地学习，从而提高学习的积极性和主动性。个性化教学方法不仅使学生在学习上更具针对性，也有助于培养他们的学习兴趣和学科深度。通过灵活运用多样化的教学资源和方式，教育内容变得更贴近学生的实际需求，更容易引起他们的兴趣。这种教学策略的个性化设计，让学生在学习中找到自己的发展方向，激发他们的学科热情，从而更好地发挥个体优势，实现全面发展。个性化教学不仅关注学科内容，更注重培养学生的综合素养。通过针对学生的个性特点，设计富有启发性和挑战性的任务，激发他们的创造力、批判性思维和解决问题的能力。同时，强调个性化评价方法，更客观地反映学生的实际水平，鼓励每个学生在自己擅长的领域中有所突破，建立积极的学习动力和自信心。

（五）实践参与为中心

实践参与为中心的教学模式是一场教育的深刻变革，强调将学习与实际生活深度融合，通过学生亲身参与社会实践和活动，培养其实际操作能力。这一模式突破了传统教育的束缚，将思政课程从抽象的理论中解放出来，使其更贴近学生的日常生活和社会实践。通过积极参与社会活动、实地考察、实践项目等方式，学生得以在实际情境中感知和理解抽象的思政概念，将所学知识转化为实际能力，从而在面对社会问题时具备更为全面的素养。这一教育理念的实施不仅使思政课程更有实效性，更激发了学生对社会的深刻关注和主动参与，培养了他们的社会责任感和实际解决问题的能力，为塑造更具实际操作能力和社会参与意识的学生提供了有力支持。

（六）趣味性、针对性和实效性

沉浸式、开放性的思政教育模式赋予课程以趣味性、针对性和实效性，将学生置于愉悦的学习氛围中，以更好地理解和接受思政课程。通过创设引人入胜的学习场景，例如虚拟现实技术创造的生动情境或实地考察的实践体验，激发了学生的学习兴趣，使他们在轻松愉快的氛围中更深入地参与对知识的探索。这种趣味性的设计不仅使学生乐于投入学习，也增加了知识的吸收度和记忆深度。同时，开放性思政教育注重课程的针对性，通过了解学生的兴趣、需求和特长，精准制订个性化的教学计划。这种有针对性的设计使得思政课程更贴合学生的实际需求，更容易激发他们的主动学习动力。教学内容和形式的灵活调整，使得每个学生都能在个性化的学习中找到乐趣，更好地理解和接受思政知识。最重要的是，沉浸式、开放性的思政教育追求实效性，强调知识的实际应用。引导学生参与社会实践、解决实际问题，使抽象的思政理论得以在实际操作中得到验证，培养学生的实际操作能力。这种实效性的设计不仅提高了思政课程的实际应用价值，更使学生在学习过程中更加深刻地理解和体验所学的思政内容，为将来的社会实践提供了有力的支持。

第二节 沉浸式、开放性思政课堂的设计原则

沉浸式、开放性思政课堂的设计原则体现了一种教学理念，旨在激发学生的学习兴趣、提高思政教育的实效性。

一、引人入胜的沉浸体验原则

沉浸式思政课堂的设计旨在打破传统教学的单调框架，以创造引人入胜的学习环境为首要原则。在这个沉浸式的学习体验中，虚拟现实技术成为一项强大工具，通过立体声、视觉、触觉的融合，学生仿佛被传送到历史的长河中或面对当前社会的复杂挑战。透过虚拟现实的窗口，他们可以亲身感受那些抽象而遥远的概念，如同置身其中，真切地理解和感受到思政课程所探讨的核心议题。

实地考察是另一种强有力的沉浸式体验方式。学生走出课室，亲临社会现场，将理论与实际相结合。这种亲身感知的方式，使抽象的思政课程变得具体而生动，学生在实地考察中能够深刻领悟理论知识与实际生活的联系，使学习不再是单纯的知识获取，更是对社会本质的深刻体验。模拟演练则提供了一种低成本高效益的沉浸体验。通过角色扮演、模拟情境，学生可以在相对安全的环境中体验真实生活中的决策过程。这种沉浸式的互动方式不仅培养了学生解决问题的能力，更加深了他们对思政内容的理解。学生在模拟演练中投入感强，从而更加主动参与、深度思考，达到了学以致用的教学目标。这样的沉浸式体验不仅仅关注感官上的刺激，更着眼于心智层面的共鸣。通过情感的沉浸，学生的学习兴趣被激发，他们在对知识的深度理解中建立起更为牢固的认知结构。这一全方位、多维度的学习体验，使得思政课堂不再是传统意义上的教学，而是一场引人入胜的学海探险，让学生在参与

中深化对思政知识的认识，培养批判性思维和创造性解决问题的能力。这样的沉浸体验，既激发了学生对知识的深刻理解，又使得思政课堂更具吸引力和实际意义，为培养具有全面素养的学生打下了坚实基础。

二、开放性互动与合作原则

建立开放性互动与合作的思政课堂是一场教学的革新，旨在打破传统教育中教师主导的格局，创造一种充满活力和开放对话的学习氛围。在这个富有活力的课堂中，学生不再是被动接受者，而是被鼓励提出问题、分享个人观点，与教师形成更为平等的合作关系。通过在教师与学生之间建立开放的互动关系，思政课堂成为一个知识与思想碰撞的场所，激发了学生的批判性思维。

开放性互动的课堂设计鼓励学生发表独立见解，促使他们在探索问题的过程中培养独立思考的能力。教师不再仅仅是知识的传递者，而是引导者和启发者，通过提问和引导，激发学生主动思考，培养他们对思政知识更深层次的理解。学生在开放的氛围中更加愿意表达自己的看法，促使课堂成为集体思考和共同探讨的平台。此外，小组合作和讨论形式的引入使课堂更富有活力。学生在小组内分享不同的观点，通过与同学的互动，扩大了自己的视野，加深了对问题的理解。团队协作不仅培养了学生的集体意识和沟通技能，更促进了同学之间的相互学习，使整个思政课堂变得更为生动和多元。开放性互动与合作的设计理念不仅使思政课堂更加富有活力，也为学生成为独立、有思想的公民奠定了基础。通过建立平等的师生关系，鼓励开放性互动，思政课堂成为知识和思想交流的平台，培养了学生的批判性思维和团队协作精神。这种开放性互动与合作的教学模式不仅满足了学生在认知层面的需求，更培养了他们在社会中主动参与、合作解决问题的能力。

三、个性化教学原则

个性化教学是一场关注学生差异性的教育变革，其核心在于根据每位学生的独特特点，为其提供量身定制的学习体验。通过深入了解学生的背景、兴趣和学科偏好，教师可以巧妙地调整教学内容和方法，创造一个更为个性化的学习环境。这种教学理念不仅关注学生的认知差异，更强调培养学生的个性发展和自主学习能力。

个性化教学注重了解学生的兴趣点和学科偏好，通过问卷调查、座谈、观察等方式全面了解学生的学科兴趣和优势领域。这不仅有助于描绘每位学生的学习画像，更能为教学提供有力的依据。了解学生的个性差异后，教师能够根据他们的需求量身定制教学计划，使教学更加贴合学生的实际需求。个性化教学的另一原则是灵活调整教学方法，以适应学生的学习风格。不同的学生有着不同的学习偏好和节奏，因此，教师需要运用多样的教学手段，如讲解、案例分析、小组讨论、实践活动等，以满足不同学生的学习需求。这样的教学设计使得每位学生能够在更为适宜的学习环境中更好地理解和吸收知识。个性化教学强调学生在学习中的主动参与，鼓励他们发挥个体优势，培养自主学习能力。通过设置个性化学习任务、引导学生自主探究，教师能够激发学生学习的兴趣和动力。个性化的学习路径让学生在自主探索中更好地理解和接受教育内容，同时也培养了他们在未来更为自主和独立地面对学习任务的能力。

四、实践参与与问题导向原则

实践参与与问题导向原则是一种强调学生实际参与和解决问题的教学理念，旨在将思政知识与实际生活深度融合。通过注重实际操作和问题导向的教学方式，学生得以在参与社会实践和解决实际问题的过程中理解和应用思政知识。这样的设计不仅使抽象的概念变得具体而贴近实际，更激发了学生对学科内容的浓厚兴趣，培养了他们解决实际问题的能力。实践参与原则要求学生不仅仅是课本上知识的接受者，更要成为实际参与者。通过参与社会实践项目、实地考察、实践活动等方式，学生能够将抽象的思政概念转化为实际行动，感受到思政知识在社会中的实际应用和影响。这种亲身参与的体验不仅增加了学生对思政知识的认知深度，同时也培养了他们对社会的关注和责任感。问题导向原则注重教学过程中对问题的引导和解决。教师通过提出真实且具有挑战性的问题，激发学生的思考和探究欲望，引导他们主动寻找解决问题的途径。这样的设计使得学生在解决问题的过程中不仅学到了知识，更培养了批判性思维和创造性解决问题的能力。问题导向的教学方式不仅关注知识的传授，更注重学生在实际问题解决中的实际能力培养。这两个原则相互融合，共同构建了一个注重实践与问题导向的思政课堂。学生在实际参与和问题解决中不仅能够更好地理解和应用思政知识，同时也培养了实际操作和创新解决问题的能力。这样的教学模式使思政课堂更具有实效性，更符合学生的学习需求，为培养具有批判性思维和实际应用能力的学生提供了有益的教育经验。

五、多元教学手段的融合原则

多元教学手段的融合是一场追求教学多样性和灵活性的教育创新，旨在通过结合多种教学手段，如讲座、讨论、实践活动、虚拟体验等，使思政课堂更为生动多彩。这样的设计不仅能够满足不同学生的学习需求，提高教学的适应性，还使思政课程更具包容性，创造一个更为丰富和有趣的学习环境。

在多元教学手段的融合中，讲座作为传统的知识传递方式，通过系统性的讲解，使学生获得一定的基础知识。然而，为了打破单一性，教师可以引入讨论环节，通过小组讨论、学生间的互动，促进思想交流，激发出不同的观点和思考方式。这样的互动设计不仅丰富了课堂氛围，更培养了学生的批判性思维和团队协作能力。实践活动是另一种重要的教学手段，通过组织学生参与社会实践、实地考察、模拟演练等，将理论与实践相结合。学生在实际操作中能够更深刻地理解和应用抽象的思政概念，培养解决实际问题的能力。同时，虚拟体验技术的引入为课堂增添了趣味性，虚拟现实技术创造出的生动情境，使学生仿佛置身其中，更好地感受到思政知识的真实应用场景。这种多元教学手段的融合设计使思政课堂更具有灵活性和多样性。通过不同的教学方式，教师能够更好地满足不同学生的学习需求，提高课堂的适应性。这不仅有助于激发学生的学习兴趣，更为他们提供了多样化的学习路径，使得思政课程更具包容性。在这样的多元教学手段的融合中，学生能够在更为富有创意和启发性的学习环境中更好地理解和接受思政知识，为塑造富有创造力和社会责任感的学生提供了有益的教育经验。

六、创新性与实效性并重原则

创新性与实效性并重是一场对思政课堂进行全面升级的教育变革，旨在通过引入新颖的教学理念和技术，激发学生的新鲜感和好奇心，同时保证教学的实效性。这样的设计不仅使思政课堂更具有吸引力，也确保学生在课堂中能够获得切实可行的知识和能力。

在强调创新性的课堂中，教师可以引入先进的教育技术，如虚拟现实、人工智能等，为学生创造与众不同的学习体验。通过对技术手段的创新，思政课堂能够更生动地呈现抽象的概念，激发学生的学习兴趣。同时，教学内容的创新，如引入新颖的社会问题、前沿研究成果等，能够使学生对知识保持新鲜感，对思政课程更加积极投入。然而，创新并非空泛地追求，实效性是创新性的基础。注重实效性要求教学设计既要有新意，更要确保学生在课堂中获得实际可行的知识和能力。教师需要精心策划课程内容，确保每个环节都能够贴近实际、符合学科发展趋势，使学生在课堂中获得的知识能够直接应用于实际生活和社会实践。这种实效性的设计不仅确保了学生在课堂中的学习成果，更培养了他们解决实际问题的能力。创新性与实效性并重的设计理念使思政课堂焕发出新的活力。通过引入创新理念和实用技术，教师能够更好地满足学生对多样化学习体验的需求，激发了学生对知识的主动追求。在这样的思政课堂中，学生不仅能够感受到学科的深度和广度，同时也培养了实际解决问题的能力，为塑造具有创新精神和实际能力的社会公民提供了有益的教育经验。

第三节　个性德育活动课程设计应用

在进行个性德育活动课程设计应用时，可以从以下几个方面入手：

一、学生特点和需求分析

学生特点和需求分析是进行个性德育活动设计的关键一步。通过深入了解学生的年龄、兴趣、性格等方面的个体差异，以及在品质培养、习惯养成、关系处理等方面的需求，我们能够更精准地制定个性德育活动，使其更符合学生的实际情况。

年龄是决定学生认知水平和心理发展的一个重要因素。小学生正处于身心发育的关键阶段，他们对于思想道德教育的接受程度和方式存在显著的差异。对于低年级的学生，应关注培养他们的好奇心、探索欲和合作精神；而对于高年级的学生，则应更注重引导他们思考、独立思维和团队协作。兴趣是学生积极参与德育活动的内在驱动力。了解学生的兴趣爱好，可以根据其喜好设计更具吸引力的活动。例如，如果学生对自然科学感兴趣，可以结合思政主题设计与科学实践结合的活动，提升学习的趣味性和深度。另外，性格的差异影响了学生在团队合作、领导力发挥等方面的表现。有些学生可能较为内向，需要更温和的引导方式；而有些学生则可能更外向，适合在活动中扮演领导角色。了解学生的性格差异，可以更好地安排小组分工和活动设计，促使每位学生在德育活动中发挥出自身的优势。除了了解学生的特点，还需要深入分析学生在品质培养、习惯养成、关系处理等方面的需求。在品质培养方面，针对小学生天性好奇、善良等特点，可以通过生动的故事、情景模拟等方式培养他们的品德修养。在习惯养成方面，针对小学生容易受环境和同伴影响的特点，可以设计富有引导性的活动，培养正面的学习和行为习惯。而在关系处理方面，因为小学生正处于人际关系逐渐复杂化的阶段，因此需要通过德育活动引导他们学会友善相处、解决矛盾等社交技能。

对学生特点和需求进行全面分析，可以更有针对性地设计个性德育活动，使其真正符合学生的实际情况，最大程度地促进他们思想品德的全面发展。

二、主题选定和设定目标

在确定个性德育活动的主题时，需要考虑主题的全面性、符合学科要求以及能够引导学生全面发展。以"爱祖国、爱人民、爱劳动、爱科学、爱社会主义"为例，这个主题融合了爱国主义、社会主义核心价值观等多个方面，具有较强的思想性和时代性。这个主题可以引导学生全面认知国家、社会、科学等方面的知识，培养其正确的价值观念。另外，主题的设定应充分考虑学生的实际情况，确保他们能够在活动中深刻理解并逐步内化主题所蕴含的核心价值。例如，通过具体的案例、故事等方式，学生能够深入感受到"爱祖国"不仅仅是一种情感表达，更是一种责任担当。主题的选定应具有启发性，能够引导学生思考、认知，形成积极的德育态度。设定明确的教育目标是个性德育活动成功的关键。这些目标不仅应符合学科要求，还应关注培养学生的思想品德和个性素养。目标应综合考虑学科知识、思想品德和个性发展的多个层面。比如，在"爱祖国、爱人民、爱劳动、爱科学、爱社会主义"主题下，可以设定学科知识方面的目标，如了解国家的基本情况、科学的发展等；同时，也要设定思想品德方面的目标，如培养爱国情怀、社会责任感等；此外，还可以设定个性发展方面的目标，如提升学生团队协作能力、创新思维等。另外目标设定要具有适应性和渐进性。适应性是指目标应符合学生的认知水平和心理发展特点，不过分超越其能力范围；渐进性则是指目标应具有层次性，能够在德育活动的过程中逐步达成，使学生在成长中感受到自身的进步。

三、教学方法和手段设计

个性德育活动的教学方法和手段设计应该注重多样性和创新性，以满足学生不同层次、不同学科需求，同时激发他们的兴趣和主动性。其中，案例分析是一种有效的教学方法。通过真实案例的呈现，学生能够在具体情境中感受到思政知识的实际应用，培养解决问题的能力。小组讨论则可以促进学生的合作与沟通能力，让他们在交流中互相启发，形成共识。实践操作和角色扮演则是将思政知识融入实际生活的手段，使学生在亲身体验中更好地理解和应用所学内容。此外，为了更好地适应现代教学需求，个性德育活动还可以充分利用现代技术手段。多媒体、在线平台等工具能够提供丰富的教学资源，使学生在更开放的学习环境中获取知识。通过在线平台，可以组织各类互动活动，扩大教学的时空范围，学生得以在个性化的学习中更好地融入思政教育。

现代技术手段在个性德育活动中发挥着重要作用。多媒体的运用能够丰富课堂呈现形式，通过图文、音频、视频等多样化的信息传递方式，激发学生的感官体验，使思政知识更具生动性。在线平台则为学生提供了更便捷、自主的学习途径。通过线上资源，学生可以灵活选择学习时机和地点，个性德育活动可以贴近学生的实际生活，创造更加个性化的学习体验。除此之外，借助社交媒体等现代通信工具，可以促进学生之间的互动与分享，形成更加开放、互联互通的学习社群。通过在线平台，学生可以参与到更广泛的社会讨论中，从而拓展对思政知识的理解和应用，促使其在学科知识和思政知识之间形成更紧密的联系。

个性德育活动的教学方法和手段设计要注重创新，结合多元的教学手段，以提升学生的兴趣和主动性，充分运用现代技术手段，提高教学效果，使思政知识更具吸引力和实用性。

四、跨学科融合

个性德育活动中的跨学科融合是一种教学设计的方法，通过将不同学科的知识有机结合，使学生在实际操作中涉足多个学科领域，解决实际问题。这种融合不仅仅是简单地将学科内容堆砌在一起，更是通过深度整合，促使学生形成全面的思想观念。跨学科融合的意义在于能够打破传统学科之间的界限，使学生在解决实际问题时能够综合运用各个学科的知识。例如，一个以环保为主题的个性德育活动可以融合自然科学、社会学、伦理学等多个学科的内容，让学生在关注环保问题的同时，了解科学背后的原理、社会的影响以及伦理层面的考量。这样的综合性学习有助于培养学生的系统思维和跨学科思维能力。

在实施跨学科融合时，需要明确个性德育活动的主题和目标，然后确定涉及的学科范围。通过建立跨学科教学团队，由各学科专家组成，共同规划和设计活动，确保各学科的知识在活动中有机交织。例如，一个涉及社会问题的德育活动可以由语文老师负责引导学生撰写相关文章，数学老师进行统计和数据分析，道德与法治老师解读社会影响，形成一体化的学科融合。跨学科融合的实施策略还包括设计综合性的项目，要求学生在项目中跨足不同学科领域，解决实际问题。通过这样的项目，学生不仅能够学到学科知识，还能够在实际操作中体验到学科之间的关联性。这种全面性的学习有助于学生形成综合性的思想观念，更好地应对未来复杂多变的社会挑战。

五、实践与体验

在个性德育活动中引入实践与体验是为了让学生能够在实际操作中深入理解和运用思政知识。通过实地考察和实践活动，学生可以亲身体验社会问题，从而使抽象的思政概念具体化、形象化。这种实践与体验的过程有助于学生更加深刻地认识社会，激发他们对思政知识的兴趣。实践与体验的重要性还在于能够培养学生的实际应用能力。在解决社会问题的实践中，学生需要动手操作、分析问题、提出解决方案，这不仅锻炼了他们的实际动手能力，同时也促使他们将抽象的思政知识应用到具体情境中。这样的实践体验是培养学生实际解决问题的重要途径，使思政教育更具实效性。

在设计个性德育活动时，可以通过安排实地考察和实践活动，使学生直接参与社会问题的解决过程。以一个社会公益活动为例，学生可以通过参与志愿服务、组织公益活动等方式，实际感受到社会问题的存在，了解社会的多元性，培养他们的社会责任感和公民意识。这样的实践活动不仅加深了学生对社会问题的理解，也使他们在实际行动中汲取思政知识。在个性德育活动的实践与体验中，可以引入案例教学。通过真实的案例，学生能够更加直观地感受到思政知识在社会问题中的应用。例如，通过案例展示社会不公正的现象，学生可以从中思考如何运用道德和伦理的观念去解决问题，形成对社会责任和价值观的深刻认识。

第四节　实践案例分享：小学沉浸式、开放性思政课堂的成功经验

在个性德育活动课程设计中，可以结合学生的兴趣、特长、发展需求等方面进行差异化设计。例如，可以设置学科竞赛、社会实践、文艺表演等多样化的德育活动，以满足学生的个性发展需求。这样的设计有助于激发学生的学习兴趣，培养他们的领导力、团队协作精神，以及社会责任感。根据沂

源县历山街道教育体育管理办公室所承担的区域德育体系构建及实效性研究中，他们针对所在区域德育教育提出了相应的个性德育活动课程。

一、个性德育活动课程设计内容

根据《小学德育纲要》对小学阶段德育主要内容的规定，在构建区域德育内容体系时，着眼于小学生学习品质培养、习惯养成、公德及家教发展、关系处理、个性品质发展等方面。为更贴近小学生身心发育阶段的特点，考虑了认知能力的高低差异以及区域内德育工作的实际情况。我们将纲要中的十条内容分为低年级和中高年级两个梯次，细化为学习品质、政治及道德素养、个性品质三大体系。

在具体实施过程中，以月份为轴线，每月设定一个主题单元，以活动为载体进行德育内容的传达和培养。在这个过程中，我们不仅仅局限于纲要中规定的内容，还融合了本土和区域内的德育教育资源，使教学更具地域特色，更具体地契合学生的实际需求。通过这样的创新性和差异化的实施方案，我们旨在更全面、更有效地培养学生的学习品质、政治及道德素养、以及个性品质，促使其全面发展。

同时创建了十大个性德育渠道和十大实践活动基地，积极搜集校内外的多样德育资源并进行整合运用。将德育内容与各类教育资源融合，实现了德育理念的内化与活动实践的结合，使德育的具体实施体现在形式多样的个性化德育实践活动中。在这些活动中，学生通过丰富多彩的体验，不仅感受到德育的内在价值，同时使德育目标在实践中更好地内化。通过这一创新性的实践，我们成功将德育工作的目标、内容、实施方法、途径以及载体有机地结合，实现了德育教育的目标达成、内容丰富、实施方法灵活，以及途径及载体的有效衔接。这一综合性的实践方案旨在确保德育工作更具针对性和实效性。以下为该单位提出的个性化德育活动与思政教育的融合的路径：

（一）挖掘搜集"德育生本资源"并整合应用

挖掘搜集"德育生本资源"并整合应用，构建学生家庭资源体系，是实现个性化德育活动与思政教育融合的重要路径。每个学生独特的家庭背景和生活环境都孕育了丰富的德育"生本资源"，这为个性化德育提供了丰富的素材。通过深入挖掘学生家庭资源，特别是整合家长的专业特长，可以为学校建立系统的家长资源体系，为个性化德育活动提供有力支持。

在家长资源的分析、整合、归类过程中，学校可以根据教育目标的需要，选取具有专业特长的家长，并建立家长资源库。家长资源库可以定期更新、调整，确保家长的责任心、参与热情和水平等方面都在较高水平。这样的家长资源体系不仅能为学校提供多元化的德育内容，还为思政教育注入了实践性和专业性的元素。学校还可以通过开展各类讲座、座谈会、家长会等活动，让家长利用自身专业特长，为学生提供更广泛的社会常识和德育知识。这种形式的个性化德育活动既能满足学生多样化的学习需求，又能使德育内容更具实用性和针对性。另外，成立班级、年级、学校三级家长委员会，并通过家长学校的方式，建立家校合作的平台。通过家校联谊活动、座谈会、开放周等形式，促进家长与学校、教育工作者之间的交流，形成良好的家校共育氛围。

（二）开展以"爱祖国、爱人民、爱劳动、爱科学、爱社会主义"为基本内容的政治素养和道德素养、个性品质教育

通过依托班队、社团组织，开展以"爱祖国、爱人民、爱劳动、爱科学、爱社会主义"为基本内容的政治素养和道德素养、个性品质教育，学校在促进学生个性发展的道路上取得了显著成效。依托少先队组织及活动阵地，实现了对学生的政治启蒙教育。通过少先队组织的设置和活动阵地的建设，学校为学生提供了参与政治素养和道德素养培养的有效平台，使学生能够在组织化的环境中接受系统的政治教育，培养对祖国、人民、劳动、科学和社会主义的深刻理解和情感认同。高度凝聚力的班级共同体则成为促进学生个性发展的有效载体。通过班级自主管理模式，学校鼓励学生在民主、平等的基础上分工合作，培养学生的自理、自律、团结合作的个性品质，以及心中有他人、心中有集体的良好公德素养。开展班级创造活动，搭建展示舞台，让学生在班级文化建设中展示个性、发挥特长，形成多元化的班级文化特色。通过这种方式，学校有效地激发了学生的创造性活动和积极性，促使每一位学生在班级中得以全面发展。通过开展系列特色社团活动，学校为学生提供了自信、成才的教育平台。建立美术、书法、舞蹈、科技等系列社团，开展内容丰富的少年宫系列活动，使每位学生都能找到适合自己的展示舞台，树立自信心。这种社团活动不仅促进了学生个性品质的培养，还为思政教育注入了更多实践性和社会性的元素。

（三）建设班级、校园文化，发挥环境文化的隐性育人功能

学校通过"三化一上墙"管理月活动，即美化、绿化、净化，以及师生作品上墙的方式，积极建设班级、校园文化，发挥环境文化的隐性育人功能。这一路径不仅体现在校园环境的表面美化，更在于长期的思想认识和行为习惯的内在积淀，形成了一种具有学校特色的精神文化。学校挖掘和提升师生的行动故事和作品，打造成特色品牌，将教室前走廊设置为学生个性文化展示区，为每个学生提供了展示个性的空间。通过定期更换展示内容，学校引导学生用书法、剪纸、手抄报、绘画、摄影等形式丰富装点校园，创造了一个充满个性的展示区域。此外，学校通过悬挂身边优秀师生及自己事迹，取代名人名言，以及在走廊大厅展示学生自己的名言、文化理念和写字练习板，彰显了富有个性特色的师生文化和学校精神文化。将校园环境视为教育资源，引导师生参与设计、美化校园，使学生在布满育人要求的环境中，通过自主设计、装点校园，提升个性素养和品质。这种做法不仅丰富了学校的文化内涵，更为思政教育和个性化德育活动提供了富有创意和参与性的途径。

（四）搭建十大社会实践活动基地

学校通过搭建十大社会实践活动基地，充分发挥社会资源，构建了社会德育的实施途径，使学生在多样性的实践中得到了具体而丰富的道德训练，为他们的道德发展和品质培养提供了富有创意的平台。学校通过挖掘街道社区内资源，积极联系周边单位，联合建立了多个学生社会实践活动基地。这一过程不仅为学生提供了更广阔的社会实践场景，也加强了学校与社区、单位的密切合作，实现了资源共享与互动。基地的多样性使学生有机会参与不同领域的实践，拓宽了他们的社会视野，培养了实际应对复杂社会问题的能力。例如，"爱心社团"献爱心做美德少年活动，不仅让学生深入了解社会公益事业，还激发了他们的爱心与责任感。学校还可以组织学生深入基地参观

学习、交流实践，并定期开展多样性的社会实践活动。通过参与这些活动，学生能够亲身体验、感悟社会的多层面，形成对社会责任和价值观的深刻认识。例如，"学雷锋"清理城市"牛皮癣"公益活动，不仅让学生增强了环保意识，还培养了他们的团队协作和公民责任心。同时，通过红领巾小主人活动等社会实践，学生在感受生活、融入成长的过程中更好地发展道德，树立了积极向上的品格。这一综合性的实践活动基地体系为学生提供了全面的社会体验，促使他们在社会实践中更全面地发展道德，培养品质。通过这一完善的实践基地网络，学生能够在丰富多彩的社会实践中体验道德的真谛，不仅增强了个体的德育效果，也为整体思政教育提供了丰富的实践平台。

（五）整合重大节庆日、历史人物、事件纪念日以及入学、入队日等节日教育资源，开展思想道德主题教育活动

学校通过整合重大节庆日、历史人物、事件纪念日以及入学、入队日等节日教育资源，积极开展思想道德主题教育活动，旨在通过这些活动增强学生的生活仪式感，增进爱国情感，提高道德素养。通过整合这些节日教育资源，学校创造了一个丰富多彩的思政教育活动体系。这种整合不仅使学生在校园中感受到浓厚的文化氛围，同时也让思政教育更加贴近学生的日常生活和实际情境。例如，通过庆祝重大节庆日，学校能够引导学生深入了解传统文化、历史人物和国家历史，提高他们对文化传承的认同感。通过纪念历史事件和人物，学校不仅能够传承历史文化，还能激发学生的爱国情感，培养他们的家国情怀。通过入学、入队等日子，学校能够使新生更好地融入校园生活，激发他们对学校的归属感。这样的整合为学校创造了一个有机的教育环境，为学生提供了全方位的思政教育。这些活动的开展不仅丰富了学生的课余生活，更重要的是在活动中引导学生形成正确的人生观、价值观和道德观。例如，在重大节庆日的庆祝活动中，学生可以通过参与文艺演出、主题讲座、展览等多样化的活动形式，感受中华传统文化的博大精深，培养对民族文化的自豪感和传统文化的热爱。在纪念历史人物和事件的活动中，学生不仅了解到历史的发展脉络，更能够从中汲取正面的人生观和价值观，形成正确的历史观念。通过入学、入队等日子的庆祝和仪式，学生能够深刻体验到校园生活的特殊意义，培养起对学校集体的认同感和集体荣誉感。这种方式不仅增加了学生对学校的认同感，也在潜移默化中影响学生成长。

（六）依托学科资源，构建个性化课堂教学，培养学生良好学习品质

学校依托学科资源，倡导并构建了个性化课堂教学，主导集体教学、小组教学与个别教学有机融合的课堂模式。在这一路径中，教师努力为每个学生提供课堂交流、发言、大胆设疑的机会，旨在构建师生合作、教学相长、生生互动的信任、民主、真诚、愉悦的现代师生关系。这种教学模式不仅关注学科知识的传授，更强调培养学生的自主学习、独立思考的良好学习品质。

通过主导集体教学、小组教学与个别教学有机融合的课堂模式，学校致力于为学生提供多样化的学习体验。在集体教学中，学生可以通过听讲、互动、合作等方式，形成共同学习的氛围，促进团队协作和集体智慧的发挥。在小组教学中，学生能够更加深入地参与课程，通过小组合作解决问题，培养团队协作和沟通能力。而在个别教学中，教师能够更加精准地关注每位学生的学习需求，提供个性化的指导和支持。这种有机融合的教学模式不仅满足了学生多样性的学习需求，也使得每个学生都能在不同层面上得到全面的发展。构建师生合作、教学相长、生生互动的信任、民主、真诚、愉悦的现代师生关系，为学生的德育培养提供了有力的支持。在这种关系中，学生不仅仅是知识的接受者，更是课堂共同构建者和参与者。教师通过引导学生大胆提问、表达观点，鼓励他们参与讨论和思考，培养了学生的自主学习和独立思考的良好学习品质。这种互动和合作的关系有助于学生更好地理解和应用道德观念，形成积极向上的学习态度。

（七）整合开发基于本土文化资源的德育校本课程

学校在德育领域开展了一系列创新性的活动，其中包括整合开发基于本土文化资源的德育校本课程。通过深入研究一至五年级学生身心和行为发展规律，学校搜集了沂源和街道区域内的本土文化资源，结合街道学校的实际情况，成功开发了一套富有特色的街道系列德育教育校本课程。

通过整合本土文化资源，德育校本课程得以更好地贴近学生的生活和实际。这一路径通过深入挖掘当地的历史、传统、风土人情等文化元素，使德育教育更具有渗透力和吸引力。学校可以通过生动有趣的课程内容，引导学生了解、认同并逐渐践行本土文化中蕴含的价值观念。通过课程的设计，学生不仅能够学到道德理念，还能够在实际生活中体验和应用，形成更为深刻的德育效果。校本课程的开发与街道学校实际情况相结合，具有更高的实用性和可操作性。由于每个学校、每个地区的文化和社会环境不同，单一的标准课程难以完全满足实际需求。因此，通过整合当地资源，根据学生的身心和行为发展规律，有针对性地设计校本课程，更好地适应学生的特点和需求。这种有针对性的设计有助于提高学生对德育课程的接受度和参与度，使德育教育更加实际、有效。

（八）建立教体办、学校两级心理健康咨询中心，促进学生身心健康发展

学校在推进个性化德育活动与思政教育的融合过程中，建立了教体办和学校两级心理健康咨询中心，以促进学生身心健康的全面发展。这一路径在强调学生的心理健康教育中起到了关键作用。

通过建立教体办心理健康咨询中心，学校为区域内所有师生、家长提供了广泛的咨询服务。这种方式不仅拓展了服务的对象范围，更注重了社区与学校的密切合作。在这个中心，专业的心理咨询师面向师生和家长进行咨询活动，通过提供心理辅导、答疑解惑等服务，全面关注参与者的心理健康状况。此外，公布咨询师的电话号码也有助于建立更为开放和亲近的沟通渠道，使心理健康服务更加贴近个体需求。学校在辖区内的所有学校都设立了心理健康咨询室，构建了一支专兼职的心理辅导教师队伍。这种做法不仅充实了学校的咨询资源，更在本地社区范围内广泛普及了心理健康服务。通过设立咨询信箱、公布咨询电话，学校进一步提高了学生及家长获取心理咨询的便捷性。心理健康咨询中心还通过学生个案研究等方式深入了解学生的思想、个性特点，更有针对性地进行心理辅导，以促进学生保持良好的心理状态，培养他们的健康心理品质。

（九）布置个性化德育实践作业

学校通过布置个性化德育实践作业，有计划、有组织地开展了形式多样

的系列主题教育活动，如少先队、重大节庆假日以及传统纪念日等。这一做法旨在提高德育工作的实效性，为个性化德育活动与思政教育的融合搭建了有力桥梁。

通过在少先队、重大节庆假日等特殊时刻布置德育作业，学校在有意义的时刻加强对学生的德育引导。这种方式可以紧密结合社会热点、历史事件等，使德育作业更加贴近学生的实际生活。例如，在重大节庆假日，可以布置关于传统文化、家国情怀等方面的德育作业，引导学生通过实践和思考增强对社会责任感和文化认同感。而活动中布置的德育作业有助于深化主题教育活动的内涵。通过作业的形式，学生能够更深入地思考与主题相关的问题，发现问题、解决问题，促使其对思政教育内容的深层次理解。这不仅有助于提高学生的学科素养，更能培养其独立思考和解决问题的能力。

（十）搭建信息技术应用平台

学校通过研究构建以学校微信公众号和微信工作群为信息技术联系平台的线上线下并行的双线育人模式，搭建了信息技术应用平台，为个性化德育活动与思政教育的融合提供了有力支持。

通过学校微信公众号和微信工作群，建立了一个便捷的信息传递平台。这使得学校能够及时发布活动通知、倡议书等德育信息，实现了信息的快速传播。同时，这一平台也为师生、家长和社区提供了方便的互动渠道，促进了信息的双向流通，有利于形成更为立体和全面的育人模式。线上线下双线并行的育人模式为丰富的德育活动提供了更广泛的展示空间。通过线上发布活动信息，学校可以在线上策划、组织和宣传各类德育活动。而线下则是活动的具体实施过程，师生、家长等参与其中。这种双线结合的方式，不仅能够满足不同群体的需求，也使得活动内容更加生动有趣，有助于提高活动的参与度和实效性。

二、打造基于"互联网+"形势下线上线下相结合的区域德育活动课程体系

借助个性德育的十大途径，设计了一个全新的课程体系。该体系根据学生的年级特点，分为低年级和中高年级，以月份为单位构建了十二个月的主

题教育活动。每个月的课程体系涵盖了月份、个性教育月主题、个性教育目标、个性教育实施方法、途径以及活动载体这五个方面。这样的设计使得整个课程体系更具体、更有针对性，能够更好地满足学生在不同阶段的成长需求。通过这个课程体系，力求在每个月的教育活动中，围绕着特定的主题，设定明确的个性教育目标，并采用多元化的实施方法和途径。这些方法和途径既包括了传统的教学方式，也充分利用了个性德育的十大途径，确保了教育活动的灵活性和实效性。此外，我们还明确了活动的具体载体，以确保教育内容能够生动有趣地呈现给学生，使学生更好地参与其中，体验个性教育的丰富内涵。这一月度主题教育活动课程体系的建设旨在更好地整合个性德育的途径，创造出更具体、更有深度的教育内容。通过每月一主题的设计，确保德育工作更贴近学生的实际需求，提高教育实施的针对性和有效性。

三、经验总结

（一）综合利用德育生本资源

在构建德育活动课程体系时，综合利用德育生本资源是一项关键的任务。要充分挖掘和整合"爱祖国、爱人民、爱劳动、爱科学、爱社会主义"等基本内容。这些核心价值观是德育工作的基石，通过深度挖掘这些资源，能够更全面、系统地传达思政知识，确保德育课程更具有深度和广度。例如，通过深入挖掘"爱劳动"这一主题，可以设计实践性的活动，让学生亲身体验劳动的意义，从而深刻理解和感受到这一核心价值观的内涵。通过德育生本资源的整合，能够确保教学内容与学生实际生活密切贴合。这意味着要关注学生的兴趣、需求和体验，将德育内容融入他们日常经历和成长过程中。例如，在设计与"爱科学"相关的德育课程时，可以结合学生的学科兴趣，通过科学实验、探究性学习等方式，使学生在实践中感受到科学与人文的融合，从而更好地理解"爱科学"的内涵。

综合利用德育生本资源的过程中，教师要注重挖掘资源的多样性和丰富性，使其既具有思政知识的深度，又具备与学生实际生活相契合的广度。通过这样的课堂设计，我们能够更好地激发学生对思政知识的兴趣，使其在学习过程中既能理解抽象的概念，又能将其与实际生活联系起来。这样的德育活动课程体系有望为学生提供更为丰富、有深度的思政教育体验。

（二）构建班级、校园文化

在构建班级和校园文化的过程中，我们旨在创造一种浓厚的思政氛围，通过文化建设培养学生对"爱祖国、爱人民、爱劳动、爱科学、爱社会主义"等核心价值观的情感认同，使这些价值观在学生心中根深蒂固。

班级文化的构建是培养学生价值观认同的有效途径。设定班级口号、标语、特色活动等，可以使班级文化更好地融入思政教育。例如，通过定期召开班会，开展主题班级活动，让学生在团结互助、积极向上的氛围中感受到思政教育的引导。班级文化的建设要注重个性化，既要考虑整体氛围的建设，也要充分尊重学生的个体差异，让每位学生在班级中找到归属感，形成积极向上的集体精神。校园文化的打造是思政教育的重要支撑。在校园内创设文化墙、主题展览、文艺演出等形式，使学校成为思政教育的重要舞台。在校园文化建设中，可以开展丰富多彩的活动，让学生在参与中感受到思政教育的力量。例如，组织学生开展社会实践、文艺创作、志愿活动等，使他们在实际行动中体验到"爱祖国、爱人民、爱劳动、爱科学、爱社会主义"的内涵。校园文化的形成应该具有全员参与的特点，激发全体师生的思政热情，形成集体认同感。

班级和校园文化的构建，能够在学生心中灌输核心价值观，使其对"爱祖国、爱人民、爱劳动、爱科学、爱社会主义"产生深厚的情感认同。这样的文化氛围有助于巩固和强化思政教育的效果，使学生在校园文化的熏陶中更好地形成积极向上的人生观和价值观。

（三）搭建社会实践活动基地

为了有效促进学生的全面发展，着力搭建了十大社会实践活动基地，通过将学生引导到社会实践中，亲身经历培养其爱国情怀、社会责任感以及对劳动和科学的认知。这样的实践活动不仅丰富了学生的社会经验，同时也为其在实际中感受和理解思政知识提供了宝贵机会。

社会实践活动基地的创设为学生提供了一个更加真实、贴近社会的学习平台。通过与社会各界合作，在学校周边设立了十大社会实践活动基地，涵盖了文化、科技、环保、社会服务等多个领域。学生可以选择根据自身兴趣和特长参与不同基地的活动，从而更好地融入社会实践中。例如，学生可以参与社区环保活动，感受环境保护的重要性，培养对社会责任的认知。这样的实践活动有助于培养学生的爱国情怀和社会责任感。通过参与社会实践，学生能够深刻理解国家的发展需求，感受到社会问题的复杂性，培养对祖国的热爱和对社会的责任感。例如，在参与社区服务活动时，学生可以了解到社会中存在的一些困难和问题，从而激发他们积极参与社会改善的愿望。

通过搭建十大社会实践活动基地，为学生提供了一个更加立体、全面的思政教育体验。通过亲身参与实践，学生在实际中感受和理解思政知识，从而培养出更具有社会责任感和实际应用能力的人才。这样的社会实践活动基地不仅促进了学生的全面发展，也为他们未来的社会生活奠定了坚实的思政基础。

（四）整合节庆日、历史人物、事件纪念日等教育资源

在教育工作中，致力于整合重大节庆日、历史人物、事件纪念日等丰富的教育资源，设计具有思想道德主题的教育活动，使学生更深刻地理解和体验爱国主义、社会主义核心价值观等。

应充分利用各类重大节庆日，如劳动节、国庆节等，开展丰富多彩的庆祝活动。通过庆祝活动，我们能够将国家的发展成就、爱国情怀等内容融入其中，引导学生对祖国的热爱。例如，在国庆节期间，我们组织学生参与升旗仪式、主题演讲等活动，通过庄重的仪式和深刻的演讲，激发学生对国家的热爱之情，使其在庆祝活动中深切感受到思政教育的引导。另外应关注历史人物和事件纪念日，通过有针对性的教育活动深化学生对历史、文化的理解。例如，在纪念抗战胜利、毛泽东诞辰等重要日子，我们开展专题讲座、展览等活动，向学生介绍英雄事迹、历史背景，使他们更加深入地了解国家的历史发展和伟人的杰出贡献。通过这些活动，我们旨在培养学生对历史人物和事件的敬仰之情，引导他们树立正确的历史观和人生观。

通过整合节庆日、历史人物、事件纪念日等丰富的教育资源，可以致力于设计有深度和广度的思想道德主题教育活动。这样的活动有助于激发学生对国家、社会、历史的兴趣，促使他们更深刻地理解和体验思政知识，形成正确的人生观和价值观。通过这些教育活动，我们在实践中推动思政教育的深入开展，使学生在学习中不仅增长知识，更培养爱国主义情感和社会责任感。

（五）依托学科资源构建个性化课堂教学

依托学科资源致力于构建多样化、富有创意的个性化课堂教学，通过跨学科融合使学生在学科知识的同时深入了解思政知识，促使其形成系统性的思想观念。

充分挖掘各学科的资源，设计了一系列既贴近学科要求又注重思政教育的教学内容。例如，在语文课中，通过选取有深刻人性思考的文学作品，引导学生思考人生价值和社会责任；在科学课中，结合科技发展，让学生了解科学对社会的推动作用，培养科学精神和创新意识。这样的跨学科设计旨在使学生更全面地理解和应用思政知识，使其学科知识和思政知识得以有机结合。注重个性化教学方法，充分考虑学生的兴趣和特长，设计富有启发性和互动性的教学活动。通过引入案例分析、小组讨论、实践操作等形式，激发学生的学科兴趣，同时引导他们从学科内容中汲取思政知识。例如，在历史课中，我们可以通过研究历史事件引导学生思考伦理和社会责任，使学科学习更具思想性。

依托学科资源构建个性化课堂教学，旨在打破传统学科的界限，使思政教育与各学科知识相互渗透，为学生提供更为综合、丰富的学习体验。这样的个性化课堂设计不仅丰富了学科内容，也促进了学生全面素质的提升，使其在学科知识和思政知识的双重培养下成为具有独立思考和综合素养的社会人才。

（六）建立心理健康咨询中心

建立教体办和学校两级心理健康咨询中心是我们关注学生身心健康全面发展的一项举措。通过这一机制，致力于提供全方位的心理健康支持，学生得以更好地理解、接受和应用思政知识，进一步促进其全面素质的提升。

建立教体办和学校两级心理健康咨询中心，设立专业心理咨询师团队，为学生提供个性化、专业的心理辅导服务。这些心理健康专业人员通过定期的心理辅导、座谈会、心理健康讲座等形式，关注学生的情感变化和成长需求，引导他们正确认识自己、处理情感问题，进而更好地理解和接受思政知识的引导。另外注重心理健康与思政教育的有机结合。通过心理健康咨询中心的平台，组织心理健康讲座和主题活动，将心理健康知识与思政知识相结合，引导学生更深入地思考与感悟人生，培养积极向上的人生态度。例如，可以通过情感管理培训、心理压力释放活动等方式，引导学生理解自己的情感体验，提高情商，进一步巩固和应用思政知识。

建立心理健康咨询中心，旨在为学生提供更全面的支持，使其在心理健康的基础上更好地理解和应用思政知识，从而更全面地促进学生的思想品德和个性素养的提升。这样的心理健康与思政教育相结合的模式有助于学生更好地应对生活中的各种挑战，形成积极向上的人生态度。

（七）信息技术应用平台

信息技术应用平台在构建线上线下相结合的德育活动课程体系中发挥着重要的作用。通过平台的建设，为学生提供了更加灵活、便捷的学习途径。平台的在线功能使得学生可以随时随地访问德育课程，根据个体差异和学习需求进行学习，实现了学习的个性化和自主性。这种灵活性有助于激发学生的学习兴趣，提高他们参与德育活动的积极性。信息技术应用平台为教师提供了更多的教学资源和工具，从而丰富了德育活动的设计和实施。平台上的资源包括多媒体教材、互动教学工具、在线测评等，为教师提供了更加丰富和多样的教学手段。这种丰富性有助于教师更灵活地组织和设计德育课程，满足不同层次学生的学习需求，提高教学的针对性和效果。

通过以上经验总结，小学沉浸式、开放性思政课堂成功地将"爱祖国、爱人民、爱劳动、爱科学、爱社会主义"等核心价值观融入全方位的教育活动中，旨在培养学生的政治素养、道德素养和个性品质，为其全面发展奠定了坚实基础。

第五章　衔接家校合育与社会实践的思政课堂建设

学生的发展不仅仰赖教师的引导，也需要来自家庭的温暖与关怀。德国教育家福禄贝尔说过："一个国家的命运，与其说操在当权者手中，不如说掌握在父母手中。"思政课堂建设应紧密衔接家校合育与社会实践，通过理念与实践结合，促进学生成长，培养其全面素养。

第一节　家校合育的理念与实践

一、家校合育概念

（一）家庭教育

王兆先等指出，家庭教育包括广义和狭义，广义为双向学习过程，父母与子女相互学；狭义为单向，家庭成员中年长一辈对年轻一辈的非正规教育。彭立荣认为，为子女适应社会发展进行的教育即家庭教育。邓佐君认为，主体是家长与子女，发生在家庭内部，目的是培养适应社会需求的下一代。

本书认为，家庭教育是在家庭中进行的，通常是年长一辈（主要是父母）对年轻一辈（通常是儿童）的培养。与学校教育相比，家庭教育具有随意性、长期性、针对性和终身性等特点。

（二）学校教育

叶澜提出，学校教育由专职人员和专门机构负责，是以直接影响受教育者身心发展为目标的社会活动。

（三）家校合育

合育指多方合作实现教育目的的相关活动。"家校合育"概念较为广泛，随社会发展不断演变，尚未形成固定定义。

马忠虎认为，家校合育是学校与家庭相互交流和支持的活动，强调平等地位，有助于平衡二者在教育中的地位，促进家校互动。周丹指出，家校合育不仅是关系概念，还应形成有效模式，促进家校合作。邱金海认为，家校合育是学校指导家庭教育，强调合作，促进学生全面发展。

基于前述观点，本书将家校合育定义为双方协同合作，通过双向、经常的沟通与交流，致力于培养学生的习惯与能力养成、道德培养、知识获取以及生活自理等方面，旨在共同合作培养孩子，以达到最佳的育人效果。

二、家校合育实践的目标

家校合育实践的重要性在于它为学生的全面发展提供了有力支持。家庭与学校之间的紧密合作，可以实现以下方面的重要目标：

（一）全面素养培养

全面素养培养是家校合育的核心目标之一，其意义深远而广泛。在学科知识方面，家庭通过与学校的密切配合，能够确保学生在各个学科领域都能够得到充分的教育。学校提供系统的课程体系，而家庭则作为学习的延伸，通过课外辅导、家庭作业等方式，促使学生在学科知识上形成系统的认知结构。这不仅有助于学生在学术上取得更好的成绩，还激发了他们的学科兴趣和学习动力。除了学科知识，思想品德的培养也是全面素养的重要组成部分。在家庭中，父母是孩子最早的启蒙者，通过言传身教，父母可以在家庭教育中注入正确的价值观念和道德规范。而学校则通过德育课程、社会实践等形式对学生进行思想品德的培养。家校合育通过双方协同努力，能够确保学生在家庭和学校两个重要的社会环境中都能够受到正确的道德引导，形成良好的品德素养。社会技能的培养是全面素养的又一方面。在家庭中，孩子通过与家人的互动学会了基本的沟通、协作、分享等社交技能。学校通过课外活动、团队项目等形式，进一步培养学生的领导力、团队协作能力等社会技能。家校合育将家庭和学校的社交教育融为一体，通过共同努力，培养学生在社交方面的全面素养，使其更好地适应社会的发展和要求。

情感、社交等的全面提升，意味着学生在各个方面都能够获得均衡发展。在学科知识方面，他们不仅具备扎实的学科基础，还能够运用知识解决实际问题。在思想品德方面，他们具备正确的价值观念，具有积极向上的人生态度。在社会技能方面，他们具备良好的沟通、团队协作等社会交往能力。这种全面素养的培养不仅使学生在学业上更具竞争力，更重要的是为他们未来的职业生涯和社会生活奠定了坚实的基础。通过家校合育，学校和家庭能够共同致力于培养学生的全面素养，为他们的终身发展奠定坚实的基础。

（二）个性化发展

个性化发展是家校合育中的一项关键目标，旨在更全面、更深入地了解每个学生的特质，以便为其提供更贴合个体需求的教育支持。在这个过程中，学校和家庭通过紧密合作，共同努力促使学生在个性方面得到更好的发展。

家校合育通过建立良好的信息共享机制，使得学校能够获取更多关于学生的家庭背景、兴趣爱好和特殊需求的信息。这些信息不仅有助于学校更好地了解每个学生的个性特点，也使得教师能够更有针对性地制订教学计划。同时，学校与家长定期沟通可以及时发现学生在学业、情感或行为方面的问题，从而采取及时的干预措施，促进学生的个性发展。家庭是学生个性发展的重要场所，家长通过密切关注孩子的日常表现，能够更深入地了解他们的兴趣和潜力。家长在与孩子的互动中，能够观察到孩子在学习、社交、兴趣爱好等方面的特长和倾向。这些信息有助于制定更符合孩子个性的培养方案，鼓励他们更好地发掘和发挥自己的优势。通过家校合育的个性化发展，学校可以更灵活地调整教学策略，满足学生多样化的学习需求。例如，对于在某一学科表现出特殊兴趣的学生，可以提供更深入的拓展材料或个别指导，以激发他们的学科热情。对于在社交方面较为内向的学生，可以通过提供更多的社交机会和情感支持，帮助他们更好地融入集体。在此过程中，学校和家庭密切协作，形成一支有力的个性发展支持团队。个性化发展旨在培养学生的独立性和创造性思维。通过了解每个学生的独特需求，学校和家庭可以携手为他们提供更加个性化的培养环境，引导他们根据自身兴趣和潜力选择适合的发展方向。这种个性化发展不仅有助于学生更好地适应社会需求，更能够使他们在未来的职业和生活中发挥出独特的价值，为社会的发展做出积极贡献。通过家校合育的个性化发展，学生将更有可能实现自己的理想和目标，对社会产生更多积极的影响。

（三）价值观塑造

价值观塑造是家校合育的一项关键任务，旨在通过家庭和学校的共同努力，塑造学生的价值观念，以确保他们在日常生活中具有积极向上的生活态度和价值取向。

家校合育通过建立共同的价值观念基础，强调家庭和学校在价值观方面的一致性。家庭作为学生成长的第一社会环境，其对于学生价值观的影响至关重要。学校则通过德育课程、特色活动等方式向学生灌输正确的价值观念。通过家庭与学校之间的密切合作，确保学生接受一致的、积极向上的价值观念，形成对社会、人生的正确认知。价值观塑造强调通过积极的家庭教育和学校德育，培养学生积极向上的生活态度。家长在孩子成长过程中扮演着重要角色，他们通过言传身教、引导和激励，帮助孩子形成乐观、积极的生活态度。学校则通过开展各类德育活动、讲座等方式，引导学生形成正确的世界观、人生观。通过家庭和学校的双重力量，学生更容易培养出对生活积极向上的态度，面对困难和挑战更能保持乐观心态。另外，家校合育在价值观塑造中注重对学生价值取向的引导。通过参与社会实践、志愿活动等方式，学生得以亲身体验社会责任感、关爱他人的价值。同时，家庭与学校的协同，使学生在不同场合都能够接触到积极向上的榜样，更好地塑造他们的社会责任感和公民意识。通过家校共同参与价值观塑造，学生将更容易形成积极的人生追求和社会责任感。在这个过程中，学校和家庭的共同努力可以使学生更好地适应社会，成为有担当、有道德、有价值观念的社会成员。通过共同参与塑造学生的价值观，家校合育实现了在学生成长道路上的有机衔接，为他们的未来提供了强大的精神支持。价值观塑造不仅是教育的一部分，更是对社会建设和文明传承的积极贡献，通过培养积极向上的价值观，家校合育为社会的可持续发展奠定了坚实的基础。

（四）问题与挑战的共同应对

问题与挑战的共同应对是家校合育的一项关键任务，其意义在于通过家长和教师的合作，及时发现并解决学生在学业、行为、心理等方面的问题，以促进他们更好地克服困难，面对挑战。

家校合育通过建立开放、透明的沟通机制，使得家长和教师能够更加密切地关注学生的问题。通过定期的家长会议、家校互联网平台等方式，学校向家长通报学生在学校的表现和问题，而家长则通过反馈学生在家庭中的状况，使得学校了解学生的全貌。这种双向的信息交流有助于在问题出现时能够及时介入，共同制定解决方案。家庭和学校共同努力制订有针对性的解决方案。当学生遇到学业上的问题时，学校可以提供额外的学科辅导或专业指导；而家庭则可以在日常生活中给予更多的支持和鼓励。对于学生的行为和心理问题，学校与家庭可以共同寻找专业心理辅导或咨询服务，制订个性化的帮助计划。通过共同努力，学生更容易找到应对问题的方法，形成积极面对挑战的态度。共同应对问题和挑战需要建立积极的学校文化和家庭氛围。学校可以通过开展主题班会、心理健康教育等活动，提升学生的问题解决能力和心理素质。在家庭中，家长可以与孩子建立开放的沟通渠道，鼓励他们分享问题和困扰，形成家庭支持系统。通过营造积极的文化氛围，学校和家庭能够共同引导学生正面应对问题，培养他们解决问题的能力。问题与挑战的共同应对使得家庭和学校形成了一个有机的支持网络，为学生提供了更多的资源和支持。学校和家庭共同应对问题的过程，不仅仅是在解决具体问题，更是在培养学生的自我管理和解决问题的能力。这种协同合作的机制使得学生在成长的过程中能够更好地适应多变的社会环境，具备更强大的生存和发展能力。通过问题与挑战的共同应对，家校合育的优势得以最大化发挥，为学生的全面成长提供了更为有力的保障。

（五）社会适应力培养

社会适应力培养是家校合育的重要目标之一，旨在帮助学生更好地适应复杂多变的社会环境，理解社会规则，并培养他们解决实际问题的能力。

家校合育通过提供多样性的社会经验，帮助学生建立对社会的初步认知。学校通过组织社会实践、参与社区服务等方式，使学生亲身体验社会的多样性，了解社会的组成结构和各类人群。在家庭中，父母通过引导和启发，使学生在家庭中参与日常决策、协助家务等，培养他们对家庭和社会的责任感。这种多样性的社会经验帮助学生形成对社会的适应性认知，为他们在未来更广泛的社会环境中生存打下基础。社会适应力培养注重培养学生的人际交往和沟通能力。学校通过开展团队项目、合作活动等，使学生在集体中学会协作、沟通、解决冲突等社交技能。家庭则通过家庭聚会、亲属交往等方式，培养学生的人际关系和交往能力。在家庭和学校的共同努力下，学生更容易建立健康、积极的人际关系，培养社交技能，为面对未来更复杂的社会环境做好准备。社会适应力培养强调培养学生对社会规则的理解和遵循。学校通过教育课程、法治教育等方式，引导学生了解社会法规和道德规范，培养他们的法治观念。在家庭中，父母则通过言传身教、家规制定等方式，使学生了解家庭和社会的规则。通过共同参与社会规则的学习和遵守，学生逐渐形成对社会秩序的尊重和遵循的习惯，提高他们在社会中的适应力。另外，社会适应力培养的目标是使学生具备解决实际问题的能力。学校通过设立实践性的课程、提供实习机会等方式，使学生学以致用，培养他们解决实际问题的能力。在家庭中，父母则通过培养学生的独立思考、解决问题的能力，引导他们在日常生活中面对困难时能够主动寻找解决方案。通过学校和家庭的共同努力，学生逐渐形成解决问题的能力，为将来在社会中更好地应对各种挑战奠定基础。

通过社会适应力的培养，学生在面对社会的复杂性和不确定性时能够更加从容自如。家校合育通过提供多元化的社会经验，培养人际关系、规则意识和解决问题的能力，为学生打造了一个全方位的成长平台，使他们更好地适应未来社会的发展趋势和挑战。

三、当前家校合育实践现状

江西师范大学教育学院教授吴重涵指出：家校合作是一个有着巨大前景的教育改革领域，从一定意义上讲，谁抢占了这个制高点，谁就获得了基础教育改革和发展的先机。当前，随着互联网科技的迅速发展，它已经成为社会生产和生活中不可或缺的组成部分，推动着社会各个方面的改革和创新。在这个背景下，教育信息化已经成为教育发展的必然趋势。这就意味着，教育教学手段需要随着信息技术的运用而进行创新和变革。同样，家校共育手段也面临着与时俱进的挑战。尽管国家和社会高度重视家校合作共育，这一理念也已被许多学校和家长接受并实施，但随着教育信息化的发展，也出现了一系列新的问题需要我们认真面对和解决。以下对当前家校合育实践中存在的问题进行总结概述。

（一）传统家校合作共育缺乏实效，共育成效不理想

目前，多数学校采用的家校合作模式主要体现在家长会上，而家长会的内容较为单一，主要集中在学生成绩的介绍上。其他一些合作模式，如学校开放日、亲子活动、家访、家长委员会、家长教师协会、家长学校等，表面上看似丰富多彩，但实际上却缺乏实效性。例如，在学校开放日时，虽然学校投入了大量人力和物力组织活动，但往往只为完成任务，深层次的交流很难得到重视；家访虽是一项长期进行的工作，但对于任务繁重的教师而言，难以坚持。教师的时间和精力有限，无法满足每个家长和学生的个性化家访需求。而家长委员会则需要相对优秀且积极主动的家长参与，一些文化程度较低或被动的家长可能会被排斥在委员会之外。至于家长学校，虽然能够传授一些教育知识和方法，但在有限的课堂内很难为不同家庭提供个性化的指导。

当前多数学校的家校合作共育模式存在较大的问题，导致共育成效不如人意。这些模式往往缺乏深度和实效性，局限于形式化的交流，未能真正解决教育中存在的问题。因此，我们需要创新家校合作共育的模式，注重提高合作的实效性，使之更加符合学生和家庭的实际需求，实现更有意义的教育互动。

（二）传统家校互动模式单一，互动沟通不及时

传统的家校互动模式存在单一性，互动沟通缺乏及时性。目前，学校引导家长参与教育活动主要通过定期的家长会来实现。这种方式每学期安排一次，由班主任主讲，向家长报告学校的发展工作和规划，并通报学生的学习

表现。家长根据学校的安排，每学期有一次进校参观活动，以集体活动观摩为主。教师与家长的沟通多集中在谈论学生的缺点和不足上，而在学生没有犯错误时，班主任很少主动联系家长，更不用说家长主动来校找老师了。这种传统的家校共育模式下，互动往往是在问题发生后才进行的。如有同学因为父母闹离婚，情绪不稳定，学习成绩下降，性格孤僻，时而发生暴力事件。教师在学生出现问题后才联系家长，这时问题已经发展到一定程度，互动显然是不及时的。如果在问题发生之前，教师能够与家长沟通，说明学生的学习状态似乎不理想，提前了解到家庭状况的不稳定性，或许能够避免学生出现情绪问题，家长也能够在早期得知学生的困扰，采取积极的措施进行干预。然而，传统的家校共育模式未能及时发现和解决潜在问题，导致学生的困境进一步恶化。因此，传统家校互动模式存在明显的问题，不仅沟通方式单一，而且互动发生在问题已经显现的阶段。这种模式的缺失导致了教育资源的浪费和学生问题的扩大。为了更好地支持学生全面发展，我们需要创新家校互动模式，建立及时沟通机制，使教育工作者和家长能够在问题出现前就进行有效的合作，共同关注学生的成长。

（三）传统家校互动内容片面，缺乏对于孩子全面发展的关注

传统的家校互动内容过于片面，主要集中在学业成绩上，缺乏对孩子全面发展的关注。尽管家校合作共育被认为是一种双向互动的过程，实际上在实践中，学校与家长的沟通往往以单向灌输为主，缺乏真正的互动交流。这导致了一些问题，使得家长会变成成绩通报的场合，家长委员会成为家长代表报告的平台，而网络平台仅仅被用来发送作业。在这种传统的家校共育模式下，关注的焦点主要是学生的学业成绩，学校与家长的互动内容也主要围绕这一方面展开。然而，当前社会强调素质教育，提倡学生的身心健康发展。传统的家校共育模式下，过度关注学生成绩的唯成绩论育人模式，使得学校和家长忽视了学生可能存在的心理问题。这种忽视导致学生在成长过程中可能出现各种心理障碍，对其全面健康发展带来不利影响。举例而言，某学生因受到同学嘲讽而情绪低落，学习成绩下滑，但学校和家长的互动仅仅集中在成绩方面，对于学生心理健康问题却缺乏关注。因此，对于学生全面

发展的关注在传统家校合作中显得不足。

在新时期,我们需要更加关注学生的全面发展,弥补传统家校共育模式的缺失。除了关心学业成绩外,学校与家长应共同关注学生的学习生活、身心健康等方面的问题。只有通过全方位的关怀,才能更早地发现学生可能存在的问题,及时采取有效的措施进行帮助和引导。改进家校互动内容,使其更加综合、全面,将有助于促进学生更好地成长。这样的改变将使家校合作共育更加符合新时代对于教育的需求,为学生提供更全面的成长环境。

第二节 家庭教育与思政课堂的衔接

一、家庭教育在思政课堂中的作用

家庭教育与思政课堂的衔接有助于形成一体化的育人模式,使学生在家庭和学校两个层面上得到一致的引导和支持。这有助于学生在成长过程中更全面地发展,培养出具备健康心理、积极向上品质的社会主义建设者和接班人。家庭教育在思政课堂中的作用主要体现在如下几方面:

(一)塑造一致的价值观

在孩子成长的早期,家庭扮演着无可替代的角色,成为孩子最早接触社会的场所。家庭教育在这一过程中起到了决定性的作用,不仅在孩子的情感、认知、行为养成方面产生深远影响,同时也是孩子价值观最初的塑造者。在家庭中,孩子通过观察父母、亲属以及家庭成员之间的相互关系,逐渐形成对于生活、人际关系和社会的认知和态度。这些早期形成的价值观对于孩子未来的发展具有基础性的影响。然而,为了确保孩子的核心价值观能够得到持续强化和延伸,家庭教育需要与学校的思想政治课程有机衔接。这种衔接不仅有助于将家庭中培养的核心价值观转化为更具普遍性的社会价值观,也为学生的人生观、世界观和价值观的形成提供了全面而系统的引导。通过家庭与学校间的紧密衔接,学生能够在家庭和学校两个层面上接受一致的引导,形成内外一致的核心价值观体系。这种价值观一致性的形成对于学生的成长至关重要。在家庭中培养的价值观是孩子最初对于社会的理解和认知，而通过与思想政治课程的衔接，这些价值观可以得到进一步丰富和深化。思政课程提供了更广阔的社会背景和更深层次的社会认知，帮助学生将家庭中获得的价值观在更复杂、更广泛的社会环境中应用和巩固。这种一致性的价值观体系有助于形成学生积极向上、社会责任感强烈的品德，为他们未来的成长和社会参与奠定了坚实的基础。通过这种全方位的价值观引导，孩子将更有可能成为具备综合素养、积极向上的社会主义建设者。

（二）促进良好品德的形成

在塑造学生良好品德方面，家庭教育扮演着至关重要的角色。家庭是孩子品德养成的最初阵地，家庭中父母的榜样行为、家庭价值观的传承，对于孩子的品德塑造具有深远的影响。在这个过程中，父母的言传身教成为孩子最早接触的道德模范，家庭的道德准则和规范则成为孩子形成初步道德认知的基石。然而，要确保这种家庭培养的良好品德能够得到进一步加强，需要与学校的思想政治课程有机衔接。思政课堂不仅提供了更广泛的社会道德规范和伦理观念，还通过具体的案例、历史教训等方式，帮助学生更深入地理解道德的内涵和实践。通过家庭与思政课程的衔接，学生能够将家庭中培养的道德准则与更为普遍的社会伦理观念相结合，形成更全面、更丰富的品德体系。这种衔接有助于学生更好地理解道德规范在不同社会环境下的适用性，提高他们对于社会道德的敏感性和理解力。思政课程通过引导学生分析社会问题、伦理困境，培养学生的判断力和决策力，从而更好地引导学生形成积极向上、社会责任感强烈的品德。通过与家庭教育的衔接，学生能够将这些学到的道德观念融入自己的行为中，使之更具实际指导意义。

（三）提高学生情感修养

家庭是学生形成最初的情感体验的温床，而情感修养对于学生的综合发展和思想政治课程中的社会责任感培养具有至关重要的作用。家庭教育在塑造学生情感修养方面发挥着决定性的作用，而通过与学校思政课程的有机衔接，能够更全面、系统地促进学生情感修养的提升。在家庭中，孩子建立了最初的亲密关系和情感连接。父母的关怀、爱护和对孩子的情感指导，对于孩子形成健康、积极的情感体验至关重要。然而，这种情感修养需要在学校中得到延续和强化。通过思政课程的有机衔接，学校能够更深入地了解学生的家庭背景和情感状态，有针对性地进行情感教育。这种衔接有助于识别学生可能存在的情感问题，如家庭关系紧张、亲子沟通不畅等，从而为学生提供更精准的心理辅导和情感支持。思政课程的内容涵盖了丰富的人生哲理、道德伦理观念，通过这些理论知识的传递，学校能够引导学生对自己的情感进行更深层次的思考和认知。思政课程注重情感教育的深入挖掘，通过情感体验、情感表达等形式，培养学生的情感智慧和情感管理能力。这有助于学生更好地认识自己的情感需求，理解他人的情感体验，从而提高他们的社交能力和情感修养。

（四）形成积极的学习态度

家庭教育在培养学生学习态度和习惯方面发挥着至关重要的作用，而通过与学校思政课堂的紧密衔接，可以在学校中进一步强化学习的重要性，激发学生更具责任心和主动性的学习态度，最终促使他们形成积极的学习心态，提高学业成就。

在家庭中，学生初次接触到学习的概念，父母的教导和榜样作用对于学生形成初步学习态度和习惯至关重要。良好的学习态度往往伴随着学生一生，对于其未来的发展产生深远的影响。然而，这种学习态度需要在学校中得到巩固和强化。思政课程通过传递理论知识、社会经验等方式，能够帮助学生更深入地认识到学习对于个人发展和社会进步的重要性。通过与家庭教育的衔接，学校能够更全面地了解学生在家庭中形成的学习态度和习惯，有针对性地进行引导和培养。学校可以通过思政课堂强调学科知识的实际应用、社会背景等方式，激发学生对于学科知识的兴趣和学习的主动性。思政课程还可以通过案例分析、人物事迹等教学手段，引导学生认识到学习的过程中所培养的责任心和自主性对于个人成长的重要性。通过与家庭教育的衔接，学校可以了解到学生在家庭中可能存在的学习困扰或压力，提供相应的支持和引导，从而使学生更加积极主动地迎接学习的挑战。

（五）家校合作的支持

建立有效的家校合作机制对于实现家庭教育和思政课堂的有机衔接至关

重要。通过密切的家校合作，学校能够更全面地了解学生在家庭中的成长环境和教育背景，为思政课堂提供更有针对性的教育引导，从而实现家庭教育与学校教育的有效衔接。

家校合作的支持体现在信息共享和沟通的方面。学校可以建立起有效的信息平台，通过与家长的及时沟通，了解学生在家庭中的成长环境、家庭教育的特点以及可能存在的问题和需求。这样的信息共享有助于学校更全面地了解学生的背景，制订更有针对性的思政课堂教育计划，使教育更加贴近学生的实际情况。另外家庭教育和思政课堂的衔接需要建立起互信的关系。学校与家庭之间需要建立起相互信任和尊重的合作基础，使得双方在教育过程中能够更加合作默契。通过家校联谊、家长会、家访等形式，学校可以增进与家庭之间的互动，促进双方建立更为密切的合作关系。这有助于家长更加主动地参与学校活动，为学校提供更多的支持和参与，形成家校共育的良好氛围。此外，学校还可以通过建立家庭教育辅导团队或专业机构，提供有针对性的家庭教育培训和支持。这样的团队可以为家长提供一些教育指导，帮助他们更好地理解和引导孩子的成长，促使家庭教育更好地与学校教育相衔接。同时，学校还可以定期举办家庭教育沙龙、座谈会等形式，促进家长之间的交流，共同分享家庭教育的心得和体会。

二、家庭教育与思政课堂的衔接策略

家庭教育与思政课堂的有效衔接是促进学生全面发展、培养良好品德的关键。要想促进家庭教育与思政课堂的衔接，可以从如下几方面实施：

（一）共同价值观的强调

强调共同的价值观是家庭教育和思政课堂衔接的关键之一。通过确保在家庭教育中形成的核心价值观在学校思政课堂中得到强调和延伸，家庭和学校能够共同促使学生形成一致的人生观和社会观，从而更好地引导学生在全面发展的过程中树立正确的价值观念。

明确共同的核心价值观对于塑造学生的人生观和社会观至关重要。在家庭中，孩子初次接触到社会的价值观念，父母的言传身教往往会在孩子心中形成初步的价值取向。然而，在学校思政课堂中，通过系统性的教育和思想引导，学生可以更深入地理解社会的多样性和复杂性，形成更为成熟和全面的人生观。为了使这两者相互衔接，家庭和学校需要强调共同的价值观，确保学生在家庭和学校教育中所接受的核心价值观是一致的，形成一个统一的价值导向。通过强调共同的价值观，可以加深学生对于社会责任的认知和理解。在家庭中，父母往往会强调家庭责任和社会责任的重要性，而在学校思政课堂中，通过相关的教学内容和案例分析，学生能够更系统地认识到个体与社会之间的关系。强调共同的价值观有助于在学生心中形成对社会责任的一致理解，使他们更好地理解并践行社会责任，为社会贡献力量。在实际操作中，学校可以与家庭共同制定学生的核心价值观，通过家校互动和交流，确保家庭和学校在培养学生的核心价值观方面保持一致。思政课堂可以通过案例分析、讨论和反思等形式，引导学生对于核心价值观进行深入思考，从而形成更为明确和坚定的个人价值观。通过家庭和学校的共同努力，学生能够更好地理解并践行积极向上的核心价值观，为其未来的发展奠定坚实的道德基础。

（二）建立沟通与合作机制

建立学校与家庭之间的沟通与合作机制是促进学生全面发展的关键措施。通过定期的家长会、家庭访谈等活动，学校和家庭能够建立起有效的信息传递平台，保证学生在家庭和学校两个环境中得到一致的引导，从而实现更好的教育成果。

建立沟通与合作机制可以促进学校与家庭之间的信息传递，确保双方对学生的成长状况有清晰的了解。定期的家长会是学校与家庭互动的有力工具，通过这一平台，家长能够了解学校的教学计划、教育理念以及学生在学校中的表现。同时，学校也能够借助这一机会了解家庭对于教育的期望、对学校工作的反馈，形成双向的信息传递。通过及时沟通，双方可以协同解决学生在学习和生活中遇到的问题，形成一体化的教育支持体系。建立沟通与合作机制有助于加深学校与家庭之间的信任关系，形成紧密的合作共同体。家庭访谈等形式的交流活动可以使教师更深入地了解学生的家庭背景、个性特点以及在家庭环境中面临的挑战。这种深入的了解有助于学校更有针对性地制定教育方案，满足每个学生的个性化需求。同时，家长也能够更直观地了解学校的教学理念和管理机制，增强对学校工作的信任感。在这种互信的基础上，学校和家庭可以共同努力，为学生提供更好的教育环境和支持，促进其全面发展。在实际操作中，学校可以通过建立家校合作委员会或者家长志愿者团队等机制，邀请家长积极参与学校的各类活动和决策过程，使家庭的声音更多地被纳入学校管理中。同时，建立定期的家长工作坊，提供有关教育、心理健康等方面的培训，帮助家长更好地理解学生的成长需求，提升家长的育儿水平。通过这些措施，学校和家庭能够建立起紧密的沟通与合作机制，为学生提供更全面的教育服务。

（三）家访与学情了解

通过定期的家访，学校能够深入了解学生在家庭中的成长环境、家庭教育的特点以及家长的期望，从而更全面地了解每个学生，为思政课堂的教育引导提供有针对性的支持。这种形式的沟通与互动，不仅有助于建立学校与家庭之间的信任关系，还能促进学生全面发展。

家访为学校提供了了解学生家庭环境的独特途径。通过亲临学生家中，教师可以亲身感受学生的成长环境，了解家庭的文化背景、生活习惯、家庭成员关系等方面的信息。这样的亲身体验使教师能够更细致入微地了解学生在家庭中所处的具体情境，为后续的教育工作提供更为全面的依据。同时，也有助于家长更好地理解学校的教育理念和管理制度，促进双方更深层次的合作。通过家访，学校可以更充分地了解家庭教育的特点和家长的期望。教师可以与家长深入交流，了解他们对于子女成长的期望、教育方式的偏好以及在家庭教育中的困惑和需求。这种双向的沟通有助于学校更好地制定与家庭教育相衔接的思政课程，使教育目标更符合家庭的期望。同时，也有助于学校提供有针对性的家长培训和教育支持，帮助家长更好地履行家庭教育的角色。在实际操作中，学校可以通过设立专门的家访团队，由专业的教师或辅导员负责实施家访工作。在每个学年或学期初，学校可以组织家长签署家访同意书，明确家访的目的、内容和程序，保障家庭隐私权和信息安全。通过与家庭建立起良好的沟通渠道，学校与家庭之间能够形成紧密的联系，为学生的全面发展提供更有力的支持。

（四）家庭教育指导手册

学校制定家庭教育指导手册是一项积极的举措，旨在为家长提供有关思政教育的建议和方法，以更好地引导他们参与学生的成长过程。这样的手册可以涵盖一系列基本原则和对学生品德培养的实用建议，从而形成家庭与学校间的紧密合作，促进学生的全面发展。

家庭教育指导手册可以明确一些基本原则，帮助家长在日常生活中更好地实施家庭教育。这包括强调家庭氛围的重要性，鼓励积极的沟通和亲子互动，以及培养健康的家庭价值观。通过明确这些基本原则，手册能够帮助家长建立起良好的教育理念，指导他们在家庭中创造良好的教育环境。家庭教育指导手册可以提供实用的方法和策略，帮助家长更好地参与学生的思政教育。这包括如何引导学生树立正确的人生观、价值观，以及如何培养学生的社会责任感和公民意识。手册可以提供一些日常生活中的案例分析和亲身经历，帮助家长更好地理解孩子的成长需求，从而在实际操作中更有针对性地进行家庭教育。为了确保手册的实用性和可操作性，学校可以邀请专业的心理教育、家庭教育领域的专家参与制定，结合学生的特点和家长的需求，量身定制具体的建议和指导。同时，手册的内容可以涵盖不同年龄阶段的学生，以适应不同家庭的实际情况。这样的家庭教育指导手册不仅可以帮助家长更好地参与学生的思政教育，还有助于建立起学校与家庭之间的紧密联系，共同关心学生的全面成长。

（五）学生成长档案的共享

学生成长档案的共享是一项促进学校与家庭合作的重要举措，通过整合学生在学校的学习成绩、品德评价等信息，实现学校和家庭之间的信息互通。这种共享模式旨在为家庭提供更全面、实时的学生信息，以便更有针对性地进行家庭教育，促进学生的全面成长。

学生成长档案的共享可以让家庭更全面地了解学生在学校中的学习状况。学生的学科成绩、学业表现、参与课外活动等方面的信息都可以被记录在档案中，家长可以通过查看这些信息来了解孩子的学业进展和兴趣发展。

这样的透明度使家长能够更准确地把握孩子的学业状况，及时发现问题并进行有针对性的教育引导。学生成长档案的共享还有助于建立学校和家庭之间的紧密联系。通过共同维护学生的档案，学校和家庭可以形成协同合作的机制，共同关心学生的成长。学校可以在档案中记录学生在校内的优点、进步和潜在问题，提供专业的意见和建议，而家庭则可以根据这些信息进行更有针对性的家庭教育。这种共享模式强调了教育主体之间的互动和合作，有助于形成一支更强大的育人合力。在实施学生成长档案的共享时，需要注重信息的隐私保护和合法合规。确保家庭只能访问与自己孩子相关的信息，同时学校要建立完善的信息管理制度，确保学生信息的安全性和可控性。透明而安全的信息共享机制将有助于建立学校与家庭之间的信任，进一步促进合作。

（六）思政课堂主题的反馈

学校通过定期的家庭反馈问卷或家长代表会议，邀请家长就思政课堂的主题和内容提供反馈，是一项有效的机制，有助于实现思政课堂的优化和贴近学生成长需求。

通过家庭反馈问卷，学校可以全面了解家长对思政课堂主题和内容的看法。问卷可以涵盖诸如教学方法、课程设置、教材选择等方面的内容，家长可以在问卷中提出自己的观点和建议。这样的定期反馈能够汇聚家长的多元意见，为学校提供更全面、客观的教学评价，从而为思政课堂的改进提供指导。另外家长代表会议是一个直接而有效的沟通渠道。通过邀请家长代表参与讨论，学校可以深入了解家长的关切点和期望，从而更具针对性地调整思政课堂的主题和内容。在这样的会议中，教师可以听取家长的意见，解释教学设计的背后理念，并共同探讨如何更好地培养学生的思想品德。这种互动式的沟通有助于建立学校与家庭之间更紧密的合作关系，促进共同育人。对于家庭反馈的内容，学校应该以开放的心态接受，不仅关注积极的评价，更要认真对待批评和建议。通过家庭的参与和反馈，学校能够更及时地调整和优化思政课堂的内容，确保其贴近学生的实际成长需求。这种与家庭的密切合作有助于增强学校对学生的全面关爱，使思政课堂更具针对性和实效性。

（七）基于"互联网+"打造家校共育实践新模式

"互联网+"为家校共育提供了全新的实践模式，通过创新科技手段，促进学校与家庭更紧密、高效地合作，实现了信息的快捷传递和个性化教育的可能性。

借助互联网技术，学校可以搭建在线家校平台，实现信息共享与互动。这种平台可以包括学生学业进展、行为表现、课程安排等全方位信息，让家长能够实时关注学生在学校的动态。同时，通过在线交流、家庭作业上传下载等功能，实现师生家长之间的实时沟通，解决了传统家校沟通不及时的问题，使教育活动更具实效性。互联网技术还可以为学校提供精准的家庭教育资源，帮助家长更好地履行教育监护责任，实现家校之间信息的共享和互动。互联网+家校共育模式为个性化教育提供了更广阔的空间。通过智能化的数据分析和推荐系统，学校可以根据学生的个性差异、学科特长、兴趣爱好等因素，定制个性化的学习计划和教育方案。同时，家长可以通过在线资源获得关于亲子教育、学科辅导等方面的专业建议，有针对性地培养孩子的兴趣和潜能。这种个性化教育模式更符合学生的发展规律，使学校与家庭共同致力于孩子的全面成长。

第三节　社会实践与学生思政素养的培养

一、社会实践

（一）社会实践

在马克思主义哲学中，对于"实践"的诠释体现为"人们有目的地认识和改造客观世界的物质性活动"。马克思主义实践观将实践理解为人的具有目的性的客观活动，将现实中的个体置于实践的主体地位，认为实践是人类生存和发展的根本活动。在教育领域中，尤其对于教育对象而言，将教育理论与社会经验相结合的最好方式之一便是社会实践活动。因此，在进行教学时，教育者应着眼于培养学生的社会实践能力。

综合以上观点，本文研究的社会实践活动的概念是指，在学校为达成一定教育目标的过程中，遵循学生身心发展规律，结合学生学情，引导学生融入社会实践。在特定的场所或环境中，学生通过参与真实情景的创设，不断探索，通过亲身体验获取认知和经验，培养他们分析和解决问题的能力。这种教学活动形式旨在使学生更好地理解和应用所学理论，使理论与实际相结合，促使其在实践中不断发展。

（二）思想政治课社会实践活动

思想政治课社会实践活动是指教师为达到学科核心素养目标，根据思政课的具体教学内容和任务，有针对性、有计划地引导学生从课堂延伸至社会，参与社会实践教育的一种教学活动。社会实践活动包括多种形式，其中最常见的形式包括志愿服务、参观访问和职业体验等。这些活动的目的在于帮助学生更好地理解思政课所涵盖的知识和理念，并通过实践中的亲身体验培养学生的实际应用能力。

与传统的课堂思维活动相比，社会实践活动为思政课教学提供了更为广阔的教学空间、更加丰富的教学资源和更真实的情境体验。学生通过参与与学科知识紧密结合的各种社会实践活动，能够更深入地理解和感悟学科核心知识，拓展学科知识外延，从而更好地为提升思想政治课学科核心素养服务。社会实践的开展使学生能够在真实的社会环境中应用理论知识，培养批判性思维和问题解决能力，从而更全面地发展学科核心素养。这种教学方式不仅加深了学生对课程内容的理解，还提升了他们在现实生活中应对问题的能力，为学生的综合素质培养提供了更为全面的支持。

思想政治课的社会实践活动范围相当广泛，各种形式的特点和适用范围也各异。根据活动的目标差异，选择的社会实践类型和开展方式各不相同。当前，常见的社会实践活动主要包括职业体验、走进人大、比较研究中外资银行、企业调查等。

二、社会实践在学生思政素养培养中的作用

社会实践在学生思政素养培养中起着重要的作用，通过实践活动，学生不仅能够将学到的理论知识运用于实际，还能够培养一系列的思政素养。通过社会实践的方式，学生能够更全面、深刻地理解和实践党的基本路线，形

成积极向上的人生观和社会观。

（一）社会责任感

社会责任感是个体对社会问题认知、关心并愿意为社会福祉作出积极贡献的一种内在情感和行为倾向。通过参与社会实践，学生能够深刻感受到社会的需要和问题，从而培养起对社会的责任感，激发参与社会发展的积极意识。

社会实践提供了学生近距离接触社会现实的机会，使他们能够亲身感受社会的多元性和复杂性。例如，通过志愿服务活动，学生可能接触到社会中的弱势群体，了解到社会存在的不公平现象。这种直观的体验能够激发学生对社会问题的关切，并逐渐培养他们对社会的责任感。社会实践有助于培养学生的团队协作与沟通能力，这对于建立社会责任感至关重要。在参与团队项目时，学生需要与他人合作，共同解决问题。通过与不同背景的人合作，学生能够更全面地认识社会的多样性，增强对集体和社区的责任感。这种合作经验为他们在未来的职业生涯中更好地参与社会提供了基础。此外，社会实践也促使学生将课堂学到的理论知识与实际问题相结合。在职业体验、实地调研等活动中，学生需要运用自己所学的知识解决实际问题，从而加深对专业领域的理解。这种实际应用的过程不仅提高了学生的专业素养，也使他们更深刻地认识到自己在社会中的责任。社会实践也为学生提供了培养创新精神和解决问题能力的平台。社会实践往往需要学生运用跨学科的知识，主动寻找解决方案。在这个过程中，学生逐渐培养了解决社会问题的能力，形成了对社会贡献的责任感。这种创新性的思维方式也将对他们未来的职业和社会参与产生深远的影响。

（二）团队协作能力

团队协作能力是指个体在团队中与他人合作、共同完成任务的能力。在社会实践中，学生通常需要投入到团队合作的环境中，这种经历对于培养学生的团队协作能力至关重要。以下是团队协作能力在社会实践中的详细概述：

社会实践提供了一个真实的团队合作场景，学生在这样的环境中能够学到如何与他人有效沟通和协作。例如，在参与志愿服务团队时，学生需要与团队成员协商任务分工、共同制订工作计划。这种合作过程中，学生学到了如何表达自己的意见，尊重他人的意见，形成一致的团队目标，并通过协作实现这些目标。这不仅促使他们培养团队协作的技能，还提高了他们的沟通效能。社会实践强调共同目标和共同价值，这对于培养团队协作能力起到了积极的作用。学生参与社会实践时，通常是为了达成一定的社会目标或解决某些社会问题而组成团队。在这个过程中，学生需要共同制定目标、明确任务、激发团队成员的积极性，通过共同的努力实现社会价值。这种对共同目标的追求使得学生更加明确团队协作的意义，进而形成积极的团队协作态度。此外，社会实践中的团队合作往往需要学生具备问题解决和创新能力。在面对社会问题时，学生需要共同思考解决方案、创新工作方法。这种合作过程中，学生逐渐培养了分析问题、提出解决方案的能力。团队成员的不同背景和专业知识也为问题的全面解决提供了多角度的思考。这种创新性思维将对学生未来的职业生涯产生积极影响。最后，社会实践中的团队协作有助于培养学生的领导力和团队管理能力。在一个团队中，学生可能轮流担任领导角色，负责团队协调、组织工作等任务。通过这样的经历，学生能够锻炼领导力、团队管理和决策能力。这对于他们未来的职业发展和社会参与具有重要的意义。

（三）实际问题解决能力

实际问题解决能力是指学生在面对复杂、具体的实际问题时，能够运用所学知识和技能，通过系统思考和创新性思维，找到切实可行的解决方案的能力。社会实践提供了一个理想的场景，让学生在实际问题中锻炼和提高这一重要的综合素养。

社会实践常常面临现实社会中的各种问题，这些问题可能涉及环境、社会关系、经济等多个方面。例如，参与社区服务项目的学生可能需要解决社区居民的生活问题、环境保护等方面的实际难题。通过这样的实践，学生能够深入了解问题的背景和复杂性，培养分析问题、归纳总结问题的能力，同时需要结合所学知识提出可行的解决方案。另外实际问题解决能力的培养需要学生具备跨学科的能力，能够综合运用多个学科领域的知识。社会实践中的问题通常不是孤立存在的，而是涉及多个方面的综合问题。例如，解决一个社会问题可能需要考虑到社会学、经济学、心理学等多个学科的知识。在实际问题解决的过程中，学生需要能够将跨学科的知识进行整合，形成全面的解决方案，这有助于他们形成更为系统和综合的认知结构。此外，实际问题解决能力的培养也需要学生具备创新和实践操作的能力。在社会实践中，学生往往需要面对新的情境和挑战，需要创造性地思考和提出解决方案。例如，在社会创业项目中，学生可能需要创新性地设计项目模型、解决融资问题等。这种创新思维和实践操作水平的提升，不仅为学生个人的发展提供了机会，也对社会的进步和问题的解决产生了积极的影响。最后，社会实践中实际问题解决能力的培养也涉及实际操作和实地实践的能力。学生需要将理论知识应用到实际中，通过实地调研、实际操作等方式，不断提高实践操作的技能。

（四）跨文化沟通能力

跨文化沟通能力是指个体在与来自不同文化背景的人交往时，能够有效理解、尊重、适应对方的文化差异，以及以开放、包容、灵活的态度进行有效沟通的能力。通过参与不同社会背景下的实践活动，学生得以深刻体验和锻炼跨文化沟通的能力，这不仅拓宽了他们的国际视野，也培养了在全球化背景下的综合素养。

跨文化实践提供了学生与不同文化背景人群互动的机会，促进了对多元文化的感知和理解。学生在实际项目中可能需要与来自不同国家或地区的人合作，共同解决问题。这样的合作过程让学生亲身体验了不同文化之间的差异，从而更好地理解和尊重他人的文化观念、价值观念、行为方式等。这种经历有助于学生逐渐建立起开放包容的心态，培养跨文化交往的敏感性和灵活性。另外跨文化实践提高了学生的语言交际能力。在不同文化环境下，语言往往是信息传递和交流的关键。学生需要适应并运用不同语境下的语言表达方式，克服语言障碍，确保信息的准确传达。通过与来自不同文化背景的人进行互动，学生逐渐提升了在多语言环境中有效沟通的能力，拓展了自己的语言交际技能。此外，跨文化实践培养了学生的文化敏感性和解决文化冲突的能力。在多元文化背景下，文化差异可能引发一些冲突和误解。学生通过实际参与并处理这些情境，逐渐学会以尊重和包容的态度对待文化差异，具备解决文化冲突的能力。这种能力在未来面对多元文化工作和社会环境时，将成为其适应力和竞争力的重要组成部分。跨文化实践也为学生提供了在国际化背景下发展的机遇。通过参与国际性的社会实践项目，学生接触到更广泛的文化背景，积累国际视野和全球化思维。这对于他们未来在国际舞台上担任重要职务、解决全球性问题具有重要的启发和影响。

（五）自我认知与自我管理

在社会实践中，学生面对各种挑战和压力时，往往需要深刻认识自己的优势、劣势、兴趣和价值观。这种自我认知的过程是对个体性格、能力和动机等方面的全面了解，有助于学生明确自身定位和未来发展方向。

社会实践为学生提供了一个真实的社会环境，使其在不同情境下面对各种挑战。这些挑战可能来自团队协作、时间管理、与他人沟通等多个方面，促使学生反思自己的应对方式和反应模式。通过这一过程，学生可以深入了解自己在协作中的角色偏好、在压力下的应对方式等方面的特点，从而形成更为准确的自我认知。另外社会实践培养学生的自我管理能力。在面对各种任务和责任时，学生需要有效地组织时间、规划任务、协调团队，这要求他们具备较高的自我管理水平。通过实践，学生学会设定目标、制订计划、制定优先级，不断提升自己的执行力和抗压能力。同时，他们在实践中会经历成功和失败，通过对这些经历的反思，提高自己的自我调节和情绪管理水平。这样的自我管理能力将对他们未来的职业生涯和人生规划产生积极的影响。在社会实践中，学生还需要适应不同的团队环境，与各种性格和背景的人合作。这促使他们了解自己在团队中的角色定位、善于发现团队成员的长处，以及学会妥善处理冲突等。通过与他人互动，学生逐渐建立了解自己与他人之间相互依存关系的认识，培养了良好的人际关系和团队协作能力。

（六）价值观的升华

社会实践作为一种融入真实社会环境的学习方式，对学生的价值观产生深远的影响，促使其在实践中对人生、社会等方面进行更为深刻的思考。这种思考过程有助于学生价值观的升华，使其形成更加成熟的世界观。

社会实践提供了一个直接观察和参与社会生活的机会，使学生能够亲身感受到社会的复杂性、多样性以及人们在实际生活中面临的各种问题。通过这一过程，学生对人生的认知逐步深化，开始反思个体与社会的关系、个体责任以及人际关系等方面的问题。这样的反思过程是对个体价值观的挑战与升华，推动学生不断审视自己的信仰、道德准则和生活方式，形成更为深刻和成熟的人生观。社会实践还培养了学生对社会问题的敏感性，使其更加关注社会公平、正义、环保等议题。通过参与社会实践项目，学生会亲身见证社会中存在的一些不公平现象，感受到社会的需求和问题。这种感受激发了学生对社会责任和社会价值的思考，引导他们在实践中逐渐升华对公共利益的关注，形成更为健全和高尚的价值观。同时，社会实践也为学生提供了与不同文化、价值观背景的人进行交流的机会。在这个过程中，学生会对多元文化产生更深刻的理解，接触到不同的生活方式、观念和信仰。这有助于拓展学生的价值观，使其能够更加包容、开放地看待世界，形成更为宽广和综合的世界观。

三、社会实践与学生思政素养的培养策略

培养小学学生思政素养需要关注其认知水平、道德情感、社会责任感等多个方面。社会实践是一种极好的途径，以下是通过社会实践培养小学学生思政素养的一些举措。

（一）社区服务活动

社会实践在小学生思政素养培养中具有重要作用。通过组织学生参与社区服务活动，如清理环境、植树造林、走访老人等，可以培养小学生的责任感、关爱精神，促进他们形成积极向上的价值观。这些活动提供了学生参与社区建设的机会，使他们能够亲身感受到社会的需要，从而培养起对社区的责任感。通过实际行动，小学生能够意识到他们作为社区一员的重要性，激发他们为社区发展出一份力的积极意识。另外社区服务活动有助于促进学生的人际交往和团队协作能力。在活动中，小学生需要与同学、老师以及社区

居民进行合作，共同完成任务。这培养了他们倾听、合作、分享和分工合作的团队协作能力，从而促进了整体团队的发展。同时，社区服务活动还能够帮助小学生培养实际问题解决能力。在活动中，他们会面临各种实际问题，如如何清理垃圾、如何与社区居民进行有效沟通等。通过解决这些问题，小学生逐渐培养了实际问题解决的能力，提高了实践操作水平。这不仅有助于学生更好地理解社区的实际情况，也使他们在未来面对各种实际问题时更具有应对能力。最后，社区服务活动通过促使小学生与不同背景、不同年龄段的人交往，有助于培养跨文化沟通能力。在走访老人等活动中，学生接触到了社区居民的不同生活经验和文化背景，增加了对多元文明的理解。这有助于小学生在日后更好地融入社会、理解和尊重不同文化。

（二）社会观察与记录

社会观察与记录是通过引导学生对身边社会现象进行深入观察和记录，以培养其对社会的敏感性和思辨力的一种社会实践活动。这一策略在小学生思政素养培养中发挥着重要的作用。通过让学生选择一个主题，如身边的小商贩或邻里友情，鼓励他们通过调查和记录的方式深入了解相关社会现象。这不仅激发了小学生对社会的兴趣，也培养了他们主动观察、思考和记录的能力。学生通过亲身参与社会调查，能够更加深刻地理解社会的多样性，培养对社会问题的敏感性。社会观察与记录的策略有助于培养小学生的批判性思维。在实践过程中，学生需要分析观察到的现象，提出问题，进行思考，形成对社会现象的批判性观点。这种批判性思维的培养有助于小学生在认知水平上有更深层次的理解，不仅注重表面现象，更关心背后的原因和意义。通过这一过程，学生逐渐培养了对社会问题进行独立思考和判断的能力，为他们今后的思政素养奠定了基础。

（三）小型团队协作

小型团队协作是通过定期组织小组活动，旨在培养小学生的团队协作能力的一种社会实践策略。通过组织小型社团和团队建设活动，学生能够在相对小范围内展开合作学习，实现资源的共享和分工合作。这样的小组活动促进学生之间相互理解，激发团队协作的积极性。学生在小组中共同面对问题、解决难题，不仅锻炼了他们的协作意识和团队合作技能，还促使他们学会分享经验、倾听他人意见，培养了良好的团队沟通与协作能力。小型团队协作有助于培养学生的领导与合作精神。在小组中，学生可能轮流担任领导角色，引导团队前进，也可能在合作中共同发挥各自的优势。这样的体验有助于学生认识到在团队中每个成员都发挥着独特的作用，激发了他们发扬集体主义、团结互助的精神。通过这一过程，学生逐渐形成了积极的团队合作态度，为其未来的社会参与和发展奠定了基础。

（四）阅读社会故事

阅读社会题材故事书籍是通过培养小学生社会实践来促进其思政素养的一项策略。选择适龄的社会题材故事书籍可以激发学生对社会问题的思考。这些故事中的人物和情节往往涉及正义、友爱、助人为乐等道德观念，通过生动的故事情节，学生能够更加直观地感受到社会中的各种情感和价值取向。通过对故事中人物的情感体验和决策过程的分析，学生可以积极思考并形成对社会伦理的初步认识。社会题材故事书籍可以拓宽学生的社会视野。通过阅读这些书籍，学生能够了解不同背景下的人物、不同社会环境下的生活，进而增加对多元社会的认知。这有助于培养学生的社会责任感、公民意识和关爱他人的情操。通过理解故事中人物的社会参与和情感体验，学生更容易将这些抽象的社会概念与自身的实际生活联系起来，形成对社会更加深刻的理解。在实施这一策略时，教育者可以精心挑选适合学生年龄和认知水平的社会题材故事书籍，引导学生进行有针对性的阅读和讨论。通过阅读社会故事，学生在情感、认知和道德层面上都得到了锻炼，为其社会实践和思政素养的培养提供了有力支持。

（五）角色扮演

角色扮演是一项通过社会实践培养小学生思政素养的有效策略。通过设计各种社会情境，例如购物场景或校园卫生巡查等，学生可以在模拟的情境中扮演不同的角色，从而理解和体验社会生活。这种角色扮演的方式使学生更加直观地感受社会中的各种场景和交往方式，有助于提高他们对社会的认知水平。通过角色扮演，学生可以培养实际操作和解决问题的能力。在模拟的情境中，学生需要主动承担起相应的责任和任务，与其他同学协作完成特定任务。例如，在购物场景中，学生可以分担购物清单上的任务，学会协作和分工合作。这有助于培养学生的团队协作意识和实际操作能力，增强其在社会实践中解决问题的能力。在实施这一策略时，教育者可以根据学生的年龄和认知水平设计不同难度的社会情境，引导学生通过角色扮演来探索、互动和反思。通过这种亲身参与的方式，学生将社会实践与课堂知识结合起来，形成对社会的更为深刻理解和感悟。通过角色扮演这一策略，学生在积极参与中获得实际操作的经验，有助于他们形成积极向上的人生观和价值观，为思政素养的培养提供了有力的支持。

（六）社会问题讨论

社会问题讨论是一项有针对性的社会实践策略，通过引导小学生定期参与社会问题讨论，旨在培养其思政素养。社会问题讨论能够激发学生对社会现象的关注和思考。通过选取与学生日常生活密切相关的社会问题，如环保、贫困、友谊等，教育者可以引导学生深入探讨问题的成因和影响，从而引发他们对社会的关切之情。社会问题讨论还能够促使学生形成独立思考和批判性思维的能力。在讨论中，教育者可以通过提问、引导，激发学生就问题提出自己的见解和看法。这有助于培养学生辩证思考的能力，使他们逐渐具备从多角度看待问题、分析问题的能力。通过社会问题讨论，学生还可以学会尊重他人不同的意见，并学会倾听和接纳不同观点。这有助于培养学生的团队协作意识和社交技能，使他们能够更好地在社会实践中与他人合作。此外社会问题讨论能够引导学生提出解决问题的建议，培养他们的社会责任感和问题解决能力。通过思考如何解决社会问题，他们可以逐渐培养解决实际问题的主动性和创造性思维。通过社会问题讨论这一策略，小学生在参与讨论的过程中得到实际经验，不仅提升了他们的思政素养，也为他们将理论知识与实际生活相结合提供了契机。

（七）家庭作业拓展

在家庭作业中融入社会实践元素是一项富有创新的策略，旨在通过日常的学业活动培养小学生的思政素养。通过安排家庭作业涉及社会实践，可以拓展学生的社会认知。例如，让学生采访家长的职业，了解他们在工作中所从事的工作内容，有助于学生更好地认知社会结构和不同职业的存在。这样的家庭作业设计能够使学生更深入地了解社会多元性，促使他们形成对社会更全面、客观的认知。社会实践元素的融入有助于家庭亲子互动。通过让学生了解家庭的历史故事，可以促进学生与家长之间的交流和沟通。这种亲子互动不仅有助于增进亲子关系，还可以在日常生活中引导学生在家庭中体验社会实践的点滴，培养他们的责任感和家国情怀。通过家庭作业的社会实践设计，不仅能够将学科知识与实际生活相结合，也为学生提供了更为丰富和有趣的学习体验。这种融入社会实践元素的策略可以在小学阶段培养学生的社会思政素养，使他们在日常学习中逐渐形成积极的社会价值观和责任心。

（八）社会实践展示

举办学生社会实践成果展示活动是促进小学生思政素养培养的一项关键策略。这种展示活动为学生提供了展示个人成就和经验的平台，增加了他们的成就感。通过分享在社会实践中的收获和心得，学生能够感受到自己的成长和进步，这对于培养他们的自信心和积极性具有重要意义。社会实践成果展示活动能够激励学生更积极地参与社会实践。知道自己的努力和付出会被认可和展示，学生将更有动力去投身于社会实践活动中。这种激励机制有助于形成学生的社会责任感和参与意识，推动他们在实践中积累更多的经验和体验。通过这样的展示活动，学校和社会可以更全面地了解学生在社会实践中的表现，同时也为其他学生提供了学习和借鉴的机会。学生们在展示中互相学习，共同进步，形成更加积极向上的社会氛围。

第四节　成功的家校合作案例分享

一、成功的家校合作中应坚持的原则

成功的家校合作是学生全面发展的关键因素。通过建立有效的沟通、制定明确的目标、个性化的关怀、鼓励家长参与以及持续的反馈机制，学校和家庭可以形成紧密的合作关系，共同培养出更加健康、积极、全面发展的学生。

（一）有效的沟通是成功合作的基石

有效的沟通是学校和家庭成功合作的基石。在建立合作关系的过程中，开放、透明、双向的沟通渠道至关重要。定期的家长会成为学校与家长面对面交流的平台，通过这个渠道，学校能够向家长介绍学校的教育理念、教学计划以及学生成绩等方面的信息，同时也可以了解家长对学校的期望和对孩子的关注点。这样的面对面交流，有助于学校和家庭保持紧密的联系，共同关注学生的成长。除了传统的家长会，现代化的在线平台也是促进学校和家庭之间沟通的有力工具。通过电子邮件、学校网站或专门的教育平台，学校能够随时向家长发送学校的通知、孩子的学科成绩等信息。这种实时、便捷的沟通方式能够使信息更迅速地传递，帮助学校和家庭保持及时的互动。有效的沟通有助于建立互信关系，使学校和家庭能够共同为学生的发展制订更为合理的教育计划。

（二）共同制定明确的目标和期望是成功家校合作的关键

共同制定明确的目标和期望是家校合作的关键。学校和家庭需要共同明确学生的教育目标。这不仅包括学术方面的目标，还应涵盖品德、兴趣爱好等多个方面。通过共同明确这些目标，学校和家庭能够形成对学生全面发展的共同期许，明白彼此在教育过程中的责任和角色。这种共识是合作的基础，有助于双方形成一致的引导方向。共同制定明确的期望可以建立起双方的信任关系。学校和家庭都有对学生的期望，而这些期望在合作中需要得到理解和支持。通过明确期望，双方能够更好地协调行动，互相配合，形成紧密的合作关系。这有助于减少在教育过程中的误解和摩擦，提高合作的效果。总体而言，共同制定明确的目标和期望是家校合作成功的基础，能够促使学生在学校和家庭两个环境中得到更好的引导和培养。

（三）注重个性化关怀

注重个性化关怀是家校合作的重要方面。学校应深入了解每个学生的独特特点、优势和需求。通过个别辅导和差异化教学等方式，学校能够更好地满足每个学生的个性化需求，帮助他们在学业和成长中更好地发展。这需要学校建立系统的学生档案，包括学术表现、兴趣爱好、潜在问题等方面的信息，以便制订个性化的教育方案。同时，学校还需要积极与家长沟通，获取更多家庭中的信息，形成全面的了解，有针对性地为学生提供关怀和支持。家庭也要了解学校的教育理念和方法，积极配合学校的工作。了解学校的教育理念有助于家长更好地与学校协同工作，形成一致的教育引导。在学校提出的个性化需求方面，家庭要配合学校的工作，提供更多的信息和支持。这需要建立起教师和家长之间的互信互助关系，形成强大的合作力量，共同推动学生的全面发展。总体而言，注重个性化关怀是促进家校合作的有效途径，能够使学生在个性化需求得到满足的同时，实现更好的学业和成长。

（四）鼓励家长参与学生的学习和生活、

鼓励家长积极参与学生的学习和生活，激发他们的教育责任感是成功家校合作的关键要点。学校可以组织一系列亲子活动和家庭作业辅导等活动，以促进学校和家庭之间的更紧密互动。通过这些活动，学校可以向家长传递更多关于学生学习和发展的信息，同时也提供了一个让家长更深入了解学校教育理念和方法的平台。这种双向的交流有助于建立更加融洽的合作氛围。另外家长在学生的学业和兴趣方面发挥着关键作用。他们需要适度地给予学生学业上的指导和支持，关心学生的学习进展，并在可能的情况下参与到学校组织的教育活动中。这不仅有助于学生更好地完成学业任务，还能够强化学校和家庭之间的紧密联系。通过共同呵护学生成长的氛围，学校和家庭可以形成一支强大的合作团队，为学生提供更全面的教育支持。鼓励家长参与并激发其教育责任感，是加强家校合作、促进学生全面成长的重要手段。

（五）建立持续的反馈机制是成功家校合作的保障

建立持续的反馈机制是确保成功家校合作的重要保障。学校应向家长提供学生的综合评价、学科成绩等反馈信息。通过定期的家长会、成绩通报和其他渠道，学校可以向家长详细介绍学生在学业、品德等方面的表现。这有助于家长更全面地了解孩子的学习状况，发现潜在问题并及时介入。同时，学校还可以提供有关学生个性、兴趣特长等方面的信息，帮助家长更好地了解孩子的个体差异，为其提供更有针对性的支持。另外建立双向的反馈机制也需要家长积极参与。家长应当向学校反馈学生在家庭环境中的变化和需求，分享孩子在学校之外的成就和困扰。这种信息的交流不仅有助于学校更好地了解学生的全貌，还能够使学校在制定教育方案时更加贴近学生的实际情况。通过双向的反馈机制，学校和家庭可以形成更加紧密的合作关系，共同关心学生的全面成长。建立持续的反馈机制，有助于在学校和家庭之间建立起高效的信息传递通道，为学生提供更全面的关爱和支持。

二、成功的家校合作案例

随着家校合作这一模式在思政课堂建设中应用的增多，当前教学领域中涌现出很多家校合作成功的案例。如下以沂源县历山街道办事处振兴路小学开展的基于"互联网＋"形势下的家校共育实践为案例进行分析，总结该学校在家校合作中的成功经验。

沂源县历山街道办事处振兴路小学结合目前家校共育中存在的问题，对学校"互联网＋"背景下家校共育的实践育人模式进行了深入研究，不仅研究了家校共育内容，还建立了线上平台为主，线上线下相结合的家校共育资源体系，并对如何利用互联网平台实现家校共育的双向交互进行探究，探寻出了一条家校线上线下多点交织的网状共育模式，达到了共育信息量大，沟通速度快，实效性强的效果，实现了家校双方育人能力的提升和更高效的育人合作，产生了良好的育人效益，促进了学生综合素养的稳步提升。

沂源县历山街道办事处振兴路小学家校合作实施中主要开展了如下几点工作：

（一）构建线上平台为主，线上线下相结合的家校共育"2+6"资源体系

沂源县历山街道办事处振兴路小学主要构建了线上平台为主，线上线下相结合的家校共育"2+6"资源体系。这在家校共育"2+6"资源体系中，"2"是2个平台，即学校微信公众号和班级微信群2大家校共育平台。"6"即构建了6大家校共育资源体系。

1. 微信公众平台资源，及时播报学校动态

学校充分利用微信公众平台的资源，及时播报学校动态，为家长提供丰富多彩的信息。学校可以发布关于学校重大活动的信息，包括作息时间调

整、节假日通知、工作督察结果、荣誉成绩等。这有助于家长及时了解学校的运行情况，为学生的日常生活提供便利。微信公众平台还可以成为班级活动动态的传播平台，包括课堂现场、师生活动、班级之星、优秀作品等。通过这些信息的发布，家长可以更直观地感受到孩子在学校的学习和成长过程。同时，学校还可以通过微信平台发布各类实践活动的信息，包括传统节日、科技、文艺、体育、研学等实践活动，激发学生的兴趣和参与热情。此外，微信公众平台还可用于分享优秀家长的育子经验，让家长们从彼此的教育经验中获得启示。同时，通过展示身边的榜样，包括学生的正面典型故事、名家名篇推荐、师生美文等，可以引导学生形成积极向上的价值观。

2. 网上家长学校资源，为家长及时提供育子经验、典型案例、专家指导、答疑解惑等知识

（1）专家引领，通过平台开设以小学生心理健康教育和和谐亲子关系为指导内容的专家讲座，邀请了像武志红老师这样的专家进行引导。每两周举办一期，旨在提升教师和家长的共育素养。这种专家引领的讲座形式为教育者和家庭成员提供了一个深入了解心理健康和亲子关系的机会，促使他们更好地参与到共同培养学生的过程中。这样的安排既能够传递专业知识，也有助于建立更紧密的学校与家庭合作关系。

（2）问题释放，设立一个以探讨学生各种行为习惯表现及问题为主题的家长论坛，鼓励家长随时留言，分享对于学生行为习惯的疑虑和问题，释放家长的养育焦虑。这个平台旨在提供一个开放的交流空间，让家长们能够分享彼此的经验和观点，共同探讨解决学生行为问题的方法。这种方式不仅能够缓解家长的焦虑情绪，还能够促成更加积极的家校合作，共同关心学生的成长。

（3）正面引导，以学生正面典型实例——"身边的榜样"为内容的教育案例分析。从全校1400名学生中层层遴选出在学习、体育、文艺、卫生、孝亲、自立、爱心、自律、上进等方面表现优异的小标兵，将他们的成长故事和事迹精心编辑成生动而充实的栏目内容。这个栏目旨在为家长和孩子们树立身边可学习的榜样，无须远处仰望，成为他们心目中的学习坐标。每学

年一次的线上征集推报进一步强化了这个栏目的朴素而华彩的特质，为学校营造了积极向上的教育氛围。

（4）策略学习，学校致力于解决常见的包办溺爱、矛盾冲突等问题，引导家长和教师对孩子进行全面的教育。每周一次的更新内容涵盖健全人格、珍爱生命、自我管理、责任担当、健康生活等方面的家校教育常识。通过这一策略，学校充分发挥其在家庭教育中的引导和指导作用，为促进健康、全面的学生成长提供了有效的支持。

（5）实践运用，学校推出了"我的家风家训故事"为主要内容的策略指导，旨在分享家庭教育实践故事，进行经验交流。全体教师和家长参与了"优秀家风家训"及故事征集活动，评选出杰出的家风家训及故事，并通过网络平台进行共享和传阅。这一举措旨在通过家庭教育的实例启发和引导家长和教师，每学年一次线上征集并表彰，为广泛分享教育实践提供了有效途径。

（6）互动反馈，学校设立了以向学校和教师建言献策或评价为主要内容的"家长心语"栏目。除了随时在网上留言外，每学期还举办一次线上集中建言献策活动，以及每学年一次的学校和教师的网上评价活动。这些举措使学校和教师能够及时了解家长的意见和建议，接受家长的监督，以便及时改进育人策略。这一过程充分体现了"互联网+"线上资源的开放性、互动性和即时性。

3.微课程、微视频资源，为家长、教师提供更形象、更直观的家校共育资源

教师在学校录播教室进行课堂教学和共育经验方面的视频录制，并迅速发布到学校公众号的"经验分享"栏目。这些视频同步推送到各级微信工作群，使家长能够随时观看，及时了解教师的教学和孩子的学习状况。通过这一方式，家长能够获取针对孩子出现的问题进行有针对性家庭辅导的经验策略，从而有效提升了教育教学效果。这些微课短小精悍，每个微课专注于一个问题或困惑，由教师根据实际问题设计制作，针对性强，能够有效解决实际共育问题。微课视频的快慢可调节，可反复播放，以适应不同理解水平的

家长，有效促进了家长育人水平的提高，充分体现了"互联网+"线上资源的即时高效特点。

4. 家庭教育电子导报、指导手册资源

学校通过家庭教育电子导报和指导手册资源，随时传递家校共育的方式、方法和经验案例。电子导报分为"好老师""好家长""好学生"三个板块，设有优秀育人经验理论、校长寄语、家校共育格言等栏目，旨在通过正面引导和榜样示范提升家校共育能力。同时，学校编制并生成了学校、家长、教师合力育人的指导手册，包括1-5年级的《小学生文明礼仪读本》《群星灿烂—我身边的榜样》《优秀家风家训及故事》等。这些资源以线上线下两种方式同时推送，为家校共育提供了鲜活、便于操作、通俗易懂的共育指南和实用资源。

5. 家校共育工作微信群体资源，实现远程资源共享，抱团成长

学校采取逐级开发的方式，建立了德育处、班主任、家委会等37个家校共育班级微信群。通过组织管理干部、家委会成员、班主任、家长等各方参与，在微信工作群中涵盖了教育引领分享、家校信息发布、班级事务协同、班级家长互助互动等内容，实现了远程互动。这一举措打破了时空限制，通过微信平台为家长和教师提供了快捷便利的信息交流平台。在一对一交流中，保护每个个体的隐私和自尊心，有的放矢地激发每个个体追求成功和进步的自信心，满足了家长和教师个性化跨时空交流的需求。学校还成立了由信息技术教师主导的家校共育网络研究团队，确保学校公众号每天更新，微信工作群随时发布讯息。通过强化网络互通的过程管理，学校能够及时了解各班级家校互动的情况并进行点评，将其纳入班级、年级考核量化中，确保"互联网+"家校共育的实效性。

6. 家长资源体系，实现教育资源多元化

学校充分认识到家长来自社会的各行各业，是具有丰富性和可再生性的潜在教育资源。为了充分利用这些资源，学校依据共育目标，对具有专业特长的家长资源进行分析、整合、归类，并建立了系统的线上线下结合的家长资源档案库。这一档案库每年进行及时的更新与调整，将参与热情高、责任心强、水平较高的家长资源置于优先位置。通过家长资源档案库的建设，学校成功吸引了家长参与学校课程建设、学生社会实践等方面的活动。这不仅调动了家长参与教育工作的主动性，更加有力地达成了家校教育共识。这一做法丰富了学校资源储备，促进了学校、家庭、社会三位一体教育体系的创建。最终，这有效地促进了学生全面健康成长，使得学校和家庭更加密切地合作，为学生提供更全面的教育支持。

（二）利用互联网平台打造家校共育的交互模式

1. 建立家校共育网络研究团队，构建学校微信公众平台

学校在家校共育方面采取了创新性的举措，成立了家校共育网络研究团队，汇聚了学校内信息技术教师等专业力量。该团队负责构建并管理学校的微信公众平台，成为学校与家庭沟通的重要桥梁。

通过逐级开发，学校成功建立了德育处、班主任、家委会等3个校级，以及37个家校共育班级微信群。这一网络体系实现了全方位、无缝隙的家校双向交互，为育人提供了全新的体验和途径。这一创新措施不仅加强了学校与家庭之间的联系，也为家长更直观地了解学校活动、学生学业提供了便捷途径。整个系统的搭建为学校和家庭共同关心学生的全面发展创造了良好的沟通平台。

2. 构建了以学校微信公众号和微信群为家校联系平台的"2+4"交互育人模式，并充分发挥了其线上学习交流的作用

"2"即：学校公众号和班级微信群两个网上交流平台，"4"即：充分发挥两个平台信息交互、家校共育、合作交流、网上评价等四个功能的作用。学校通过微信公众平台的建设，实现了资源和信息的双向传递。学校将各类资源和信息上传至平台，使其对家长和学生可见，同时也通过平台了解家长的意见和需求。这种双向交流的机制有效促进了学校与家庭之间的紧密联系。家长在平台上不仅可以获得学校提供的资源，指导学生的教育，还可以随时在平台上提出自己的意见和建议。这种合作模式使得学校和家庭能够在新形势下更好地共同育人。在这个过程中，不仅班级内的家长可以相互学习和交流，不同班级之间也可以分享经验、丰富知识和育人策略，形成一个共

同成长的社区。此外，学校在微信公众号上设有家长评议栏目，为家长提供了评价学校工作和孩子在家表现的渠道。这种开放的反馈机制为学校不断改进提供了有力的支持，也使家长感到他们的声音被重视，增进了双方的信任和合作。这样的互动机制有效促使学校与家庭间形成更为紧密的共育关系。如图1所示为"互联网+"背景下家校共育交互模式构建图：

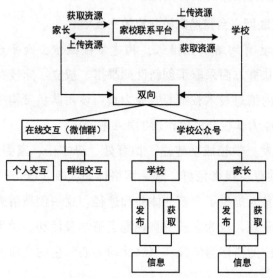

图1 "互联网+"背景下家校共育交互模式构建图

学校的微信公众号和微信群构成了学校与家长之间共用的联系平台，为双方提供了获取和发布信息的便捷途径。学校在微信公众号上设置了丰富多彩的育人栏目，包括专家讲座、家长论坛、教育案例分析、家庭教育常识、经验交流、家长心语等内容，通过定期上传或更新，为家长提供国内外知名专家的家教讲座，使他们能够随时了解到最新的家庭教育策略、学校的育人理念、过程和成果。家长可以通过在线阅读、观看视频等方式，即时收获专家讲座的知识和启示，以指导自己正确地教育孩子。同时，通过参与家长论坛、经验交流、家长心语等栏目，家长得以分享自己教育孩子的良好实践和经验。这种信息的双向交流和共享使学校与家庭之间形成了多点交互的网状模式。学校通过了解家长的心声和好的做法，不断优化育人策略，而家长也从学校和其他家长的经验中获得启发，形成了资源的共享和共创，有效促进了家校之间的更为紧密的合作。

学校充分利用微信群建立了班级内部老师和家长之间、家长与家长之间的互动平台。在各个班级的微信群里，学校及时展示学生在校的表现和各类荣誉，如班级的光荣事迹、学生在比赛中的获奖情况等。这种即时的信息传递让家长能够第一时间了解到孩子在学校的点滴，而且家长在群里也能够相互祝贺，分享孩子的成就，拉近了学校和家长的距离。通过微信，学校与家长实现了有效的双向互动。学校可以随时了解孩子在家中的情况，而家长也能及时了解孩子在学校的方方面面。学校利用微信主动与家长联系，关心家长的需求和关切，及时解答家长的问题。家长在微信群中也能够留言感谢老师、学校，使得学校得以了解家长的心声，建立起更为紧密的互动关系。微信群的使用为家校共育提供了方便的交流平台。学校借助微信随时发布教育理念、方法和技巧的文章，引导家长提升教育意识。同时，通过发送关于人身安全的新闻，学校也希望引起家长的重视。微信群不仅加强了家校之间的联系，也为同班学生家长之间的交流合作搭建了良好的平台。在微信时代，家校联系通过这种便捷的沟通方式，让家校共育更为有效、有价值、充满生机。

（三）构建互联网线上线下相结合的丰富的家校共育活动体系

学校巧妙地将线上与线下相结合，通过学校公众号发布家校共育活动通知或倡议书，然后在线下开展相应的活动。活动包括但不限于亲子活动、家庭日、育儿讲座等。随后，学校将活动的过程及效果通过图文和视频形式推报到线上，形成了一种富有创意的家校共育活动模式，构建了活动体系。这一活动模式的优势在于既能通过线上平台实现信息的快速传递，又能通过线下活动让家长和学校更加深入地互动。学校通过公众号发布通知，吸引了家长的关注，提高了家校共育活动的知名度。而通过线下活动，家长可以参与实际操作，深刻体验活动的乐趣，增进了学校与家长的沟通和理解。将活动过程及效果通过图文和视频推报到线上，则是为了让更多无法亲临现场的家长也能分享到活动的精彩瞬间。这种线上线下相结合的家校共育活动模式不仅拓宽了互动渠道，也为家校之间的合作提供了更多的可能性，构建了一个多维、多媒体的活动体系，促进了更紧密的家校共育关系。如表1所示为低年级家校共育活动月主题、共育目标及活动载体表。

表1 低年级家校共育活动月主题、共育目标及活动载体

月份	家校共育月主题	共育目标	共育活动及载体
九月份	家校共建及学生行为习惯养成教育	1.通过家校共建共育活动，指导家长密切配合学校要求学生养成按时起床、独立睡觉等良好的作息习惯，要求孩子做到早晚刷牙、自觉洗澡，饭前便后及时洗手，按时吃饭，不挑饭菜。 2.指导家长配合教师有意识地训练学生安静读书、学习，每天自己整理书包、文具，按时上学，养成正确的看书、写字、握笔姿势；课堂认真听讲，注意力集中。放学回家能把当天在校的学习生活汇报给家长，做到高高兴兴上学，快快乐乐回家。 3.指导家长配合学校向学生积极渗透遵守班规校纪的重要性，做到听师长的话，在校做一个好学生，在家做一个好孩子，在社会做一个好公民。 4.结合教师节等庆祝活动，指导家长配合学校教育孩子尊敬师长、团结同学，学习使用日常生活中常见的礼貌用语。	活动形式：线上通知，线下活动，线上推报 1.线上通知：学校召开低年级班主任会议，明确学校对低年级学生及家长的各项要求，体会到低年级班主任爱心教育的重要性。 2.线下活动：召开低年级学生家长会，指导家长了解低年级孩子的心理特点及要求，积极配合家长引导学生尽早适应学校生活。 3.线上通知并颁布：学校向班主任及家长发放《学生一日常规》《小学生日常行为规范》及《学校一日常规管理检查评价办法》等，引导家长及孩子了解学习班规、校纪内容并努力自觉遵守。 4.线下活动，线上推报：对新生一年级，教师利用一切时间对其进行上、下楼梯、文明如厕，有秩序站队、放学、入学的训练，进行爱护花草及公物，讲究卫生的教育，进行课间文明玩耍等的训练。 5.线下活动：开展家访月活动。

续　表

月份	家校共育月主题	共育目标	共育活动及载体
十月份	爱祖国爱家乡爱学校教育	1. 了解国旗、国徽的含义，尊重国旗，会唱国歌。 2. 了解少先队组织，会唱队歌，增强少先队员的自豪感。 3. 感受到生长在家庭的幸福，激发对家庭的亲切感。	活动形式：线下活动，线上推报 1. 开展"我的中国梦"庆国庆系列教育活动，引导学生为自己是中国人感到自豪。知道国名全称、首都、认识国旗、国徽和祖国版图，会唱国歌，升国旗行注目礼。 2. 召开主题班会，了解有关祖国的常识知识。 3. 结合影视教育观看有关爱国主义教育优秀影片。 4. 知道家乡是祖国的一部分，初步了解家乡的主要名胜古迹、著名人物及特产。 5. 开展建队日系列活动，知道红领巾是红旗的一角，体会到佩戴红领巾的光荣，知道自己是班级、学校、少先队组织的一员，要好好学习，天天向上。
十一月份	安全及生命教育	1. 加强安全意识教育，防患于未然。 2. 加强安全知识教育，让学生认识基本逃生标志、交通标志，了解自救方式，遇到危险不害怕不慌张，学会与陌生人说话，注意保护自己。 3. 加强生命 教育，热爱自己及他人生命。 4. 了解逃生基本常识。	活动形式：线下活动，线上推报 1. 召开主题班会，系统讲解安全自护、自救知识，认识基本逃生标志、交通标志，教育学生遵守交通规则，不轻信陌生人的话，不随便吃陌生人的东西，不随便跟陌生人走。 2. 观看安全教育警示片。 3. 印发致家长的一封信，家校联谊，共筑安全防火墙。 4. 开展安全逃生演练活动。 5. 召开主题讲座，让学生认识生命的由来，知道生命的美好和重要，要珍惜生命、尊重生命、热爱生命。

续 表

月份	家校共育月主题	共育目标	共育活动及载体
十二月份	法纪及理想教育	1. 知道自己是班级、学校一员，知道应该怎样遵守校规校纪。 2. 对生活、学习能够树立信心，以阳光心态主动参加班级、学校的各项活动。 3. 遵守课堂纪律、专心听讲、积极发言，按时完成作业，培养课外阅读的兴趣爱好。	活动形式：线下活动，线上推报 1. 班主任利用班会、晨会引导学生学习《小学生守则》《小学生日常行为规范》并结合班级实际，开展学"守则"守"规范"教育。 2. 开展"庆元旦"系列主题教育活动。如开展自己动手做贺卡活动，送给家长、老师和同学；开展送祝福活动，对自己的长辈、同学送上一句祝福；开展文艺汇演、绘画、拔河比赛等文体活动，为学生搭设施展兴趣的舞台。 3. 开展课堂学习、各种争星活动，培养学生爱学习、爱动脑和积极乐观的心态。 4. 开展老师、学生共同谈学习、谈生活、谈理想活动。
一月份	诚信教育	1. 培养学生守时、守信、有责任心、乐于助人的品质。 2. 培养学生知错就改、言行一致的良好品质。	活动形式：线下活动，线上推报 1. 通过晨会、班会、黑板报、广播站、品德课等形式了解诚信的意义。 2. 通过讲诚信故事、诵诚信美文、诚信儿歌等形式，教育学生养成诚实守信的优秀品质。 3. 家校联谊，开展诚实守信等争星活动，教育学生言行一致，不说谎话。

月份	家校共育月主题	共育目标	共育活动及载体
二月份	社会公德及厉行节约教育	1. 爱护公共设施、花草树木。 2. 外出玩耍不乱丢垃圾，不乱涂乱画，并能主动捡拾白色垃圾。 3. 反对浪费，厉行节约。 4. 从自我做起并能引导家人维护公共秩序，遵守社会公德。	活动形式：线上通知，线下活动，线上推报 1. 班主任召开班会对学生进行假期社会公德及安全教育。 2. 召开家长会，发放《致家长的一封信》，家校联谊对学生假期生活、学习提具体要求。 3. 布置假期"德育作业"，如开展争当"假期环保小卫士""做一天交警协管员"等活动。 4. 签订假期不乱花钱、不争吵要新衣玩物、勤俭节约反对浪费等责任书。 5. 开展学生成长档案袋展评交流活动。
三月份	行为习惯养成教育及团结互助教育	1. 培养学生自律意识，提高自身行为的辨别能力。 2. 了解雷锋其人其事，培养学生团结互助、助人为乐的品质。 3. 热爱班级、热爱校园，有集体荣誉感。	活动形式：线上通知，线下活动 1. 结合学期开学第一课再次强化"守则""规范"等学习。 2. 结合"洒扫应对"及"植树节"开展"学雷锋"活动，班级建好人好事记录本。 3. 结合"三八"妇女节，开展感恩母亲活动。教育引导学生努力做到自己的事情自己做，学会关心别人。 4. 开展学雷锋讲故事主题班会，结合本班实际教育学生做到同学之间互相帮助、互相谦让，不斤斤计较。 5. 开展家访月活动。

月份	家校共育 月主题	共育目标	共育活动及载体
四月份	革命传统及安全教育	1. 了解革命故事，知道一些革命英雄的故事。 2. 知道"清明节"是缅怀英雄烈士的纪念日。 3. 了解安全教育常识，掌握基本的自救自护知识。	活动形式：线上通知，线下活动，线上推报 1. 开展主题班会及清明节扫墓活动，让学生知道清明节是为纪念缅怀革命先烈的纪念日。 2. 观看爱国主义教育影视片，增强学生爱国热情及民族自豪感。 3. 开展讲英烈故事活动，让学生能讲2～3位革命小英雄的事迹。 4. 结合4月底世界安全生产及全国交通安全反思日，开展学生自护自救常识教育。 5. 开展系列自救演练活动。
五月份	劳动光荣及健康竞争教育	1. 教育学生初步懂得劳动光荣，尊重爱惜别人的劳动成果。 2. 学会做班值日，主动承担班级部分劳动任务及力所能及的家务。 3. 积极参加各种文体活动，在活动中开展健康良性竞争，培养学生兴趣爱好。	活动形式：线上通知，线下活动，线上推报 1. 召开"劳动最光荣"主题班会，通过教师讲解或观看视频等，让学生知道自己"吃、穿、住、行、用"的都是劳动人民创造的，创造这一切都非常辛苦，要懂得珍惜。 2. 结合5月的第二个星期日母亲节，开展感恩父母为自己所做的一切活动，珍惜父母的辛苦，懂得尊敬父母的道理。 3. 开展干家务劳动体验活动。 4. 开展班级、校级"百灵艺术节、科技活动节、读书节、阳光体育节"等活动，培养学生的兴趣特长。

续　表

月份	家校共育月主题	共育目标	共育活动及载体
六月份	放飞梦想及保护环境教育	1.懂得童年是人生中最宝贵的黄金时光，要珍惜童年。 2.知道有梦想就有未来，初步树立自己的理想。 3.学会保护人类赖以生存的环境。	活动形式：线下活动，线上推报 1.开展丰富多彩的"庆六一"系列主题活动，在活动中体现童年的快乐，体会生活的幸福。 2.开展学生综合素质评价，学生成长档案袋评选展示及"六一"表彰活动，让学生正确认识自己的优、缺点，懂得只有努力才能实现自己的梦想。 3.结合6月5日世界环境日及6月25日全国土地日，开展爱护环境保护环境教育。 4.制定假期学生自主合作学习的探究实践性作业。
七、八月份	自理、自主与自护教育	1.养成假期自理、自立能力，培养自主学习、自主作业的习惯。 2.培养学生初步的自护能力。	活动形式：线上通知，线下活动，线上推报 1.召开家长会或发放"致家长的一封信"家校联谊，培养学生假期独立生活，独立学习的能力，家长时刻引导培养学生安全自护能力。 2.鼓励学生通过写、画、摄影等形式记录假期生活。 3.结合党的生日及建军节，认识党旗，知道现任党和国家主要领导人的姓名。

（四）构建"互联网 +"评价，家校共育新的双向评价模式

1. 学校对家长的评价

学校每学年都举行一次以表彰家长参与家校共育为主题的评选活动，包括"育子有方经验奖""网络互动活跃奖""积极建言献策奖""优秀课程资源奖"等奖项。这一系列奖项的设立旨在在"六·一"儿童节时向优秀家长和家庭致以崇高的敬意。评选活动具有明确的评选条件，在各班级层层筛选，每个班级推选出一定数量的名额参加学校的评选。然后，学校进行统一

审查，按照设定的标准评选出一、二、三等奖。再通过庄重而隆重的表彰仪式，学校对获奖家长进行公开表彰，以鼓励和激发更多家长参与到家校共育的事业中来。这种评选活动的开展不仅能够为家长提供一展风采的平台，更重要的是通过典型事例的宣传，鼓舞更多家长积极参与到孩子教育的过程中。这样的活动促进了家校之间的互动与合作，彰显了家长在孩子教育中的积极作用，同时也为学校家庭教育共育工作注入了更多的正能量。

2. 家长对学校的评价

家长依托淄博市教育局统一组织的"'互联网+'教育满意度测评"方案，对学校和全体教师的育人工作进行线上评价。该测评方案得到了学校所有家长和教师的广泛参与，各年级家长参与率达到100%，全体教师均参与其中，为学校提供了全面的家长和教师满意度数据。测评总量涵盖了全校家长和教师，而学校、教师的总体评价结果表现出色，分别为96.16%和100%的优秀率。通过对测评数据的深入分析，形成了学校、班级、教师三个层面的详细分析报告。这包括了师德师风、学校安全、班级管理、教师评价、课业负担、后勤管理等六大维度的评估内容。通过这一综合测评体系，学校能够客观了解自身在各方面的表现，而家长也能从评价结果中获得对学校教育质量的真实了解。这样的评价机制为家校共育的实际成效提供了可信的数据支持，有助于学校和家长在共同育人的过程中进行有效的反思和改进。这一精准的评价系统有助于提高家校共育的水平，不断完善教育质量，实现学校和家长的共同目标。

3. 家长、学校对学生的评价

学校构建了融合线上线下的学生素质多元评价和个性化教育评价体系，建立了教师、学生、家长共同参与的多主体评价机制。该机制旨在引导家长和教师确立正确的育人观和评价观，强调对学生进步幅度的评价，注重过程性评价和纵向评价。学生素质多元评价涵盖了学生个性教育学习能力、道德素养、兴趣特长等三个方面。评价内容包括课堂学习、完成作业、拓展学习、行为规范、心理素质、交往与合作、兴趣与健康、实践与创新等八项表现。评价等级结果由学生自评、学生互评、教师评价、家长评价的综合评价得出。学生每周进行一次自评和互评，家长和教师每月进行一次综合评价，期中和期末各进行一次汇总评价。通过这一评价机制，家长和老师能够通过互动评价及时了解学生在学业、个性发展、健康状况等方面的情况。这有助于家长更全面地关注孩子的个性特长和发展需求，同时，学校的引导也使家长更积极地参与孩子成长过程，实现了共同育人目标。这一多主体评价机制旨在促进学生的全面成长，为其提供更贴近实际需求的个性化教育支持。

三、案例经验总结

结合上述案例，可以总结出如下几点经验。

（一）家校共育平台

学校建立的家校共育平台是一项以互联网为基础的创新举措，旨在加强学校、家庭和学生之间的紧密联系，形成一个全方位的教育生态系统。该平台以线上为主，为家长、教师和学生提供了一个便捷而丰富的互动空间，促进了家校之间的有效沟通与协作。平台的设计理念是通过整合各方面的教育资源，打破传统的教学边界，为学生提供更加多元化、综合性的学习体验。

家校共育平台涵盖了丰富多彩的栏目，包括专家讲座、家长论坛、教育案例分析、家庭教育常识、经验交流、家长心语等多个方面。这些栏目旨在满足家长、教师和学生在不同方面的需求，为他们提供全面而深入的教育信息。专家讲座为家长和教师提供了专业的教育知识和前沿的教育理念，帮助他们更好地了解教育趋势和优化教学方法。家长论坛和经验交流则为家长提供了一个分享育儿心得和解决问题的平台，促使家庭教育更富有智慧和创新。家校共育平台通过教育案例分析的方式，提供实际问题的解决方案和教育策略，帮助教师和家长更好地应对各种教育挑战。这种案例分析不仅能够丰富教学经验，还能够激发创新思维，提高教育水平。家庭教育常识板块则为家长提供了实用的育儿技巧和方法，使其能够更好地理解和引导孩子的成长。家长心语栏目则成了家长表达情感、交流心得的空间，增进了家校之间的情感联系。

（二）家校共育活动

学校通过互联网平台积极组织家校共育活动，将线上与线下相结合，构建起一体化的活动体系，旨在深化学校和家庭之间的互动，强化彼此之间的紧密联系。这一活动体系的核心特点是多样性，通过各类亲子活动、家庭作业辅导和学生展示等环节，为学校和家庭提供了更为丰富的互动机会。

　　亲子活动是家校共育体系的一大亮点。这些活动涵盖了各种形式，包括亲子游园、亲子手工、亲子读书等。通过这些活动，家长和孩子可以在轻松愉快的氛围中共同参与，增强亲子关系。亲子活动不仅为孩子提供了与家庭一同学习和成长的机会，也使家长更深入地了解孩子的兴趣和需求，促进了家庭教育的更为全面和有针对性的发展。家庭作业辅导成为家校共育活动中的一项重要内容。学校通过互联网平台组织线上辅导课程，为学生提供更加个性化的学科辅导。家长可以通过参与这些辅导课程，更好地理解孩子的学业状况，与教师密切配合，为孩子的学习提供更有力的支持。这种线上辅导的方式使得家校之间的教育资源得以共享，有效提高了学生的学业水平。另外学生展示环节是家校共育活动的另一亮点。学校通过线上展示平台或线下展览活动，为学生提供展示自己成果的机会。这不仅是对学生努力的认可，也是促使学生更加积极主动参与学习的激励。同时，学生展示也是一个家校互动的桥梁，让家长更直观地了解孩子在学校学到的知识和技能，加深对孩子学习过程的理解。

（三）"互联网+"评价模式

　　学校在家校共育方面迈出了创新的一步，引入了"互联网+"评价模式，通过互联网平台实现对学校、教师和学生的全面评价。这一双向评价模式的推行不仅丰富了评价手段，更强化了学校、家庭和学生之间的互动，促进了共同的育人目标的实现。

　　"互联网+"评价模式为家长提供了更为直接和便捷的评价途径。通过互联网平台，家长可以方便地对学校的育人工作进行评价，表达对教育质量、师资水平、课程设置等方面的意见和建议。这种直接的反馈机制有助于学校及时了解家长的期望和关切，为学校调整和优化育人策略提供了有力的参考。同时，这也激发了学校改进的动力，实现了学校与家庭在教育方向上更加紧密的合作。另外学校通过互联网平台不仅能够获取家长的评价，也可以了解学生和家庭对教师、课程和学习环境的反馈。学生的意见和体验是评价教育效果的重要因素之一。通过互联网平台，学校能够收集学生在学习过程中的感受、对教学方法的看法等信息，形成更为全面和立体的评价体系。这种信息的收集不仅有助于改进教学方法，还能够更好地满足学生的需求，提升他们的学习体验。

　　借助互联网＋评价模式，为家校共育提供了全新的评价框架，将评价的视角从单一的学校层面拓展到了家长和学生层面，形成了一个更为综合和多元的评价体系。通过这一模式，学校可以更加主动地了解家庭和学生的需求，及时作出调整和改进。同时，家长和学生也得以参与到教育管理的过程中，形成了更为民主和开放的教育管理模式。这种双向评价的机制不仅促进了学校和家庭之间的合作，也提高了教育质量，更好地服务了学生的全面发展。

第六章　教学方法与手段

第一节　互动性教学方法的应用

一、思政课堂建设中互动性教学方法

（一）互动性教学方法

互动性教学方法的核心概念在于让教学活动变得更加活跃和有趣。传统的教育活动通常以一言堂为主，教师单向传递知识，学生被动接受。这种教学方式存在局限性，缺乏互动性。而互动性教学通过打破传统教学方式，追求教师与学生之间的真正互动，通过教师的引导创造积极的学习氛围。

在互动教学中，互动至少涉及两个以上的参与者，可以是人或物。这种互动可以是言语上的交流，也可以是肢体动作上的互动，目的是通过相互影响改变对方的意识。具体到教学互动，教师不再坚持一言堂的模式，而是通过肢体语言和语言引导，与学生进行交流。这种相互作用和影响的教育方式有助于激发学生的学习兴趣，提高他们的学习效果。互动教学的形式主要包括教师与教师的互动、教师与学生的互动、学生与学生的互动。互动程度可以分为动态和静态互动。这种互动性教学方法的应用，使教育变得更加灵活、生动，提升了教学的实效性。通过不同形式的互动，教师能更好地引导学生，激发他们的思考和兴趣，使教学更加生动有趣。

（二）思政课互动教学方法

思政课的互动教学旨在提升学生分析和解决实际问题的能力，培养他们的思想政治觉悟，通过有机结合教学内容和方法，激发学生的积极性、主动性和创造性，使其成为学习的主体。这一教学理念促使师生间建立更为紧密的知识、情感和思想交流。

"互动"一词最初来源于社会哲学研究，强调社会中人与人之间的交互作用。在教育领域，互动教学的概念逐渐演变成两个主要方向的发展：一

方面是逐步拓展到课堂中的人境互动和师生自我互动,另一方面则专注于课堂中师生之间的互动关系。这种教学模式旨在发挥教师的主导作用和学生的主体作用,从传统的灌输式教育过渡到更加互动式的教育,以提高教学的有效性。互动教学的典型特征在于教师注重挖掘学生的潜能,将知识传授与学生智力、情感、个性的发展结合起来。这种教学方法旨在综合培养学生的知识、素质和能力,使教学过程更加综合而有深度。教师在互动教学中起到引导和激发学生主动参与的作用,通过对话、讨论、案例分析等方式,促使学生更深入地理解和应用马克思主义基本理论。这种教学理念不仅转变了传统的教育方式,也有助于培养学生的创造性思维和独立解决问题的能力。

(三)思政课互动教学方法实现的基础

1.师生间需要相互了解

在思政课的互动教学中,师生间的相互了解是实现教学目标的基础。这一相互了解的过程旨在建立师生之间更为密切的关系,促使有效的知识传递、情感交流和思想碰撞。这种互动不仅仅是一种单纯的信息传递,更是在思政教育中打破传统教学格局、促进学生全面发展的重要途径。

师生之间的相互了解构建了一个开放、信任的教学环境。在思政课中,学生的思想觉悟和情感态度是教学目标的关键要素。通过了解学生的背景、兴趣、观点等,教师能更好地调整教学策略,使教学内容贴近学生的实际生活,引起他们的共鸣。同时,学生也能感受到教师的关心和尊重,建立起自主学习的信心,增强学习的动力。师生相互了解有助于促进知识传递和学科理解。在思政课的教学中,涉及马克思主义基本理论等深刻而抽象的概念,通过了解学生的学科背景、理解水平以及对社会现象的认知,教师能够更有针对性地选择案例、提出问题,使得教学内容更贴近学生的认知水平,提高学生对理论的接受度和理解深度。最后,师生相互了解有助于思政课互动教学中的情感交流。思政课程不仅仅是知识传递,更关乎情感引导和思想引领。通过了解学生的家庭背景、人生经历、价值观等方面的信息,教师能够更细致入微地了解学生的情感需求,通过情感共鸣引导学生形成正确的世界观、人生观和价值观。同时,学生也能够更容易地接受并信任教师的引导,形成对思政课程的深刻认识和积极态度。

在互动教学的框架下，师生之间的相互了解不仅是一种教学手段，更是构建积极教学氛围和促进学生全面发展的必要条件。这一关系的建立不仅通过课堂中的言语交流，更需要教师关心学生的成长、理解学生的需求，并在教学实践中不断调整自己的教学策略，以更好地满足学生的学习需求。这样的互动教学模式将激发学生的学习热情，提高思政课程的教学效果。

2. 教学中应互相配合

在思政课的互动教学中，师生之间的互相配合是实现教学目标和促进全面学生发展的基础。这互相配合的过程不仅包括师生之间的协同努力，更涉及师生之间的默契合作，共同参与教学活动，使思政课程真正成为师生互动的平台。

师生之间的互相配合体现在共同参与教学活动上。在思政课程中，教师需要通过激发学生的兴趣、引导他们参与讨论、鼓励提问等方式，使学生不再是被动的知识接受者，而是积极参与到教学过程中。教学过程中的互相配合将使教师更好地了解学生的学习需求，调整教学方法，提升教学效果。另外互相配合也体现在师生之间的共同目标追求上。思政课的目标不仅仅是传递知识，更包括培养学生的思想政治觉悟和实际问题解决能力。师生双方需要共同认同并追求这一目标，共同努力达到更高的教育境界。在这个过程中，师生之间建立起合作关系，通过共同努力去拓宽学生的认知边界，促使他们更全面地理解和应用马克思主义基本理论。互相配合不仅体现在师生之间，也包括学生之间的合作。学生之间的协同学习能够促进知识的分享、讨论和共同成长。通过小组合作学习、角色扮演等形式，学生能够互相启发，共同解决问题，提高对知识的深刻理解。这种学生之间的协作不仅能够促进学科素养的提升，还有助于培养团队协作和沟通技巧。

在互动教学中，师生之间的互相配合是实现教学目标和促进学生全面发展的关键。这种协同努力的教学方式不仅能够使师生之间建立更为紧密的关系，还能够使思政课程真正成为学生自主学习和全面发展的平台。只有在师生之间互相配合、共同奋斗的基础上，思政课程的互动教学方法才能够取得更为显著的效果。

二、小学思政课堂互动性教学方法应用策略

（一）基于案例教学法的互动性教学

基于案例教学法的互动性教学是一种基于实际案例的教学方法，其核心思想是通过真实的案例分析，调动学生的积极性，实现双向互动，使学生能够更深入地理解和应用所学的理论知识。这一方法强调学以致用，旨在培养学生解决现实问题的能力。在案例教学法中，教师选取相关案例，并在课堂上对这些案例进行详细分析。引导学生对案例进行思考、讨论和解答问题，激发他们的学习兴趣，使得学生不仅仅能被动接受知识，更能主动参与知识的构建和运用。案例教学法可以使学生在实际问题中应用理论知识，培养他们的问题解决能力和综合素养。

在这个过程中，教师的角色不仅仅是知识的传递者，更是引导者和促进者。教师需要运用启发式的教学方法，激发学生的思维，引导他们在案例分析中主动思考和提出问题。通过互动性的教学过程，学生可以更好地理解案例中的理论知识，同时培养批判性思维和团队协作能力。案例教学法也与心理学理论相呼应，如皮亚杰的儿童发展阶段论、马斯洛的需求层次理论、罗杰斯的自我概念理论以及弗洛姆的自我现实理论。这些理论强调了个体发展中心理层面的需求和自我认知，与案例教学法的目标相契合。通过在案例教学中引导学生思考和表达观点，教师能更好地促进学生的内部心理结构的主体化过程，使其成为真正的主体学习者。自主性学习在主体性教育中占据着至关重要的位置。与机械学习和被动学习相对应，自主学习强调学生在学习过程中主动地、积极地支配自身能力。唯物辩证法认为事物的发展是内因和外因相互作用的结果，其中内因是事物变化发展的根据，而外因则提供变化发展的条件。在互动教学中，教师扮演引导作用，激发学生的态度和情感，使自主学习成为可能，唤起学生的求知欲和创新欲。探究性学习是支持教育改革的新观点，为学生提供分析和探索新观点的机会。这种学习方式引导学生提出有意义的问题，从而激发其进一步的研究兴趣。探究的样式并非一成不变，而是需要教师不断提炼和发掘。通过探究性学习，学生得以自由发挥

想象力和创造力，培养独立思考和解决问题的能力。在互动教学中，教师应当通过引导与鼓励，促使学生进行自主性学习和探究性学习。教师的引导作用是激发学生内在动力的关键，使他们成为真正的学习主体。自主学习和探究性学习的结合，既能提高学生的学科知识水平，又能培养其对新观点的理解和应用能力。这种互动教学模式有助于学生形成积极向上的学习态度，使其在教育过程中能更加全面和深入地发展。以下对几种自主性探究活动进行概述。

1. 合作型自主探究

合作型自主探究是基于案例教学法的互动性教学的一种方法，强调学生在合作中主动探索、独立思考的过程。学生通过在小组内互相合作、讨论和共同解决问题，更深层次地理解案例，培养创新能力和团队协作精神。这一方法的实施有助于学生从被动接受知识转变为主动构建知识，提高问题解决的实际能力。

合作型自主探究的过程中，学生被分成小组，每个小组负责分析和解决一个具体案例。这样的分组安排有助于激发学生的合作意识，培养团队合作和沟通技能。学生在小组内可以分享彼此的观点、经验和想法，从而拓展了思考的广度，丰富了问题解决的途径。同时，小组合作也让每位学生更积极地参与到教学过程中，增强了学生的学科兴趣。合作型自主探究注重学生的主动性和自主性。学生在小组内自主选择研究方向，通过合作探究案例，培养了他们主动学习和解决问题的能力。这种自主性学习使学生更好地理解案例中的理论知识，并通过讨论与合作中的互动，不断挑战和拓展自己的思维。这不仅有助于提高学生的学科水平，更培养了他们对知识的深层理解和实际运用的能力。在实施合作型自主探究时，教师的角色不仅仅是知识的传递者，更是团队的引导者和激励者。教师需要提供必要的支持和指导，引导学生分析问题、提出研究方向，同时在小组内起到协调和激发学生积极性的作用。通过引导学生主动参与、合作探究案例，教师能够更好地激发学生的学习热情，培养他们的创新思维和问题解决的实际能力。

如龙口市教学研究室在培基学校采用合作型自主探究方式举行了小学道

德与法治"小组合作学习"展示交流活动。活动实施中，以课程《我家的好邻居》《爱心的传递者》为例进行讲解。活动中教师始终尊重学生在学习过程中的主体地位，注重调动学生的实际生活体验。"我们能为别人做些什么？""分享你被帮助之后的感受。"通过这些问题直接链接学生的生活，学生能较快地进入实际情境的探究中，发展学科思维。借助信息化手段，为学生创设情境，带给学生更加直观清晰的体验，充分调动学生的学习热情。第一节课例播放的邻里互助的动画、新闻，设计的向邻居求助的表演环节，第二节课例用来导入新课的歌曲"爱的奉献"，总结主题时播放的"爱心传递"的视频，都使学生在视听中获得真切的体验，在体验中收获知识、能力和素养，感受到思政学科的魅力与价值。另外运用小组合作的教学模式，发挥小组评价的激励作用，重视对学生实践能力的培养，精心设计问题情境，引导学生根据自身的生活经验进行深层次的体验与感悟，帮助学生主动与教师和同学沟通交流，表达自己的观点，激发创造性思维，不仅使学生能更好地掌握知识，更达到了情感上的认同。

2. 对话型自主探究

对话型自主探究是一种基于案例教学法的互动性教学方法，强调学生通过对话和讨论的方式，在小组内共同探究案例，促使他们更深入地理解知识，培养批判性思维和表达能力。这一方法旨在建立学生间的互动性学习氛围，使学生在对话中不仅能够分享观点，还能够引发思考、激发兴趣，从而提升他们的自主学习和问题解决能力。

对话型自主探究的核心是学生在小组内通过对话进行案例分析。教师在案例选择上精心设计，激发学生的思考。学生在对话中分享对案例的理解和观点，互相启发，形成多元化的思维碰撞。通过对话，学生能够更深刻地理解案例中的理论知识，同时培养了团队合作和沟通技能。这种互动性的学习方式使学生在教学过程中成为知识构建的主体，增强了他们对学科知识的理解和运用。对话型自主探究注重学生的主动参与和思考。学生在对话中自主提出问题、讨论观点，从而培养了他们独立思考和问题解决的能力。在这个过程中，学生不仅能够学会表达自己的看法，还能够倾听他人观点，形成对多元观点的尊重和理解。这种对话型自主探究的方法使学生从被动的接受者转变为主动的学习者，激发了他们的学习兴趣和动力。

在实施对话型自主探究时，教师的角色是引导者和促进者。教师需要提供对话的框架和指导问题，引导学生深入思考案例，同时在对话中适时地提出挑战性问题，激发学生深入思考。通过对话型自主探究，学生能够更好地理解和应用学科知识，培养他们的团队协作和批判性思维，使课堂变得更加生动有趣。

3. 案例游戏型自主探究

案例游戏型自主探究是一种融合了案例教学法和游戏化元素的互动性教学方法。该方法通过设计具有情节和挑战的案例游戏，激发学生的学习兴趣，引导他们在解决问题的过程中自主探究。这种教学方法强调学生在游戏的情境中参与合作，培养团队精神和创新能力，进而提高学科知识的应用水平。

案例游戏型自主探究突破了传统案例教学的枯燥性，将学科知识嵌入富有趣味性的游戏场景中。教师通过设计具体情节、设定任务和制定规则，将学科内容转化为游戏中的挑战和任务，激发学生主动参与。学生在游戏情境中感受到学科知识的实际运用，增强了学习的趣味性，从而提高了他们的学科兴趣和主动学习的动力。案例游戏型自主探究注重学生的合作与竞争。在游戏中，学生被组织成小组，共同面对挑战，解决问题。通过合作，学生共享思路，提高团队协作和沟通能力。同时，游戏中可能存在竞争元素，激发学生的竞争意识，促使他们全力以赴，增强学习的动力和紧迫感。这种合作与竞争相结合的互动模式，使学生在游戏中形成积极向上的学习氛围。在实施案例游戏型自主探究时，教师的角色是游戏设计者和引导者。教师需要根据学科知识和学生水平巧妙设计游戏情节，激发学生的学科兴趣。在游戏过程中，教师通过引导学生的思考，及时提供反馈和指导，促使学生更好地理解和应用知识。通过这样的教学方法，学生不仅能够在愉悦的游戏中学到知识，还能够锻炼解决问题和团队合作的能力。

如有的教师针对六年级语文教材中《七律·长征》展开了学科思政教

学，具体教学过程中，采用案例游戏型自主探究根据教学内容设计出多种锻炼灵敏性的练习，如翻越"五岭"中，设置多个障碍，让学生在穿越封锁线，越过五岭这一情境中来练习，又让学生进行"乌蒙山，踩泥丸"灵敏性练习，跨过"乌蒙山"来到大渡河，以穿越铁索桥为情境进行灵敏中的躲闪练习，最后以胜利会师为情境进行往返接力比赛。整节课围绕《七律·长征》这首诗逐步进行，层层递进。通过参与游戏的模式，锻炼学生的灵敏度，加深学生对《七律·长征》内容的理解，以及对革命历史的认识，树立正确的人生观，价值观，不忘革命先烈的丰功伟绩，珍惜当下的幸福生活。

　　以上所述的合作型自主探究、对话型自主探究和案例游戏型自主探究等自主性探究活动是案例教学法的一项新颖突破。其主要目的在于扩大参与人数，激发不情愿参与的学生也能积极参与，重新激发每个学生的学习动力。在这一过程中，学生们无须依赖灌输，而是充分发挥其主体性，表现出积极性、自主性和创造性。在案例分析的过程中，学生有足够的时间进行深入思考，而教师则充当案例讨论的组织者、启发者和推动者的角色。教师的主要职责包括提出相关问题、掌控讨论进度、反复诱导等。在这一过程中，每个案例都有一个侧重点，教师引导学生集中注意力于该侧重点，并通过案例分析使理论与实际相结合。学生们的观点和结论可以各不相同，呈现多样性。最后，教师根据学生实际情况进行总结，并强调重要知识点。每一次案例呈现都会影响学生深度思考，使理论在他们脑海中更加清晰明了。从根本上说，接受教育对受教育者而言并非外部要求，而是内在需求。这种案例教学法的新型应用不仅提升了学生的学科知识水平，还培养了他们的团队协作、创新思维和问题解决能力，使教育更具深度和启发性。

（二）以角色扮演法为基础的互动教学方法

　　以角色扮演法为基础的互动教学方法旨在通过创造性的角色扮演，为学生打造一种身临其境的体验，使他们在这个过程中产生多样化的感受，并引发各种问题，为进一步的研究和调查提供素材。这种方法也为学生提供了体验和分析问题情境的机会，不仅能够活跃课堂气氛，摆脱纯文字概念的枯燥，还能激发学生的学习兴趣，促进师生关系的和谐。传统的角色扮演往往面临学生参与度低的问题，只有少数学生真正能够参与，而大多数学生仅充当旁观者，尤其是班级中的后进生更难融入。此外，传统角色扮演的结构较为松散。为解决这些问题，可以在传统角色扮演的基础上推出一种更具权威性的角色扮演模式——戏剧游戏。这里所说的戏剧游戏结合了戏剧的演绎形式和游戏的原则性问题，为教学互动提供了更广泛的可能性。戏剧游戏中，学生们不仅仅是角色的扮演者，更是参与者。通过游戏化的设计，所有学生都能积极参与，不再仅仅是旁观者。这样的模式使得课堂更具互动性，每个学生都能够体验到学科知识的实际应用，促使他们更好地理解和吸收所学内容。在戏剧游戏中，教师的角色不仅是组织者，还是引导者和激励者。教师需要设计游戏情节，制定游戏规则，引导学生深入角色，提出问题，促使学生在游戏中展开深度思考。通过戏剧游戏，学生能够更全面地理解和应用学科知识，同时培养了他们的表达能力，团队合作和解决问题的能力。

戏剧游戏是对现实中真实事件进行简单化演绎的教学方法。它具有开放性。在教师的引导下，学生在演绎过程中拥有更大的自由度，包括思想、行为和空间的自由。演绎过程没有严格的规格标准，更能真实地反映现实情境，创造了宽松的学习氛围。戏剧游戏具有整体性。在这个过程中，师生之间通过互动和交流形成多向的关系。一方面，学生通过表演展示个性和个人能力；另一方面，这种互动培养了学生的学习能力和意志力。同时，戏剧游戏既能陶冶学生的情操，又能在游戏中加强对理想的追求，全面体现学生的自尊心和自信心。在戏剧游戏中，学生在教师的引导下能够更真实地参与演绎，表达个性，展示个人能力。这种开放性的特点使得学生能够更主动地参与学科知识的演绎与讨论，激发他们的创造性思维。同时，整体性的特点使得师生之间形成更紧密的互动关系，促使学生在合作中培养学习能力和意志力。戏剧游戏不仅在教学中发挥了娱乐性的作用，更在培养学生综合素养的过程中起到了积极的推动作用。

戏剧游戏的实施主要有以下三个步骤：

（1）前期准备工作。进行戏剧游戏前的前期准备工作至关重要。在上一节思想政治课结束前，师生应确立下一节课进行戏剧游戏的主题和内容。学生可以通过举手表决或分组讨论的方式确定演绎的主题，以确保他们对即将进行的戏剧活动有所期待和准备。随后，学生可以利用课余时间完成角色的分配，确保每个学生都有明确的表演任务。接下来，为确保戏剧游戏的顺利进行，在思想政治课上课前需要提前布置好物理环境。桌椅的摆放可以根据戏剧游戏的主题进行适当的调整，例如，可以将桌椅围成一个圆圈、长方形，或者摆放成教室左右两边各两排等多种多样的形式。这样的灵活布置不仅为表演提供了更真实和宽敞的场地，也有助于调节教学互动的氛围，使学生更好地融入角色扮演的情境中。提前确定主题、分配角色，并在物理环境上做好相应的准备，可以确保戏剧游戏的进行更为顺利。这些前期准备工作不仅有助于提高学生的参与度和投入感，也为戏剧游戏的教学效果奠定了基础。

（2）演绎策略。

采用多项内容整合演绎是将平常教学中常用的角色扮演方式巧妙结合，并加入一定的生活场景。为了更广泛地吸引学生参与，我们可以将整个模拟情景扩大化。

（3）总结

采用戏剧游戏式的教学互动不仅能为思想政治课的课堂创造良好的氛围，更重要的是通过一系列的活动，教师能够深入了解每一个学生，了解其优点和缺点，掌握其个性特征。通过对学生的深入了解，教师能够更好地开展其他形式的教学互动，并能够做出更全面的教学互动评价。

将更多学生由观察者转变为参与者是非常重要的。当教师设计一节戏剧游戏课时，为学生提供了一种构建新知识和意义的方法，而这种知识和意义是以角色扮演为基础的。对于班级中的后进生而言，参与到戏剧游戏中无疑对他们有很大帮助，可以增强他们学习的动力，使他们摆脱自卑心理。通过这样的教学方式，学生不仅能够更活跃地参与，还能够在参与中培养自信心，促使他们更积极地投入到学科学习中。这种教学方法的实施有助于建立更为积极、和谐的师生关系，提升整体课堂的教学效果。

（三）以开创环境拓展法为基础的互动教学方法

在小学思政课堂教学中，教育者通常将实践实施的过程限定在教室内的固定环境，未能充分发挥教学互动的"实践性"和"广域性"特点。学生长期处于相同的教室和座位，面对着静止的黑板和讲台上的教师，这种学习环境容易让学生感到乏味和束缚。环境拓展法作为一种教学方法，旨在结合物理变化和心理氛围变化，通过改变学习环境，创造更有利于教学互动的空间。

环境拓展法的实施原则强调从具体到抽象的教育过程。这种方法通过引导学生在不同的物理环境中进行学习，使其从具体的实践中逐渐抽象出理论知识，实现了学科知识的升迁过程。通过在不同环境中的互动，学生能更直观地理解思政课程中的人生观、价值观等概念，培养更全面的人文素养。环境拓展法强调"始于具体"的教育原则。通过将物理空间的变化与学生的心理氛围相结合，教育者可以创造出更具体、更丰富的学习场景。这有助于激发学生的学习兴趣，打破传统教室的单调氛围，使学生更主动、积极地参与思政课程。

在思政课的开设中，应该摆脱对教材和考试大纲的过度依赖，以开创性的环境拓展法为基础，为学生提供一个别开生面的座谈会场景。通过这样的互动教学方法，可以让学生自由畅谈人生、梦想等话题，培养其人文情怀和综合素养。这种方法不仅能提高学生对思政课的兴趣，更有助于在学生中培养积极向上的思维方式，促使他们更深刻地理解和体验思政课程的核心价值观念。

第二节　小组合作学习在思政课堂的实践

一、小组合作学习

（一）小组合作学习概述

小组合作学习最早在美国应用于实践教学，被认为是一种创新性、高效的教学理论和策略。该方法强调通过将学生组织成小组，在协作中共同学习、分享信息和解决问题，从而创造积极合作的学习氛围。小组合作学习的成功应用不仅在美国，在欧洲国家、韩国、巴西和中国等多个国家也得到了推广。这种学习方式在教学实践中取得了显著成效，成为重要的教学改革实践。

小组合作学习的理论基础涵盖建构主义、人本主义和奖励结构等理论研究视角。该方法旨在通过探讨合作方式，促进学生思维水平的提高和协作交往意识的培养。相较于传统的教学模式，小组合作学习颠覆了学生仅仅作为"听众"获取知识的方式，强调学生在协作中主动参与，从而推动学生学习主体性的发展。此外，小组合作学习对学生集体意识的培养、学生自主性和独立性的培养，以及学生全面发展的促进都具有重要作用。这种教学方式旨在培养学生团队协作的能力，增强他们的问题解决和沟通能力，为其未来的学习和社会参与打下坚实基础。因此，小组合作学习作为一种现代化的教学手段，为学生提供了更为丰富和积极的学习体验。

小组合作学习不仅仅是一种教学方式和手段，更是一种创新理念，体现了组建学生学习共同体、开展合作探究的新型教学方式。其主要特征在于以小组合作方式为主体，强调小组间的互动交流合作。教师根据小组讨论的过程和结果来评价小组成员的总体表现，通过这种方式促进课堂中合作学习的氛围，达到共同学习和发展的目标。小组合作学习的独特之处在于其强调互动性。这种互动不仅体现在学生之间的合作与探究，还包括学生与教师之间以及教师与教师之间的互动。学生通过小组合作，不仅能够共同探讨问题，还能与教师进行有效的互动，促使学习更具活力。同样，教师之间也可在教学中进行合作与交流，共同探讨最有效的教学方式和评价方式，实现教学方法的创新。这种合作探究激发了学生学习的热情，使教学过程更富有活力。同时，通过互动性的教学方式，小组合作学习能够更全面地评估学生的能力和表现，进而更好地满足不同学生的学习需求。因此，小组合作学习作为一种创新理念和教学方式，为学生提供了更富有成效和积极性的学习体验。

从它的发展、构成与特征，可以总结和概括出，小组合作学习的含义，即基于一定的心理学与教育学理论基础开展的、一种讲究合作探究机制的、以学生互动合作为动力的、以提高学生全面发展和学习成绩为目的的新型教学活动和教学模式。

（二）小组合作学习合作环节

小组合作学习的基本环节或基本流程主要有合理分组、教师组织与指导、小组自学、组内组间交流以及评价等几个方面。

1. 合理分组

小组合作学习是一种将学生划分为不同小组，进行小组合作与互动探究学习的教学方法。在此背景下，合理的小组分组成为成功开展合作探究的基本条件。科学、合理的分组不仅是学生成长和提高的关键手段，也是展现学生个性、促进全面成长的重要方式。通过合理的分组，可以在课堂中营造良好的合作学习氛围，激发学生学习的积极性。因此，在开展合作探究学习时，教师需要特别强调科学的分组策略和原则。

分组的过程需要全面考虑小组规模、学生的学习水平、表达水平以及座位安排等因素。具体而言，分组形式会因不同的考虑而有所不同。从小组人数的角度看，一般原则上建议每个小组的人数不超过 6 人为宜。在每个小组中设立一个小组长，负责分工等工作。在讨论过程中，还可以根据具体内容进一步细化，形成两人为一个小分组，以便针对小问题展开交流和讨论。随后，将小分组的结果进行汇总，整个小组展开深入讨论和解决问题，确保每个小组成员都有展示、交流和讨论的机会。最终，根据小组成员之间的探讨结果，进行小组间的互动和探讨。这样的分组策略有助于确保小组成员之间的充分合作，促使每个学生都能积极参与学习过程，实现全面发展。除了根据班级规模确定小组规模和人数，还需要考虑学生个体差异性，合理分配小组成员的构成。从小组成员的学习水平和兴趣爱好等特质来看，分组方式主要分为均衡性小组和分层性小组。分层小组教学在英国比较常见，是基于学生学习成绩和能力而划分的小组合作形式。然而，随着教学不断探索和实践，分层小组教学的弊端也逐渐显现。这种划分方式可能导致学习水平高的学生进一步提高，而学习水平低的学生逐渐失去对学习的兴趣。相较之下，均衡性小组的划分更为相当，将班级分成若干个学习水平相当的小组。每个小组内的学生学习成绩和性格不同，但在整体上，不同小组的学习水平相当。这种划分原则被看作是"同组异质，异组同质"，即将不同发展水平的学生优化组合，使得每个小组内成员学习水平不同，而小组间的学习水平相当。这种分组形式有利于小组内学生充分合作，同时也促进了不同小组之间的竞争学习意识。这样的小组划分原则旨在全面考虑学生个体差异，创造一个既有利于内部合作又有利于外部竞争的学习氛围。

2. 教师组织和指导

在小组合作学习中，教师的指导是至关重要的环节。尽管学生在课堂教学中占据着重要地位，但教师仍需发挥相应的指导和协调作用。在分组阶段，教师应根据班级规模、学生学习水平和性格特征合理分组，特别要注意将先进生和后进生结合分组。一旦小组选择出组长，教师需要指导组长合理安排小组内的事务。教师还应当让学生认识到小组合作学习的重要性，明确小组合作学习的目的和任务，以便更好地提升初中政治教学实践的高效性。

在课堂中，教师应该掌握倾听技能，即在学生进行小组合作和讨论时，仔细倾听学生的发言、提问或回答，从而在一定程度上了解学生小组讨论的合理性和不足之处。对于不同小组的讨论结果和情况，教师应及时给予指导和点拨，以防止小组讨论方向的错误及由此造成的时间损失等。尤其是在学生讨论过程中出现不同和分歧时，教师应与学生一起交流合作，消除分歧，促使小组更好地展开合作探究。教师再根据小组的探究结果和学习成果做出总结和点评，指出各小组的优势和不足，以便今后小组合作学习的效果更加完善。

3. 小组自学

在教师完成小组分组和明确学习任务后，引导学生进入自主探究环节，让他们通过阅读教材或分析相关问题，在小组讨论中表达各自的观点。在这个自主学习的阶段，教师可以提供学案（学习方案），以有效引导学生展开自主学习、构建知识体系。学案不仅可以指导学生进行独立学习，发现问题，而且在小组讨论时也为学生提供了充分表达的机会，从而在一定程度上激发了学生的学习积极性，促使他们达到独立学习的目标。小组自学环节的主要目标是确保学生明确学习目标，完成教师布置的相关自学任务，并找出和整理需要在小组讨论时解决的问题。很容易被忽视的小组自学，实际上是展开小组讨论不可或缺的阶段，为每个小组成员在讨论环节中发表个人观点和见解提供了基础。通过小组自学，学生更有可能在小组讨论中充分发挥个体思考和学习的特点，从而有效避免小组合作学习形式化的问题。

如在思政融入学科教学中，教师在教学《食物链和食物网》时，便将全班同学分为两个小组，让每个小组的同学对食物链活动进行模拟和自行学习，通过这种小组合作学习的方式锻炼小组分工合作和表达的能力。

4. 组内组间讨论

小组讨论和小组间交流是合作学习中至关重要的组成部分。在小组讨论环节，学生针对教师布置的合作学习任务和在自主探究阶段未能理解的问题展开深入交流和讨论。在学生完成独立学习和预习活动后，教师应及时引导学生展开小组内部讨论。在小组讨论时，合理分配小组内的角色分工至关重要，以确保每个成员都能积极参与，而不仅仅是被动地听取。这样可以确保每个小组成员都得到充分的锻炼。小组讨论的关键是明确小组讨论的目的和意义，旨在通过合作的方式解决问题。教师在引导小组讨论过程中要注意不要为了讨论而讨论，而是要确保讨论的内容与学习目标密切相关。特别值得注意的是，小组讨论虽然是合作学习的重要环节，但并不代表合作学习的全部内容。合作学习的效果不仅仅依赖于小组成员进行简单的讨论，还需要更深入的探索和协作。

在小组讨论环节结束后，全班的小组需要进行深入的探究与交流。每个小组轮流展开发言和讨论，指定一名发言人陈述小组讨论结果，其他小组成员进行补充。教师应有针对性地评价每个小组的发言，提出相关难点和问题，并引导共同探索和讨论。这种小组间交流的方式可以相互促进。在小组内部交流已经掌握一定知识点的情况下，通过小组间的交流可以深化更多知识的学习。同时，小组间的互动交流有助于纠正小组讨论过程中存在的问题，使每个小组和小组内的各成员都能有所提高。在小组讨论和小组间的交流过程中，教师应进行必要的引导和启发，以确保学生对知识达到共同掌握的效果。

5. 评价

教学评价在每种教学方式和手段中都是不可或缺的一部分，尤其在小组合作学习中，评价的积极作用应当受到重视。合作探究学习中的评价机制主要包括教师评价以及学生之间的互评与自评。教师的评价是激发学生合作探究兴趣的重要手段，合适的评价对于提升思想政治课堂合作学习效果至关重要。尤其在学生进行小组合作学习时，教师需要掌握倾听和沟通交流的技巧，对学生的合作态度与方法进行适当的点评。在评价过程中，强调鼓励式评价的运用，以促进学生的积极参与和良好合作。

在开展小组合作学习中，以学生为主体，评价的过程中要注重学生的积极参与。除了教师的教学评价外，学生的互评与自评具有重要作用，是促使学生实现自我进步和自我激励的重要途径。学生在参与小组合作学习、小组讨论和组间交流中，能够对自己或同组同学有更清晰的认识，这种认识有助于评价更加公正客观。互评和自评实际上构成一种监督机制，促使学生进行更深入的交流与学习。在评价的过程中，被评价者和评价者都能够在知识和评价能力上有所提升，进而激发对小组合作学习的兴趣。

二、小组合作学习在思政课堂的实践策略

（一）合理分组，明确分工

在小学思政课堂实施合作学习时，合理分组和明确分工是至关重要的。合理的分组是开展和实施小组合作学习的关键因素之一。在组建小组时，应综合考虑每个学生的成绩和性格等多方面因素，确保每个小组中有不同成绩和性格的成员。这种按照组内异质原则组建小组的方式有助于小组的稳定发展，减小小组成员在成绩和性格上的差异，同时更能体现竞争的公平和合理。

在合作学习的分组过程中，充分考虑学生的学习成绩和性格特征等因素，并在小组内明确不同的角色分工。在小组形成后，每个小组都应选择一位小组长，负责协调小组内的具体讨论活动，包括任务分配和督促执行等。针对每个小组成员在自学过程中提出的问题，需要有一名记录员负责记录，

并在小组学习中进行详细的讨论。接着，在小组间交流的过程中，需要选择一位主要发言者，负责详细阐述小组内部讨论的问题和内容，以便其他小组进行交流和深入探讨。最后，在整个学生合作学习的过程中，其他小组成员都是合作学习的积极参与者，应在自学过程中积极提出疑问，在小组讨论和小组间交流中积极参与讨论和探讨。

通过这种合理的分组和明确的角色分工，每个学生都有机会成为思想政治课堂学习的主体，对经济问题、政治内容和文化建设等方面有了新的认识和提高。在小组合作学习中，适时地让每个小组起一个组名或口号，有助于增强小组内部成员的合作意识。在分组时要保持小组成员的相对稳定性，有助于建立小组的凝聚力和合作意识。同时，根据每个小组合作的状态，灵活调整，以最大程度发挥每个小组的潜力和合作能力。

（二）培养合作的主观意识

小组合作学习中应培养合作的主观意识，具体应从教师和学生两个角度入手。

1. 培养教师的合作主观意识

在思政课堂中实施小组合作学习，培养教师的合作主观意识至关重要。教师应意识到合作学习是一种更具活力和创新性的教学方式，能够激发学生的学习兴趣，提升他们的主动学习能力。合作学习注重学生之间的互动和合作，而不仅仅是传统教学中的单向传递。因此，教师需要转变传统的教学理念，将学生视作合作学习中的平等合作者，而非仅仅是知识的接受者。教师在合作学习中应培养团队协作的精神，将自身定位为学生学习的引导者和组织者。这需要教师具备协调、引导和激发学生的能力，使每个学生都能在小组中充分发挥自己的优势。合作学习要求教师具备辨别学生个体差异、灵活调整教学策略的能力，以促进小组合作学习的协调进行。

教师的合作主观意识还需体现在教学设计上。教师应当积极构建具有合作氛围的教学环境，为学生提供适宜的合作学习任务和资源。此外，教师还需要关注小组内部的互动情况，及时解决合作中可能出现的问题，引导学生形成积极向上的小组动力。通过培养教师的合作主观意识，思政课堂的小组合作学习将更富活力，更符合学生的发展需求。

2. 培养学生的合作主观意识

思政课堂中实施小组合作学习的实践策略需要着力培养学生的合作主观意识。学生应当意识到合作学习是一种积极的学习方式，有助于拓展思维、促进交流与合作。培养学生积极参与合作的愿望，鼓励他们认识到通过合作可以更全面地理解和应用所学知识。合作主观意识的培养还需注重激发学生的学习兴趣，使其在小组中形成共同的目标和愿景，从而更主动地投入到合作学习的过程中。学生的合作主观意识还需要建立在相互尊重和信任的基础上。在小组合作中，学生需学会倾听他人意见、尊重不同观点，并愿意分享自己的见解。教师应引导学生培养团队协作的精神，使每个学生都能在合作学习中体验到平等、分享与尊重。通过在思政课堂中实践这一策略，学生将更好地适应未来社会环境中的团队协作需求。

学生的合作主观意识的培养还体现在对团队目标的认同和自我角色的定位上。学生需要理解团队的成功与个人的发展密切相关，形成"团队荣誉高于个人荣誉"的观念。同时，学生也应明确自己在小组中的角色，主动承担任务，发挥自身优势，形成对团队目标的共同责任心。通过培养学生的合作主观意识，小组合作学习在思政课堂中能够更好地达到知识共享、思想碰撞的目的。

（三）教师正确的角色定位

1. 合作学习的引导者

思政课程中的小组合作学习将教师视为合作学习的引导者，着重强调教师在学生合作学习过程中的重要作用。教师在小组合作学习中扮演了理念塑造者的角色，通过明确教育目标和价值观，引导学生形成正确的思想观念。教师要注重培养学生的社会责任感、公民意识和核心价值观，通过引导学生思考时事问题、伦理困境等，激发学生深入思考，形成积极的社会观念。教师在小组合作学习中起到组织者和协调者的关键作用。教师应合理分组，根据学生的学科水平、兴趣爱好、性格特点等因素进行巧妙分组，以促进学生之间的互补和共同发展。在学生展开合作学习时，教师要为小组提供充足的学习资源和信息,确保学生在合作中有足够的素材和工具支持。此外,教师还需通过精心设计的学习任务和问题,引导小组成员进行有效的交流与合作,确保小组讨论不仅具有深度和广度,同时使学生在讨论中形成对问题的独立见解。在教师的引导下,小组合作学习成为思政课堂中有益的教学模式,旨在培养学生的思辨能力、团队协作精神和社会责任感,使其更好地理解和践行核心价值观。教师的引导不仅仅关注学科知识的传授,更注重塑造学生的价值观念和人生观,为他们的终身发展奠定基础。

2. 合作学习的监控者

在思政课程的小组合作学习中,教师充当着合作学习的监控者,承担着引导、监督和评价的责任。教师通过明确学习目标,指导学生形成正确的学习态度和人生观。教师要在小组合作学习中设定明确的任务和问题,以确保学生集中精力讨论与探究关键问题,培养学生对社会、伦理等方面的敏感性,引导学生正确理解和处理复杂的思政课题。教师在小组合作学习中负责监控学生学习的过程,关注小组的讨论、交流和决策等方面。通过在课堂上巧妙设计各种合作学习任务,教师能够全程监控学生在小组中的表现,及时发现学生的学科思维和团队协作能力等方面的问题。教师的监控不仅局限于学术水平,还包括对学生学习兴趣、责任感以及情感态度的全面了解,以帮助学生在小组合作学习中全面成长。在教师的监控下,小组合作学习得以有效进行,教师能够通过实时的观察和反馈,帮助学生不断优化合作过程,使其更好地发挥团队的潜力。通过监控学生在小组中的学习情况,教师能够更全面地了解学生的学习需求,为个性化的教学提供有力支持。这种监控机制促使学生充分发挥主观能动性,培养了自主学习的习惯,使小组合作学习成为思政课程中的一种有效教学策略。

3. 合作学习的组织者

在思政课程的小组合作学习中,教师扮演着合作学习的组织者角色。教师负责规划和组织合作学习的整体结构。通过合理设计学习任务、明确学习目标,教师为小组合作学习创造了积极的学习氛围。教师要精心设计合作活动,确保学习任务的难度和深度能够激发学生的思考和讨论,从而推动学生深入思政课程的核心内容。教师在小组合作学习中担任组织协调者的角色。教师通过设定明确的规则、鼓励合作精神、激发学生的学习兴趣，有效引导小组成员之间的积极互动。教师在组织学生小组时需要考虑学生的学科特长、性格差异等因素，以便形成合理的小组结构。通过巧妙组织小组内外的互动，教师使学生能够共同探究、协同合作，使小组合作学习更有针对性和有效性。在教师的组织下，小组合作学习在思政课程中得以顺利进行，学生在合作中发挥主体作用，积极参与讨论、交流，从而更深入地理解和把握思政课程的重要理念。教师的组织者角色不仅在合作学习活动的前期起到指导作用，更在整个过程中保持对学生学习活动的把控，创造一个充满合作与探究的学习环境，使学生成为思政课程学习的积极主体。

（四）选择适合开展合作学习的问题

在思政课程的小组合作学习中，应选择适合开展合作学习的问题是至关重要的。

在思政课程中，合适的问题设计是小组合作学习的关键之一。教师需要以精心设计的问题为切入点，确保问题涉及思政课程的核心概念和理念。这不仅能够引导学生深入探讨课程主题，还能激发他们对于思政内容的兴趣。关键在于问题的设计要有一定的开放性，鼓励学生进行深度思考，而非仅仅做出简单的事实性回答。这样的问题设计有助于培养学生的思辨能力，引导他们超越表面现象，深入思考思政课程中的复杂问题。合适问题的设计还能帮助学生建立起对思政主题的深层次理解。问题应当引导学生关注课程中的重要概念和核心理念，使他们能够在合作学习中深化对思政内容的认知。这种问题设计能够激发学生对于学科知识的主动追求，促使他们在小组合作学习中形成全面的认知结构。因此，合适问题的设计是小组合作学习的重要保障。通过精心构思的问题，教师能够在思政课堂中引导学生在合作中进行深度思考、探讨课程核心内容，从而更好地实现思政教育的目标。

在思政课程中，问题的选择不仅要涵盖核心概念和理念，同时应该有助于促进学生之间的互动和合作。教师在设计问题时，可以有意引导学生需要共同探讨和交流意见的问题，从而在小组内形成积极的合作学习氛围。这样的问题设计不仅激发了学生的合作动力,也为小组提供了展开深入讨论的契机。通过设计需要小组成员共同解决的问题,教师能够引导学生在思政课程中展开合作学习。这样的问题要求学生在小组内相互交流、分享看法,从而形成共同的理解和解决问题的方法。这种互动和合作不仅促使学生深入思考问题,还培养了他们团队协作的能力。每位学生在这个过程中都能够为小组的共同目标贡献自己的独特见解,形成集思广益的局面,进一步增强了学生对思政课程的参与感和归属感。因此,问题设计的关键在于激发学生的合作学习兴趣,促进小组内外的积极互动,使学生在共同努力中不仅深化对思政课程的理解,还提升了团队协作和交流沟通的能力。

问题的选择在思政课程中也需符合学生的认知水平和学科特点,这要求教师根据学生的实际情况精心设计问题,合理安排问题的难度。问题既不能过于抽象使学生感到无法理解,也不能过于具体导致学生缺乏深度思考的空间。通过合理安排问题的难度,教师可以确保学生在合作学习中逐步深化对问题的理解。教师需要充分考虑学生的认知水平和思维能力,以便设计能够引导他们深入思考的问题。问题的合理难度有助于激发学生的学习兴趣,同时确保问题不至于过于棘手,使学生望而却步。这种巧妙的问题设计有助于引导学生在小组合作中更好地理解和解决问题,促使他们在学科学习中获得更为全面的提升。因此,问题设计的合理性关系到整个合作学习过程的顺利进行。通过符合学生认知水平和学科特点的问题选择,教师可以更好地引导学生深入参与思政课程的合作学习,使每个学生在问题解决过程中都能够发挥自己的潜力,提升对思政内容的理解和应用能力。

在思政课程的小组合作学习中,通过选择适合的问题,教师可以引导学生在合作中深入思考、交流意见,进而达到提高学生综合素养和思政水平的目的。问题的巧妙设计能够激发学生学习的主动性和探究欲望,使小组合作学习更具启发性和针对性。

第三节　多媒体技术在思政教育中的应用

一、多媒体技术

多媒体技术，作为一种综合性的电子信息技术，融合了多个学科门类，是计算机发展史上的一次颠覆性革新。其发展速度之快和广泛运用于各个领域都为人们的生活、学习和工作提供了极大的便利。多媒体技术通过计算机构建各类信息的逻辑关系，包括视频、图片、文本等，形成了交互式、实时性的系统化技术。这使得人们能够更直观、全面地获取、处理和传递信息。例如，通过多媒体技术，用户可以在互联网上观看视频、浏览图像、阅读文本，实现多层次、多媒体的信息传递和交流。媒体技术在企业生产、家庭生活以及学校教学中得到广泛应用。在企业中，多媒体技术的运用提高了生产效率，通过演示、视频会议等形式实现了更加直观的沟通与合作。在家庭中，多媒体技术为娱乐提供了更多选择，人们可以通过电视、音响、互联网等多媒体设备享受各种形式的娱乐。在学校教学中，多媒体技术丰富了教学手段，通过投影仪、电子白板等设备，教师能够更生动、生活化地展示教学内容，激发学生的学习兴趣，提高教学效果。除此之外，多媒体技术的应用也推动了深化型变革。通过虚拟现实、增强现实等技术，多媒体技术使得人们能够沉浸式地体验信息，推动了娱乐、文化、艺术等领域的创新。此外，多媒体技术的应用大大缩短了传播和交流信息的时间，促进了信息化社会的发展。信息传递不再受制于时空的限制，人们可以迅速获取和分享信息，进一步推进了社会的信息化进程。总体而言，多媒体技术的广泛应用对推动社会发展和提升生活质量产生了深远的影响。

二、多媒体技术在思政教育中的应用策略

多媒体技术在小学思政教育中应用时，可以从如下几点入手：

（一）教学资源多媒体化

教学资源多媒体化是在教学过程中应用图片、音频和视频等多媒体形

式，将抽象的思政概念呈现为更具体、更生动的教学资源。这一策略的背后是充分利用现代科技手段，以更直观、更感性的方式传递知识，从而提升学生的学习兴趣和理解深度。通过将教学内容转化为多媒体形式，教师能够创造更具互动性的学习环境，为学生提供更为丰富的感官体验。这一方法的核心在于打破传统教学的单一性，为学生呈现多样化、富有创意的教育资源，从而使思政课堂更加生动有趣。

多媒体化的教学资源可以采用图片、音频和视频等形式，为学生提供更为直观的感知方式。通过视觉上的图片，学生能够更好地理解抽象的概念，比如通过图表、图片、动画等展示道德模范的事迹，让学生在感性认识中建立对价值观的理解。音频和视频则提供了丰富的声音和影像元素，使教学内容更贴近学生的日常生活，通过听觉和视觉的双重刺激，引起学生更强烈的兴趣。这种多媒体化的手段，为思政课堂注入了更多生活化的元素，使学生在学习过程中更容易产生共鸣，增强对道德和价值观的认同感。多媒体化的教学资源不仅可以激发学生的学习兴趣，还能够在一定程度上满足不同学生的学习风格。对于视觉型学习者，图像化的表达更符合他们的学习需求；对于听觉型学习者，音频元素的运用则更具吸引力。此外，通过视频形式，教师能够展示实地考察、真实案例等，为学生提供更为立体的学习体验。这种因材施教的教学模式，更好地满足了学生的多元学习需求，使思政教育更贴近个体差异，实现个性化教学的目标。在整个多媒体化的教学过程中，教师的设计和选择是至关重要的。合理地选择图片、音频和视频的形式，结合教学内容和学生的认知水平，是教师需要精心考虑的问题。此外，教师在使用多媒体资源时需要注重平衡，避免信息过载，确保教学效果的提升。

如在对《我很诚实》这一思政课程进行讲解时，教师可以采用多媒体课件的形式在课前播放《手捧空花盆的孩子》，通过这一故事引入本节课的主题《我很诚实》，让学生在听完多媒体课件故事后，表达出故事中手捧空花盆的孩子是一个怎样的孩子。教师通过这种引入形式，可以增强学生对本节课主题的兴趣。

（二）互动式教学设计

互动式教学设计通过充分利用多媒体技术，特别是电子白板和在线教学平台，为课堂注入了更为生动、有趣的元素。这种设计的核心在于打破传统的单向教学模式，让学生成为课堂的积极参与者，通过互动与合作构建知识的过程。

电子白板作为一种互动式教学工具，使得教师可以在课堂上实时展示、编辑图文信息，更直观地呈现知识点。通过触摸屏幕、书写笔等设备，教师能够随时引导学生关注重点，解答疑问，创造出富有动态性和实时性的学习氛围。学生也可在电子白板上进行实时互动，分享自己的观点、答案或思考过程，从而建立起更为紧密的师生互动关系。

在线教学平台作为互动式教学的载体，通过整合多媒体资源、在线讨论、实时答疑等功能，打破了时空的限制，为学生提供了更为自由灵活的学习环境。教师可以上传各类学习资料，如音频、视频、图片等，让学生通过多感官的参与更深入地理解知识点。在线讨论板块则为学生提供了交流互动的平台，他们可以在虚拟空间中进行问题讨论、思想碰撞，促进学生间的合作学习。这种互动式教学设计不仅强调了学生的参与性，更加注重学生间的合作和协作，培养了学生的团队协作精神。互动式教学设计还强调了个性化学习的理念，通过在线教学平台的个性化设置，教师可以更好地满足不同学生的学习需求。学生可以按照自己的节奏学习，根据自身兴趣选择学习路径，通过在线互动提出个性化问题，促进更为个性化的学习体验。这种个性化设计有助于激发学生的学习动力，使学生更加专注于知识的探究和深度学习。

（三）虚拟体验和场景模拟

虚拟体验和场景模拟的运用在思政教育中带来了全新的学习维度。通过结合虚拟现实技术或多媒体模拟软件，教育者能够创造出生动逼真的情境，使学生可以更好地沉浸其中，进而增强对道德和价值观的理解。虚拟体验为学生提供了一种全新的学习方式，通过沉浸式的虚拟环境，学生可以更直观地感受和体验抽象的思政概念。例如，通过虚拟现实技术，学生可以身临其境地参与到历史事件或伦理场景中，使道德观念不再是单纯的理论知识，而是通过情感和体验得以深刻理解。场景模拟在思政教育中的应用可以通过模拟社会情境，引导学生面对道德困境，从而促使他们进行深度的道德思考。通过虚拟模拟，学生可以置身于真实的社会场景中，面对各种道德抉择，迎接现实中的伦理考验。这样的场景模拟不仅能让学生在虚拟空间中感受到决策的权衡和责任的重大性，更培养了他们在实际生活中更明智地做出道德选择的能力。场景模拟的设计不仅要考虑到真实性和情感的表达，还需要结合学科知识，使学生在场景中不仅仅是被动接受信息，更能主动思考和运用所学的思政理念。

（四）故事叙述和影像讲解

故事叙述和影像讲解是一种借助多媒体技术，通过展示道德模范的事迹，以生动的故事叙述和图像讲解的方式，引导学生深入理解和学习优秀人物的品德和行为，从而培养学生正确的价值观。通过生动的故事叙述，多媒体技术能够将道德模范的感人事迹生动形象地呈现在学生面前。故事情节的设置、情感的表达以及音效的运用，使得学生更容易产生共鸣和情感连接。这种亲身感受优秀人物奉献和坚持的过程，有助于激发学生对正直、仁爱等道德品质的认同感，使道德观念不再仅仅停留在抽象的层面，而是在情感的引导下深入内化。多媒体技术通过影像讲解为学生提供了直观而生动的学习材料。影像能够以视觉化的方式呈现道德模范的行为举止，使学生更直观地了解和学习优秀人物的品德表现。这样的展示方式不仅具有感染力，同时也有助于学生对道德观念的深度理解。影像讲解可以包括真实的视频记录、图像资料等，通过对道德模范在现实生活中的具体行为的展示，激发学生模仿的欲望，培养他们向优秀人物学习的积极态度。

（五）在线学习平台的建设

在线学习平台的建设对于小学思政教育的创新和提升至关重要。平台的整合多媒体资源是其核心特征之一。在平台上集成丰富多样的媒体资源，包括文字、图片、音频和视频等形式的学习材料，能够更全面、直观地呈现思政教育内容。这种多媒体资源的整合不仅有助于激发学生的学习兴趣，使课程更加生动有趣，同时也满足了学生多样化的学习需求，提高了学习效果。在线学习平台提供了灵活的学习环境，支持学生进行随时随地的在线学习、讨论和互动。学生可以在自己的学习节奏下，通过平台获取所需的学习资源，进行个性化的学习。这种灵活性有助于培养学生的自主学习能力，提高他们对思政教育内容的主动参与度。同时，平台上的讨论和互动功能为学生提供了交流和合作的机会，促进了同学之间的学习共同体建设。在教师方面，建设小学思政在线学习平台使其更好地管理和监控学生的学习过程。教师可以通过平台对学生的学习情况进行实时跟踪和评估，及时发现学生的学习困难和问题。同时，平台提供了教学资源的管理工具，教师可以根据学科特点和学生需求，灵活地调整和更新教学内容，使课程更具针对性和实效性。这种信息化的管理方式为教学提供了更科学、更便捷的手段。

（六）学生创作和表达

学生创作和表达是多媒体技术在思政教育中的一项重要应用策略。鼓励学生运用多媒体技术进行自主创作可以激发他们的创造力。通过制作思政主题的短视频、漫画或音频节目，学生能够用自己的方式表达对思政内容的理解和感悟。这种自主创作不仅是对学生学科知识的巩固，更是对思政教育目标的深化。学生在创作的过程中，需要深入思考道德伦理问题，将抽象的概念具体化，从而加深对思政主题的理解。学生通过多媒体创作表达自己的观点和情感，能够更生动地呈现思政内容。短视频、漫画和音频节目等形式能够更好地吸引学生的注意力，使学习过程更具趣味性。通过这些生动的创作，学生能够主动参与到思政教育中，形成良好的学习氛围。这种创作和表达形式还有助于培养学生对思政教育的兴趣，使其更愿意深入思考和学习思政课程中的道德和伦理问题。在实施这一策略时，教师可以为学生提供一定的创作指导，引导他们合理运用多媒体技术，确保创作内容符合教学要求。此外，教师还可以通过学生创作的作品进行评价，既促进学生之间的交流，又能够为教学提供更直观、具体的反馈。通过学生创作和表达，多媒体技术成为思政教育中的一项积极推动因素，为学生提供了更广阔的表达空间，使他们在思考和学习思政课程中得到更全面的发展。

第四节　学生参与型教学实践

一、参与型教学

（一）参与型教学概述

参与型教学是一种以激发学生学习兴趣为前提，强调学生主动参与的教学方法。在这一教学法中，学生的参与不仅是一种过程，更是教学的关键环节。通过创造积极的学习氛围，参与型教学致力于使每位学生在知识、情感、意愿和行为上实现和谐统一。这一方法使学生在亲身参与的认知行动中体验学习的愉悦，感受知识的奇妙，增强克服困难的自觉性和能力。通过参与，学生有机会了解、修正自身的认知水平和能力结构，为其提供了一个展示和发展个体潜能的平台。参与型教学不仅是一种教学方式，更是一个促进学生全面成长的综合性教育理念。

（二）参与型教学特点

1. 主体参与

参与型教学具有主体参与的特点，强调学生在学习过程中的积极参与和主动体验。这种教学方式注重培养学生的主体性，使其成为学习的主导者。学生通过参与式教学，不再是被动的接受者，而是积极参与知识构建和实践活动的主体。这种教学理念强调学生在学习中的自主性、创造性和积极性，通过实际的参与，促使学生更深层次地理解和掌握知识，培养他们解决问题和应对挑战的能力。主体参与的特点使参与型教学成为一种有效的教育方式，能够激发学生的学习兴趣，提高学习效果，培养学生全面发展的素养。

2. 互动性

参与型教学具有互动性的特点，着重于学生与教师之间、学生与学生之间的积极互动。这种教学方法强调学生之间的合作、交流和共享，通过教学过程中的互动，促使学生积极参与讨论、提问和合作活动。互动性的特点使教学不再是单向传递知识，而是构建一个共同学习的社交环境，教师和学生之间形成更为平等的关系。通过互动，学生能够分享自己的观点、倾听他人的见解，激发出更多思考和创新。这种教学方式不仅促进了知识的共建，还培养了学生的沟通能力、团队协作精神和批判性思维。互动性的特点使参与型教学成为一种富有活力和创造性的教育方式，有助于形成积极的学习氛围，提升学生学科素养。

3. 民主性

参与型教学具有民主性的特点，突显了教学过程中学生的参与权利和意见平等。在这种教学模式下，教师不再是单方面的知识传授者，而是与学生共同构建知识的引导者。民主性体现在教室内形成了师生平等的氛围，鼓励学生表达独立的观点、参与决策和共同制定学习目标。学生在民主的氛围中更有可能发展自主学习的能力，培养批判性思维和创新性思考。这种民主性的参与模式不仅为学生提供更广泛的表达空间，也让他们感受到在学习中的主体地位。通过民主参与，学生能够更深刻地理解和接纳多元观点，培养对社会、文化和价值的更全面理解。因此，参与型教学的民主性特点为学生创造了更具包容性和平等性的学习环境，激发了他们的学习动力和积极性。

4. 合作性

参与型教学具有明显的合作性特点，强调学生之间的合作互动，促进共同学习的氛围。在这种教学模式下，学生被鼓励共同思考、合作解决问题，而非孤立地追求个体成绩。合作性的参与模式通过小组活动、讨论和共同实践，培养了学生的协作和沟通能力，促使他们更好地理解彼此之间的观点和经验。教师在这个过程中扮演引导者的角色，激发学生团队协作的积极性，使学生在合作中不仅能完成任务，还能学到团队协作的价值和技能。通过合作性的参与，学生更容易培养分享知识、倾听他人意见的品质，同时形成团队责任感和集体认同感。这一特点不仅加强了学生之间的联系，也为他们未来参与社会活动和工作时进行团队协作奠定了基础，从而推动了综合素养的全面发展。

5. 开放性

参与型教学具有显著的开放性特点，突破了传统教学的封闭性框架，鼓励学生在学习中展现创造性和探索性。这一特点体现在对学习环境的开放性设计、对问题解决的多样路径和策略的接纳，以及对学生观点和意见的充分尊重。在参与型教学中，教师往往提供引导性的问题或情境，而学生被鼓励在开放的学习空间中自由表达、探索和实践。学生可以根据个体兴趣和思维方式，选择适合自己的学习路径，从而使学习更加个性化和富有创意。这一开放性特点有助于培养学生的主动学习意识，激发他们对知识更广泛领域的兴趣，同时提升解决问题和应对未知挑战的能力。通过开放性的参与，学生能够更全面地发展个体潜能，适应未来复杂多变的社会环境。

二、学生参与型教学实践

在小学思政课堂中，实施学生参与型教学需要采用一系列策略，以激发学生的学习兴趣、培养其思辨能力和主动参与的态度。

（一）情境设计与案例分析

情境设计与案例分析是小学思政课堂中促使学生主动参与学习的重要策略。通过生活中的实际情境，教师可以将抽象的道德和价值观念贴近学生的日常经验，使其更容易理解和接受。例如，可以选取与学生生活息息相关的案例，如家庭、学校、社会等方面的情境，让学生通过这些场景，从中发现和思考其中蕴含的道德问题或价值取向。这样的设计有助于建立起学生对道德观念的实际认知，使道德教育不再抽象而具体。真实案例的使用可以激发学生的学习兴趣和参与欲望。通过生动有趣的案例，学生更容易产生情感共鸣，进而投入到问题的思考和讨论中。例如，通过讲述一个发生在同龄人身上的故事，引导学生从情感上体会其中的道德冲突，从而更深刻地理解其中蕴含的价值观念。这种情境设计能够激发学生的主动学习欲望，使其在参与讨论时更加积极，有利于知识的深入消化。

如在《大家的"朋友"》教学中，可以应用情景设计的方式进行讲解。公共设施作为大家的朋友，学生应"认识我的朋友"，了解公共设施，形成爱护公共设施人人有责的意识。作为生活中的常见物品，教师可以设置出"认识我的朋友"场景，带领学生走入设置的公共设施场景中，让学生在情境中寻找常见的交通信号灯、路灯等公共设施，并让学生对公共设施的认识程度进行讲解。通过这种将课程教学内容与生活情境结合起来的创设，增强学生对公共设施的认识，感受"朋友"的作用。

（二）实地调研和社区服务

实地调研和社区服务作为小学思政课堂中的学生参与型教学实践策略，具有显著的教育效果。通过实地调研，学生能够亲身感受社会现象，加深对抽象知识的理解。例如，教师可以组织学生前往社区、公共场所进行实地观察和调查，让他们通过亲身经历感知社会中存在的道德和伦理问题。这样的实践不仅能够使学生对学科知识形成更加具体的认识，而且能够激发他们主动学习的兴趣。社区服务是参与型教学的重要形式之一。通过参与社区服务活动，学生能够培养社会责任感，提升团队协作能力。例如，学生可以参与社区环境整治、关爱留守儿童等志愿服务项目，通过实际行动去关注社会问题，形成积极向上的人生观和价值观。这种参与式实践不仅使学生更加关注社会，同时也培养了他们的社会责任感和公民意识。

（三）讨论与辩论

讨论与辩论是在小学思政课堂中引入学生参与型教学实践的重要手段。通过组织讨论，教师能够激发学生表达个人观点的积极性。在课堂上，教师可以提供一些具有争议性的话题，引导学生围绕这些话题展开讨论。这样的活动有助于培养学生独立思考和自主表达的能力，使他们从小学阶段就逐渐形成明确的思想观点。通过组织辩论，教师能够提高学生的思辨和辩论能力。辩论是一种更加形式化的学科活动，要求学生在一定的规则和逻辑下，通过言辞辩论来支持自己的立场。通过参与辩论，学生既能够深入理解问题，又能够培养良好的逻辑思维和口头表达能力。教师可以设计一些生活中的案例，让学生模拟辩论，从而引导他们在辩论中更好地理解和运用道德和伦理观念。

（四）学生主持课堂

学生主持课堂是一项促进学生参与型教学实践的策略，旨在培养学生的表达能力和自信心。通过鼓励学生轮流主持一部分课堂，教师能够激发学生对主题的兴趣和热情。学生在主持课堂的过程中，不仅需要深入理解所学内容，还要通过清晰的表达将知识传递给同学。这样的亲身经历可以使学生更加深入地理解和掌握知识，培养他们主动学习的态度。学生主持课堂有助于培养学生的表达能力和自信心。在主持课堂的过程中，学生需要与同学互动，回答问题，引导讨论，这要求他们具备良好的口头表达能力和自信心。通过这样的实践，学生能够逐渐克服表达障碍，培养自己清晰、流畅、有条理的表达风格。同时，他们还能够感受到被认可和尊重，从而更加积极地参与课堂学习。

第七章 评价体系与反馈机制

第一节 思政教育评价体系的构建

思政教育评价体系的构建是确保思想政治教育有效实施的重要环节。该体系应综合考查学生的道德品质、思想觉悟、学科知识水平以及综合素质等方面,以全面、科学的方式对学生的发展进行评估。以下对思政教育评价体系构建中的内容进行阐述。

一、明确评价目标

在小学思政教育评价体系的构建中,明确评价目标是确保评价体系科学有效的关键步骤。

学校需要深入研究并清晰定义小学思政教育的培养目标。这需要对小学生的认知发展、德育素养和思维能力等方面有深刻理解,以确保培养目标既符合小学生个体差异和特征,又紧密契合国家和社会对小学思政教育的整体期望。对小学生认知、情感、品德等方面特点进行充分了解,明确定义小学思政教育的培养目标。评价目标的明确需要考虑到小学阶段学生的发展特点。小学生正处于认知发展、道德品质养成的关键时期,因此评价目标应当结合小学生的发展阶段,注重培养他们的基本品德、社会责任感、学习兴趣等方面的素养。这需要评价目标在语言表达、思维逻辑、团队协作等方面的合理设置,使其既符合小学生认知水平,又能够引导其全面成长。明确评价目标还需要与小学思政教育的实际情况相结合,充分考虑学科融入、课程设计等方面的要求。小学思政教育不仅仅是对道德品质的培养,还涉及对国家、社会和文化的基本认知。因此,评价目标的明确需要体现小学思政教育全面覆盖各个方面的特点,以保障评价体系的全面性和全局性。

二、建立多维度指标体系

在小学思政教育评价体系构建中,建立多维度指标体系是为了全面、客观地反映学生在品德、思想、知识等多个方面的发展状况。以下对思政评价指标进行概述。

（一）品德领域相关指标

在小学思政教育评价体系的构建中，设置品德领域相关指标至关重要。应关注学生的品德表现指标，通过观察学生在日常生活中的言行举止，了解其是否具备尊重、守纪、友爱等品德素养。另外评价学生在道德选择方面的表现，关注其在面对道德困境时的选择和决策，以此考查其道德观念和判断力的发展情况。责任意识也是品德领域评价的核心，通过考查学生对学业、家庭和社会的责任心，了解其是否具备积极的社会责任感。通过这些全面而具体的品德领域指标，评价体系能够深入挖掘学生品德培养的各个方面，确保评价内容既科学又全面，有助于培养学生积极向上的品格和道德素养。

（二）思想方面的指标

在小学思政教育评价体系构建中，设置思想方面的指标至关重要。需要关注学生的思想观念，通过考查其对重要社会问题、时事热点的理解和看法，了解其思想觉悟和社会责任感的培养情况。评价学生的批判性思维能力，关注其对信息的分辨和分析能力，以及对不同观点的理解和对话能力，以此考查其在思考问题时的深度和广度。此外，还需关注学生的人文素养，包括对文学、历史、艺术等领域的理解和欣赏，以及对传统文化的传承与发展，确保学生在思想方面得到全面的培养。通过这些思想方面的指标，评价体系能够更全面地反映学生的思想水平和素养，为其思维能力和综合素质的培养提供有力的支持。

（三）知识领域的指标

在小学思政教育评价体系构建中，设置知识领域的指标是关键之举。第一需要重点考查学生对思政学科知识的掌握程度，包括对国家历史、社会制度、道德伦理等方面的了解与理解。第二需要评估学生在思政学科中的综合运用能力，如能否将所学知识应用到实际生活中解决问题，展现出对学科知识的实际应用水平。第三需要关注学生对多元文化的认知和接受度，以及对国际事务的基本了解，确保其知识体系具有全球视野。通过这些知识领域的指标,评价体系能够全面反映学生在思政学科知识方面的学业水平,培养学生对社会、国家、文化等方面的全面认知,为其综合素质的提升提供有力支持。

(四)个性化发展的指标

在小学思政教育评价体系中,设置个性化发展的指标至关重要。这包括评估学生在道德品质、社会责任感、团队协作等方面的发展情况。关注学生的个性发展,意味着不仅仅要关注其学科知识的掌握,更要注重培养其独立思考、创造性思维以及对他人关怀的能力。通过设立个性化的指标,全面了解学生的兴趣特长、性格特点以及自我认知水平,有助于挖掘和引导每位学生的潜能,培养其个性发展的多元素。这种评价体系能够更全面、更细致地反映学生在品德、社会交往、心理健康等方面的成长与进步,促进个体差异化的发展,为培养具有个性、创新力和社会责任感的新时代公民提供有针对性的评价支持。

(五)团队协作的指标

在小学思政教育评价体系构建中,设置团队协作的指标是为了全面了解学生在协作与团队合作中的表现与发展。这包括评估学生在团队环境中的沟通能力、合作精神、团队角色担当等方面的素养。通过关注团队协作的指标,评价体系能够有效反映学生是否能够与他人有效协作,是否具备良好的团队意识和组织协调能力。这种评价方式旨在培养学生积极参与团队活动的习惯,促进他们在群体中形成互帮互助、协同学习的良好氛围。在评价体系中加入团队协作的指标,不仅能够量化学生的合作表现,还有助于培养他们在未来社会中更好地适应团队合作的需求,为其发展提供更全面的评价参考。

(六)社会实践的指标

在小学思政教育评价体系构建中,设置社会实践的指标旨在全面了解学生在社会参与和实践中的表现与发展。这方面的指标涵盖了学生参与社会服务、社区活动、公益事业等方面的素养评估。通过注重社会实践的指标,评价体系可以更有效地反映学生对社会的理解、社会责任感以及与社会互动的积极性。社会实践的指标不仅有助于培养学生关心社会问题、参与社会实践的能力，还能促进他们在实践中逐渐形成正确的价值观和社会观。这样的评价方式有助于小学思政教育更好地引导学生将所学知识运用于实际生活，培养他们积极向社会贡献的品格，提高他们的社会参与能力。通过引入社会实践的指标，评价体系可以更全面地评估学生的发展，使评价更符合培养全面发展的社会主义建设者和接班人的要求。

三、设立合理的评价标准

在小学思政教育评价体系构建中，设立合理的评价标准是确保评价体系科学有效的关键。评价标准应基于明确的教育目标，反映学生在思政教育中所需培养的品德、思想、知识等多个方面的发展。这要求评价标准的建立要与学校、教育部制定的思政教育指导纲要、素质教育目标等相契合，确保评价体系与教育目标保持一致，为学生全面发展提供科学的衡量标准。评价标准应该是具体、可操作的，能够量化和具体化学生在品德、思想等方面的表现，使得教育者和学生能够清晰地了解评价的依据。通过设立具体的评价指标，教育者可以更准确地评估学生的发展水平，有针对性地开展思政教育工作。例如，在品德领域可以设立具体的指标如诚信守约、团结互助，而在思想方面可以考查学生对核心价值观的理解等。这样的具体标准有助于评价体系的科学性和实用性。

因此，合理的评价标准需要立足于全面、明确的教育目标，同时要具体、可操作，以促进对学生综合素养的全面评估。这样的评价标准不仅有助于形成科学的评价体系，还能推动思政教育更加精准、有效地开展。

四、引入综合评价方法

引入综合评价方法是小学思政教育评价体系构建中的一项重要策略。采用多元化的评价方法能够全面了解学生的学习状况和素质发展情况。传统的书面考核虽然是一种常见的评价方式，但往往难以准确反映学生的综合能力和品德素养。引入口头答辩、实际操作、项目展示等多种方式，可以更全面地观察学生的学习表现，使评价更具有针对性和科学性。综合评价方法有助于避免单一评价方式的片面性。每个学生的发展都是多方面的，仅仅通过考试成绩难以全面了解他们的潜能和特长。引入实际操作和项目展示等方式，可以更好地发现学生的兴趣和潜力，提高评价的全面性和准确性。这种多元化的评价方法能够激发学生的学习兴趣，鼓励他们在不同领域全面发展。另外综合评价方法也有助于培养学生的综合素养。综合评价方法注重考查学生的实践能力和实践操作，更符合素质教育的理念。学生通过口头答辩和项目展示等方式，能够培养表达能力、团队协作能力等综合素养，为他们未来的学习和工作打下坚实的基础。

综合评价方法的引入不仅能更全面地了解学生的学习和发展情况，还能培养学生的综合素养，为小学思政教育提供更有效的评价手段，促进学生全面发展。

五、注重自我评价和同伴评价

在小学思政教育评价体系中，注重自我评价和同伴评价是促进学生全面发展的重要策略。鼓励学生进行自我评价有助于培养其对自身发展的认知和反思能力。通过自我评价，学生可以更深入地了解自己的学习状态、品德表现以及个人发展方向。这种自我认知和反思的过程不仅有利于学生形成积极的学习态度，还能够提高其自主学习和自我管理的能力。引入同伴评价是为了促使学生在团队协作中形成对彼此的建设性评价，培养团队协作精神。同伴评价不仅能够激发学生对团队合作的兴趣，还能够培养他们的沟通与合作能力。通过在团队中相互评价，学生能够更好地理解团队中每个成员的贡献和特长，形成团队协作的默契。这种相互理解和信任有助于培养学生的团队协作精神，为他们未来的社会生活和工作打下基础。

六、建立动态调整机制

在小学思政教育评价体系中，建立动态调整机制是确保评价体系持续有效的重要环节。不断监测和收集评价数据，可以全面了解学生在品德、思想、知识等方面的发展状况。这种数据的积累为评价提供了客观的依据，有助于全面了解教学效果和学生的学习情况。同时，动态收集的数据也为教师提供了更及时的信息，使其能够更好地把握学生的学习状态。另外建立动态调整机制能够通过定期的评价结果分析及时发现问题和不足。评价体系在实施过程中难免会遇到各种挑战和问题，通过对评价结果的深入分析，可以及时发现问题的根本原因。这有助于教师和管理者在课程设计和评价方法上进行及时的调整，确保评价体系的有效性和科学性。动态调整机制的建立使得评价体系能够及时适应学生和教学环境的变化，保持对学生全面发展的有效评价。

七、整合技术手段

在小学思政教育评价体系中，整合技术手段是一项重要举措，通过引入信息技术，借助电子评价系统、在线问卷调查等工具，可以显著提高评价的效率和准确性。采用电子评价系统可以简化评价流程，提高效率。传统的手工评价容易受到烦琐的过程和人为因素的干扰，而借助电子评价系统，可以实现自动化的数据收集和分析，大大减轻了教师的负担，同时保证了评价的准确性。在线问卷调查等工具的运用则能够更好地管理和分析评价数据。在线问卷调查可以方便快捷地获取学生、教师和家长的反馈意见。这些数据可以用于评价体系的全面性和客观性，同时为教师提供更多有针对性的改进建议。此外，电子化的评价系统还可以更好地保护评价数据的安全性，避免了手工管理中可能存在的数据泄露和丢失的问题。

第二节　反馈机制的建立与优化

在思政教育中，建立和优化反馈机制是确保教学有效性的关键步骤。这一机制不仅有助于了解学生的学习情况，也为教师提供改进教学策略的有力依据。反馈机制建立与优化时可以从建立反馈机制、优化反馈内容两方面入手。

一、建立反馈机制

在小学思政课程中，建立明确的反馈机制对于提高教学效果至关重要。

建立反馈机制时可以做到：

（一）建立明确的反馈渠道和途径

在小学思政课程中，构建明确的反馈渠道和途径是保障教学质量的基石。教师可以通过定期的课堂反馈方式，采用问答、讨论等形式，直接与学生互动，了解他们对所学知识的理解和掌握程度。通过及时的课堂互动，教师能够发现学生在学习过程中可能存在的问题，为及时调整和精准指导提供有力支持。作业评价作为另一种重要的反馈途径，可以提供更加全面的学生学习状态和表现信息。教师可以设计多样化的作业，包括书面作业、小组讨论、实践性作业等，通过作业的完成情况全面了解学生在各方面的发展，并在此基础上调整教学策略。引入在线问卷调查是构建明确反馈途径的关键步骤之一。通过在线问卷，学生可以以匿名方式自由表达对课程的看法、对教学方式的意见等。这种反馈机制有助于教师深入了解学生对课程的接受程度，同时获取他们对教学效果的真实评价，为教学改进提供客观依据。在小学思政课程中，建立明确的反馈渠道和途径有助于教师更加全面地认知学生的学习状况，为有针对性地调整教学策略提供支持，从而提高整体教学效果。

（二）强调及时性

在小学思政课程中，及时性是评价反馈机制的关键特征。教师可以通过实时反馈的方式保持与学生的及时沟通。例如，采用课堂即时问答的形式，让学生能够随时提出问题并得到解答，确保学习过程中的问题得到及时解决。这种形式的互动不仅促进了学生主动学习的氛围，也帮助教师实时了解学生的理解程度，为调整教学方法提供实际依据。在小学思政课堂中，引入学生提问板块也是提高反馈及时性的有效方式。通过建立一个鼓励学生提问的平台，教师可以随时了解到学生在学习中遇到的问题，及时进行解答和指导。这种互动形式使学生在课堂上更有发言的机会，同时也增加了学习的实时性和动态性。在强调及时性的基础上，教师能够更加精准地把握学生的学习进展，及时发现并解决问题，确保课程的高效进行。这样的及时性不仅有助于提升学生对知识的理解，同时也为教师提供了调整教学策略的有效途径。

（三）个性化反馈

在小学思政课程中，个性化反馈是优化反馈机制的重要策略。教师可以根据学生的学业水平、学科偏好和学习风格等方面的个性差异，提供差异化的评价。这种个性化差异不仅包括对学生成绩的差异性评价，更关注学生在表现、思考深度等方面的个性特点，以更全面地了解每位学生的学习状态。针对学生的差异性，教师在反馈中应强调鼓励和引导。通过积极正面的语言和鼓励性的反馈，激发学生的学习兴趣，培养他们对思政知识的积极态度。这种个性化的激励有助于学生形成自主学习的习惯，提高学习的主动性。在建立反馈机制的过程中，个性化反馈也应注重挖掘学生的潜力和提高空间。通过指导学生发现自身在学科学习上的优势和劣势，教师可以为每个学生制订更为精准的学习计划，推动其在思政领域的全面发展。这种差异性和个性化的反馈方式，既关注了学业水平的提高，也注重了学生个体差异的尊重，使思政课程更符合小学生的认知和发展特点。

二、优化反馈内容

在小学思政课程中，优化反馈内容是提高教学效果的关键步骤。反馈内容应具有针对性。教师在收集学生反馈后，应深入分析反馈内容，以发现问题的本质和根本原因。这种深层次的分析有助于更准确地找到改进的方向，避免只是处理表面问题而忽视了根本性的因素。例如，若学生反馈对某一概念理解困难，教师可以通过特定的教学方法或资源调整，有针对性地帮助学生更好地理解。建立细致入微的反馈体系是至关重要的。不仅要关注整体教学效果，还需要对个体学生进行差异化反馈。这涉及对学生成绩、参与度、思考深度等方面的个别评价，帮助每个学生找到个性化的学习路径，真正实现因材施教。例如，对于在团队协作中表现卓越的学生，教师可以通过强调其团队合作精神来鼓励和奖励，以激发其积极性；对于在个人思考方面展现独特性的学生，可以提供更深层次的问题和引导，以拓展其思维深度。

通过以上策略，教师能够使反馈内容更具实际指导意义，为学生提供更精准、有针对性的学习引导。这不仅有助于学生更好地理解和应用思政知识，也提高了思政教育的实效性。

第三节　案例分析：成功的思政课程评价实践

沂源县历山街道教育体育管理办公室正在研究德育体系构建的实效性课题，着重对所构建的个性化教育德育体系进行了多方面的评价，并深入了解了思政课程的实施情况。这种评价实践对于思政课程的效果评估至关重要，也有助于了解德育体系的有效性和适用性。

沂源县历山街道教育体育管理办公室思政课程评价实践中，开展了区域多元评价体系研究，将单一的评价标准转化为多样的标准，构建关注差异、分层评价、立足过程、多元互动的多元评价体系。具体从评价内容、评价过程、评价标准、评价主体及评价方法等方面做了分析并提出了"一主四翼"多元评价办法在实践中进行了应用。

一、思政课程评价体系

在"一主四翼"多元评价体系中，"一主"着重于评价主体的转变，体现在《历山街道小学生多元评价个性教育手册》的制定上。目标在于摆脱以往过于强调教师主导的评价方式，实施多元互动的评价主体。手册通过构建学生自评、互评、家长评、教师评"四评"机制，使学生成为评价的主角，彰显学生的主体地位。力求以客观、公正、准确、全面的方式反映学生在学习和生活中的成长与进步。这一举措将评价的权利还给学生，激励其认识自我，建立自信，纠正缺点与不足，为每个学生提供广阔的发展空间。旨在使学校与班级成为学生成长的乐园，真正创造适合学生健康成长的教育环境。

"四翼"涉及四种过程性评价方法，包括"多彩星光卡"评价法、学生成长档案"公文包"记录收集法、第二人称谈话式口吻作业批语法、批评教育"2+1"评价法。其中，"多彩星光卡"评价法通过多元素评价学生的表现；学生成长档案"公文包"记录收集法通过记录学生成长情况；第二人称谈话式口吻作业批语法通过口头评价作业；批评教育"2+1"评价法通过有针对性的批评促使学生反思。这些方法的实施旨在更全面、细致地了解学生在学习与发展中的各方面表现，为个性化评价提供了有力支持。

具体实施时，主要从如下几点入手：

（一）评价形式灵活化

通过实施"多彩星光卡"评价办法，我们在班级层面灵活设计了多种卡片，如"书写规范美观卡""改正错误及时卡""兴趣爱好广泛卡""课堂表现激励卡""小淑女、小绅士榜样卡""创新创造智慧卡"等，用于记录学生在日常生活和学习中的各种"闪光点"。这些卡片不仅是对学生积极表现的实时奖励，而且通过在期末按照获得卡片数量评选"金色卡"等荣誉，鼓励学生积极参与，培养了竞争意识，最终形成了校级最高荣誉"校园之星"的评选体系。这一形式的灵活化评价不仅激发了学生的学习动力，还展现了学生在多个方面的优秀表现。

（二）评价注重过程化

强调学生的过程性评价，采用了学生成长档案"公文包"活动。通过这个活动，为每个学生建立了一个"公文包"式的成长档案，及时记录下每位学生在成长历程中表现出色的书法、绘画、作文、制作等作品以及所获得的各种奖励。这样的档案不仅是对学生过去努力的肯定，更是一个生动的成长留痕，可以激励学生在各个方面展现个性、发展潜力。通过"公文包"式的过程性评价，我们鼓励学生在个性发展中不断前行，形成了一个全面、多元的评价体系。

（三）评价注重科学化

在评价体系中，强调科学化的原则。特别是在学生作业的批语上，主要采用了第二人称谈话式的口吻，以更为亲近的方式表达对学生的评价。这样的评价方式不仅能够避免因个体差异而产生的主观偏见，更能够纵向比较不同学生的进步幅度，使得每位学生都能够在作业评价中得到积极的反馈。我们注重评价的科学性，确保每一位学生都能够得到公正、客观、有针对性的评价。

（四）评价过程激励化

在评价过程中积极倡导激励化的原则，采取了"2+1"评价办法进行批评教育。在与学生进行谈话之前，应努力寻找学生自身表现突出的两条"闪光点"，然后再指出一条不足之处。这样的方式在保持轻松氛围的同时，让学生更容易接受教师的建议和批评，从而促进学生在不断进步的过程中更好地发展自己。我们致力于使评价过程更具正向激励，为学生的成长提供积极的引导。

（五）评价内容多样化

实践证明，采用关注孩子进步幅度的多元评价类型，可以提高每个学生获得好评价的概率，进而增强学生的自信心。这种多元评价体系注重差异、分层评价、关注学生的个体差异，立足于学生的成长过程，强调互动多元的评价方式。通过这样的评价方式，我们积极践行个性化教育，保护学生的自尊心和自信心，激发学生朝着成功迈进。我们坚信这样的多元评价体系有助于更好地引导学生的发展。

在具体评价过程中，还坚持做到六个结合，让评价学生由"一元"转向"多元"，突出其发展性。

1. 坚持学生自评与他评相结合

始终坚持综合评价原则，引导学生从多个方面进行自我过程评价，涵盖学习品质、道德素养、个性品质等多个方面。每月，学生客观公正地进行自查评价，回顾自己的表现，发现长处并找出不足，分析制约成长的因素，制定下一个月的努力目标。通过自查自评，强化学生自我规范、自我反省、自我教育、自我激励的能力。班主任和家长在学生的自评过程中起到督查、了解、调控的作用，月度科学评价和期末综合评价则有助于了解学生的优点与不足，提供有针对性的强化教育。这样的多元评价体系时刻提醒学生规范自身行为、实时自我评价、反馈、矫正、激励，实现评价主体的多元化。我们相信这种评价机制有助于促进学生成长。如表1所示为历山街道小学生学生个性化成长月记卡，让学生按月对自己个性化教育成长进行评价。表2则是学生个性化教育学习品质的互评表，让学生之间就学习品质进行互评。

表1　历山街道小学生多元评价个性化教育成长月记卡

等级	学习品质	道德素养	个性品质
☺ ☺ ☹	☺ ☺ ☹	☺ ☺ ☹	☺ ☺ ☹
本月对自己表现是否满意	☺　☺　☹		
本月自己最突出的表现			
本月自己最明显的缺点和不足			
下月努力的方向与达到的目标			

注：1. 表现优秀☺，良好☺，有待努力☹。得3个☺为优秀等级；2个☺为良好等级；0—1个☹为有待努力等级。
　　2. 本月综合评价等级：☺　☺　☹

表2　历山街道小学生多元评价个性化教育学习品质互评表

	评 定 内 容	我认为你做到了
课堂学习	课堂有求知欲，具有一定的表达能力，逐步养成良好的学习习惯。遵守课堂纪律，了解课堂常规，初步养成独立思考，专心听讲，积极发言，树立自信心，敢于尝试，有错及时订正的良好习惯。	☺ ☺ ☹
完成作业	按时、认真完成课堂及家庭作业，自查自改。	☺ ☺ ☹
拓展学习	爱好阅读，喜欢课外阅读有益读物，养成学习搜索材料，获取简单信息的习惯，有自己的兴趣爱好。	☺ ☺ ☹

注：1. 表现优秀☺，良好☺，有待努力☹。得3个☺为优秀等级；2个☺为良好等级；0—1个☺为有待努力等级。
　　2. 学生每月一次互评。
　　3. 本次该项综合评价等级：☺　☺　☹

2. 坚持综合素质评价与单项素质评价相结合

评价中广泛开展以培养学生个性特长为主旨的评选活动，涵盖学习、生活、校内、校外等多个方面。这些评选活动为不同类型的学生提供了展示个性的舞台，促使学生在各个方面都能够获得认可。我们相信，评价面越广，学生获奖的机会就越大，这有助于培养大多数学生的自信心，激发他们参与竞争的积极性和主动性，从而促成学生良好个性品质的全面发展。这样的评价机制有助于为学生提供多元化的成长路径。如表3—5所示为历山街道小学生多元评价个性化教育评价表相关内容，从学习品质、道德素养、个性品质等多方面让学生实现自我评价。

表3　历山街道小学生多元评价个性化教育学习品质自我评价表

评 定 内 容		我认为我做到了
课堂学习	课堂有求知欲，具有一定的表达能力，逐步养成良好的学习习惯。遵守课堂纪律，了解课堂常规，初步养成独立思考，专心听讲，积极发言，树立自信心，敢于尝试，有错及时改正的良好习惯。	☺ ☺ ☹
完成作业	按时、认真完成课堂及家庭作业，自查自改。	☺ ☺ ☹
拓展学习	爱好阅读，喜欢课外阅读有益读物，养成学习搜索材料，获取简单信息的习惯，有自己的兴趣爱好。	☺ ☺ ☹

注：1. 表现优秀☺，良好☺，有待努力☹。得3个☺为优秀等级；2个☺为良好等级；0—1个☺为有待努力等级。
　　2. 学生每月一次自评。
　　3. 本次该项综合评价等级：☺　☺　☹

表4　历山街道小学生多元评价个性化教育道德素养自我评价表

评 定 内 容		我认为我做到了
行为规范	初步养成良好卫生、生活习惯，尊敬师长，爱护公物，遵守校规校纪。	☺ ☺ ☹
心理素质	诚实，有爱心、同情心，能接受他人意见。能为别人的成功感到高兴，能虚心吸取别人的优点，弥补自己的缺点。同学之间不斤斤计较，能原谅别人的过错，常常把"没关系"挂嘴边。	☺ ☺ ☹
交往与合作	能与他人交往，愿意帮助别人，能团结同学。适应群体生活，自觉维护班级利益，在班级中有良好的人际关系，小组活动时，能听从组长安排，分工协作；尊重竞争对手，遵守比赛规则。	☺ ☺ ☹
公共素养	能遵守公共秩序、爱惜公物、保护环境、礼貌待人。	☺ ☺ ☹

注：1. 表现优秀☺，良好☺，有待努力☹。得3个☺为优秀等级；2个☺为良好等级；0—1个☺为有待努力等级。
　　2. 学生每月一次自评。
　　3. 本次该项综合评价等级：☺　☺　☹

表5 历山街道小学生多元评价个性化教育个性品质自我评价表

评定内容		我认为我做到了
兴趣与健康	活泼、开朗、喜欢运动，有一定兴趣爱好。	☺ ☺ ☹
实践与创新	有好奇心，乐于动手。	☺ ☺ ☹

注：1. 表现优秀☺，良好☺，有待努力☹。得3个☺为优秀等级；2个☺为良好等级；0—1个☺为有待努力等级。
　　2. 学生每月一次自评。
　　3. 本次该项综合评价等级：☺ ☺ ☹

3. 坚持定期评价与日常评价相结合

通过学校考评组、班级考评组以及学生自律委员会三级联合，对学生的日常表现进行形成性评估，旨在不断提供反馈、引导学生及时改进。在教学全过程中，教师采取鼓励性评价的方式，以朋友的口吻、赏识的眼光和商讨的语言，对学生的点滴进步和变化进行口头评价和反馈，激发学生达成目标的积极性。在日常评价的基础上，每学期末进行定期评价，对学生的各种表现和各方面素质进行综合评估，并及时进行全面性的表彰和奖励。这一评价机制有助于在全方位上激发学生的积极性，推动他们在个性品质上的全面发展。如表6所示为历山街道小学生多元评价个性化教育月综合评价表，除此之外，还有期末综合评价表，具体如表7所示。通过月综合评价、期末综合评价实现定期评价。

表6 历山街道小学生多元评价个性化教育月综合评价表

第＿＿＿＿月

自 评		互 评	
☺ ☺ ☹		☺ ☺ ☹	
师评	家长评	本月综合评价	
☺ ☺ ☹	☺ ☺ ☹	☺ ☺ ☹	
		教师签字：	

注：1. 本月3—4个☺为优秀等级；2个☺为良好等级；0—1个☺为有待努力等级。
　　2. 学生、家长、教师每月一次对照标准认真评价。

表7 历山街道小学生多元评价个性化教育期末综合评价表

等级	第一个月			第二个月			第三个月			第四个月			本学期综合评价等级		
	☺	😐	☹	☺	😐	☹	☺	😐	☹	☺	😐	☹	☺	😐	☹
教师寄语：															

注：3—4个☺月综合评价为优秀等级；2个☺月为良好等级；0—1个☺月为有待努力等级。

4. 坚持动态评价与静态评价相结合

坚持动态评价与静态评价相结合，认识到每个学生都是一个不断发展的个体。在进行静态评价的同时，着重强调学生的发展性特点，实施动态评价。为此，教师应对不同学生提出差异化的要求，确保每个学生都能获得最适宜的、充分的发展。例如，对学生学习成绩的评价中设立进步奖，鼓励历次考试有较大进步幅度的同学获得优秀奖。在作业批语方面，教师采取因人而异、纵向比较的评价方法，注重评价进步幅度大小，使基础较差但进步较快的学生也能获得正面评价。这种动态评价办法有效发挥了激励功能，激发学生的自信心，确保每位学生都有机会体验到成功的喜悦，从而促使全体学生全面发展。

5. 坚持校外评价与校内评价相结合

坚持校外评价与校内评价相结合是通过召开家长会、家访、学生社会（家庭）表现调查等方式，加强与社会、与家长的有效沟通。通过及时获取学生在校外的表现情况，将其纳入学生综合评价，并赋予一定分值。这不仅有助于全面了解学生的日常行为和品德，也确保了家庭教育与学校教育的一致性和连续性。通过多元化的评价方式，学生得以养成良好的行为习惯，实现评价的全面性和准确性。历山街道小学生多元评价个性教育评价中，让学生家长参与到评价中，如表8所示为小学生多元评价个性化教育个性品质家长评价表。

表8　历山街道小学生多元评价个性化教育个性品质家长评价表

评　定　内　容		我认为你做到了
兴趣与健康	活泼、开朗、喜欢运动，有一定兴趣爱好。	☺　☺　☹
实践与创新	有好奇心，乐于动手。	☺　☺　☹

注：1. 表现优秀☺，良好☺，有待努力☹。得3个☺为优秀等级；2个☺为良好等级；0—1个☺为有待努力等级。

2. 学生每月一次自评。

3. 本次该项综合评价等级：☺　☺　☹

家长寄语：

6. 学业内容和非学业内容评价相结合

学业内容和非学业内容的相结合评价是通过日常中的观察、记录、座谈、问卷等形式，以及建立学生成长档案的方式对学生进行全面评价。教师通过有目的的观察和记录学生的非学业表现，形成对学生整体认识，并定期反馈给学生，肯定其优点和进步，同时指出存在的不足。此外，学校鼓励教师采用随机口语评价或作业批语评价相结合的方式，以体现非学业内容评价的过程性和个体差异性。这样的评价方法有助于全面了解学生的发展状况，强调个体差异，更好地激发学生的学习动力和全面发展。

实践证明，这一评价体系的构建，明显提升了区域内学校育人水平。家长、社会满意度明显提升，学生个性和素养得到释放、成长，教师专业得到发展等都是这一评价体系作用得以发挥的表现。

二、案例经验总结

"一主四翼"多元评价体系通过将学生置于评价的中心，采用多元化的评价形式和方法，关注学生的过程和个性发展，构建了一个更为灵活、综合而丰富的评价框架，为学生的全面发展提供了有效的支持和引导。这一评价体系中有如下几点经验可供参考。

（一）明确的评价主体

"一主四翼"多元评价体系在明确的评价主体方面突显了独特的设计理念。通过构建学生自评、互评、家长评、教师评等"四评"机制，该体系使学生成为评价的主体，明确了学生在评价过程中的主导地位。这一举措旨在更好地体现学生的主体性，强调评价的客观性、公正性、准确性和全面性，有效将评价的权利赋予学生，从而培养了学生的自我认知和反思能力，鼓励他们积极改正缺点与不足，实现全面的个体发展。这种注重学生主体地位的评价机制为教育提供了新的思路，使评价过程更具参与性和民主性，有助于激发学生的学习动力与自我管理能力。

（二）评价形式多元化

"一主四翼"多元评价体系展现了在评价形式上的多元化特色。通过采用诸如"多彩星光卡"评价办法、学生成长档案"公文包"记录收集法、第二人称谈话式口吻作业批语法、批评教育"2+1"评价办法等多样方法，该体系为学生提供了广泛而丰富的评价类型。特别注重关注学生的进步幅度，这样的多元评价形式为每个学生创造了更多的自信心和成功的机会，突显了评价的灵活性和个性化，进一步推动了学生全面发展。这种多元评价形式的实施为教育提供了更为全面和有针对性的评估，有助于激发学生的学习动力与自我发展。

（三）评价体系注重过程性、激励性、科学性、个性化

"一主四翼"多元评价体系在构建上强调了过程性、激励性、科学性和个性化，通过引入多种评价机制，如学生自评、他评相结合、综合素质评价与单项素质评价相结合、定期评价与日常评价相结合、动态评价与静态评价相结合、校外评价与校内评价相结合等，以全面关注学生的多方面表现，推动学生的全员发展。这一评价体系注重从多个角度全面了解学生的发展状况，促进学生在学业和非学业方面的全面提升，使评价更加科学、灵活，更贴合学生的个性和特点，为学生提供了更广阔的发展空间。

第八章　信息化手段与思政课堂的未来

第一节　现代信息技术在思政课堂的应用

　　现代信息技术在思政课堂的应用已经成为提升教学效果和激发学生兴趣的重要手段。这一趋势的发展旨在借助现代科技，更生动、多样地呈现思政内容，使学生更好地理解和参与思政学习。

一、多媒体技术在思政课堂中得到广泛应用

　　多媒体技术在思政课堂中的广泛应用为教学提供了全新的维度，使得思政课堂更具生动性、趣味性和实效性。通过图像、音频、视频等多媒体元素的融入，教师能够更具创意地呈现抽象的思政概念，从而深刻地影响学生对内容的理解和学科的兴趣。

　　图像的运用能够直观地展示思政概念，使抽象的理念变得更加具体。教师可以通过图表、图片等形式，呈现社会问题、历史事件等内容，使学生更直观地了解并形成对相关概念的印象。例如，在讲解社会结构时，通过图示呈现各个社会层次的关系，能够使学生在脑海中形成清晰的结构图，增强对复杂概念的理解。音频的运用能够通过声音增强学生的感受力。音频素材可以包括相关演讲、音乐、采访等，用以传达思政课程中的情感、思考和观点。例如，通过播放相关演讲，学生能够更好地感受到演讲者的语调、语气以及表达思想的方式，从而更深刻地理解演讲中所包含的思政理念。此外，视频的运用能够提供更为全面的学习体验。通过播放视频资料，教师能够呈现真实的社会场景、历史事件等，使学生仿佛身临其境，更加直观地感受和理解所学内容。例如，在学习历史事件时，通过播放相关纪录片或实景重现视频，学生可以更好地理解事件的背景、过程和影响，激发对历史的兴趣。

二、互联网的广泛使用为思政课堂提供了丰富的信息资源

　　互联网的广泛使用为思政课堂注入了新的活力，成为教学中不可或缺的

重要工具。通过网络，教师和学生能够更加灵活地获取和分享信息，从而促使思政课堂更富有实际性和时效性。

教师可以通过互联网轻松获取最新的社会新闻和政治事件等资料，使课堂内容保持与时俱进。这种及时性的信息更新使得思政课堂能够更好地反映社会动态，让学生了解最新的社会问题和政治发展。例如，在讨论国际政治局势时，教师可以利用互联网获取最新的国际新闻，使学生对当下的国际形势有更为全面的了解。通过互联网，教师能够提供多样化的学习资源，为学生打开更广阔的知识视野。教师可以利用网络分享有关社会问题的研究报告、专业观点、学术论文等，使学生在思政学科中获得更为深入的知识。这种开放式的信息获取方式有助于激发学生的求知欲望，培养他们主动学习的习惯。同时，互联网的使用也鼓励学生主动获取相关信息，培养他们的独立思考和信息获取能力。学生可以通过搜索引擎、在线图书馆等工具获取各类相关资料，进行独立的学术研究。这种自主获取信息的过程不仅锻炼了学生的信息筛选和分析能力，还培养了他们对多元观点的理解和尊重。

三、虚拟教学平台的建设也是现代信息技术在思政课堂中的一大亮点

虚拟教学平台的建设在现代思政课堂中崭露头角，为教学提供了高效、便捷的工具。这一新兴的教学手段通过在线平台的建设，架起了学生和教师之间的数字桥梁，为实现课程的更深层次互动和有效管理提供了创新性解决方案。

虚拟教学平台使教师能够更加灵活地发布课程资料，实现课堂内容的数字化传递。教师可以通过在线平台上传教材、课件、参考资料等，使学生能够随时随地获取所需学习资源。这种数字化的教学方式既减轻了学生携带教材的负担，也方便了教师对课程材料的实时进行更新和调整，保持内容的及时性和灵活性。虚拟教学平台通过组织在线讨论等形式，促使学生之间形成更紧密的合作和交流。学生可以在虚拟平台上分享观点、提出问题，参与主题讨论，进而形成多元化的思考和意见碰撞。这种互动模式不仅拓展了学生的视野，还培养了他们的合作意识和团队协作能力，为思政课程的实践教

学提供了更多可能性。同时，虚拟教学平台为布置作业和实时监控学生学习情况提供了便捷工具。教师可以通过平台发布作业、考试等任务，实现对学生学业进展的实时监控。学生可以在平台上提交作业，获得及时的反馈和评价。这种形式不仅提高了教师对学生学习情况的把握，也使学生能够及时调整学习计划，形成更加积极主动的学习态度。

第二节　在线教学平台的建设与利用

在当今信息化时代，思政课堂逐渐引入在线教学平台，这一趋势不仅促进了教学手段的创新，还提高了学生学习的便捷性。在线教学平台的建设与利用成为思政教育中一大亮点，为教育提供了全新的可能性。

一、在线教学平台为教师提供了一个便捷的课堂管理工具

在线教学平台作为现代思政教育的得力助手，在教师与学生之间搭建了一座数字化的桥梁，为课堂管理提供了便捷的工具。通过该平台，教师能够实现对课堂资源的集中管理，从而更高效地组织教学活动，减轻工作负担，实现更灵活、更具时效性的教学计划。

在线教学平台为教师提供了一个统一的信息发布平台。教师可以在平台上发布课程计划、教学大纲、课件等教学资料，使学生能够随时随地获取相关学习资源。这种数字化的课堂管理方式不仅省去了传统纸质材料的烦琐，还减轻了教师的工作压力，提高了教学效率。同时，学生通过在线平台能够便捷地查阅、下载所需的学习资料，使其在学习上更为自主和便利。在线教学平台的使用使得教学计划的调整和变更更加容易实现。教师可以随时更新平台上的课程信息，发布调整后的教学计划，及时通知学生。这种灵活的调整方式使得教学更具弹性，能够更好地应对临时变化和学科发展的快速变化。这种更具时效性的管理方式不仅符合信息时代的发展特点，也更有利于确保教学内容的及时性和有效性。除此之外，在线教学平台的数字化管理为教师提供了更多的数据分析和评估手段。通过平台收集学生的学习数据，

教师可以更全面地了解学生的学科水平、学习兴趣和学业进展情况。这种实时监控与反馈机制有助于教师更精准地制定个性化的教学策略，提高教学效果，为学生提供更为个性化的学习支持。

二、在线教学平台促进了学生与教师之间的及时互动

在线教学平台的广泛使用为学生与教师之间的即时互动提供了便捷的途径，不仅丰富了思政课堂的教学手段，还促进了学习氛围的形成。通过在线讨论、问题答疑等功能，学生得以更方便地向教师请教问题、分享观点，建立了更为密切的学习联系，这种实时互动对于解决学生学习中的疑难问题、提高学生的参与度和投入感起到了积极作用。

在线讨论的平台为学生提供了一个开放的学术交流空间。学生可以通过平台分享自己对于思政课程内容的理解，提出问题，与同学进行讨论。这种开放性的交流方式不仅促使学生主动思考，还培养了学生对不同观点的尊重和理解。通过与同学的思想碰撞，学生能够更全面地理解思政课程中的理念和价值观。在线问题答疑的功能使学生能够及时获得教师的帮助和指导。学生可以在学习过程中随时向教师请教，而教师也能够及时给予解答和指导。这种即时的互动不仅有助于解决学生在学习中的疑难问题，还能够建立起学生与教师之间更为紧密的师生关系，增强学生对学科的学习信心。同时，通过在线平台，教师还能够主动引导学生进行有针对性的讨论，激发学生的主动性和创造性。这种引导性的互动有助于培养学生的批判性思维和问题解决能力，使学习更具深度和广度。通过思政课程中的实时互动，学生不仅能够更好地理解抽象概念，还能够形成对社会问题的深入思考，提高对思政理念的理解和认同。

三、在线教学平台的强大功能使得教学内容更加灵活多样

在线教学平台的强大功能为思政课堂注入了新的活力，使得教学内容更具创新性和实效性。通过多媒体资料、网络链接、在线文档等，教师可以灵活运用各种教学手段，为学生提供更为丰富多样的学习体验，同时实现更便捷的教学评估。

通过上传多媒体资料，教师可以更生动地呈现思政课程中的抽象概念。音频、视频等多媒体元素的运用使得教学内容更为直观、形象，有助于激发学生的学科兴趣。例如，通过上传相关演讲、专题讨论的视频，学生可以更全面地了解社会问题、政治事件等，提高对思政课程的理解深度。在线教学平台支持网络链接，使得学生能够更广泛地获取相关学习资源。教师可以通过链接引导学生阅读相关论文、新闻报道、研究报告等，为课程内容提供更多的背景资料和深度分析。这种多样化的学习途径有助于培养学生主动获取信息的能力，提高他们的综合素质。此外，在线平台的支持使得教师能够方便地进行线上考试和测验。教师可以根据课程安排设置在线考试，实现更为便捷的教学评估。这种方式不仅提高了教学评估的效率，还能够及时了解学生的学业进展，为教学调整和个性化教学提供数据支持。

四、在线教学平台有助于促进学生之间的合作与交流

在线教学平台的使用为学生之间的合作与交流提供了便捷的途径，通过在线小组讨论、协作项目等功能，学生能够共同探讨思政课程中的问题，分享观点，形成合作学习的氛围。这种学生之间的互动不仅培养了团队协作精神，还促进了不同视角和思考方式的交流碰撞，为思政课堂注入了更为活跃和富有创意的元素。

通过在线小组讨论，学生可以就课程中的问题展开深入的交流与思考。每个小组可以由不同的学生组成，各具专业背景和个人经验，这样的多元性有助于学生从不同的视角出发，全面地思考问题。通过在线平台，学生可以分享自己的看法，与小组成员进行讨论，形成对思政问题更为全面和深入的理解。协作项目的实施培养了学生在实际问题解决中的团队协作能力。教师可以通过在线平台发布协作项目，要求学生分组合作完成。这样的合作项目可以涉及社会问题的研究、思政理念的探讨等，激发了学生的团队协作精神，培养了他们在集体中发挥个人优势的能力。同时，通过在线平台的协作功能，学生之间还能够跨越地域和时间的限制进行合作。这种线上合作的形式既能够充分利用每个学生的个体优势，又有助于培养跨文化、跨团队协作的能力。在线合作的灵活性使得学生可以更好地适应未来的社会工作和学术

研究。

第三节　虚拟现实技术在思政教育中的潜力

虚拟现实技术在小学思政教育中具有潜力，可以为学生提供更为生动、直观的学习体验，促进他们对思政内容的深入理解。

一、虚拟现实技术可以通过模拟真实场景，使抽象的思政概念更加具体

虚拟现实技术（VR）在小学思政教育中的应用为学生提供了一种全新的、沉浸式的学习体验，通过模拟真实场景，使抽象的思政概念更加具体，促进学生更直观地理解和参与思政学习。

虚拟现实技术为小学思政教育创造了丰富多彩的虚拟场景。通过 VR 设备，学生可以置身于模拟的历史事件、社会活动中，仿佛亲临现场一般。例如，在学习历史课程时，学生可以通过虚拟现实体验历史事件，如走进古代的宫殿、参与历史人物的对话，使得抽象的历史概念变得具体而生动。这种沉浸式的学习体验激发了学生的好奇心和兴趣，使他们更容易理解和记忆思政内容。虚拟现实技术为学生提供了更直观的感知，使他们更加真实地感受思政内容的实际意义。在思政教育中，一些抽象的概念如国家、社会责任等往往较难以普通教材的形式呈现。而通过虚拟现实技术，学生可以通过视觉、听觉等多感官的参与，更全面地理解这些抽象概念的内涵。例如，在虚拟现实中，学生可以参与模拟社会活动，感受公民责任、社会参与的体验，从而更深刻地理解思政理念。此外，沉浸式学习体验有助于提高学生的学习主动性。由于虚拟现实技术的引入，学生不再是简单地接受知识，而是通过亲身体验、参与互动，更加积极主动地参与到学习过程中。这种积极性有助于激发学生的学科兴趣，培养他们主动学习的意愿，提高对思政课程的投入度。

二、虚拟现实技术为小学思政教育提供了更注重互动和参与的学习方式

虚拟现实技术（VR）的引入为小学思政教育带来了更注重互动和参与的学习方式，通过 VR 设备，学生可以参与虚拟讨论、角色扮演等活动，实现与虚拟环境中元素的互动，为学生创造了更为灵活和立体的学习过程。这种互动性的学习方式有助于培养学生主动学习和合作交流的能力，促使他们更深入地思考思政内容。

虚拟讨论是利用 VR 技术提供的虚拟环境进行学术性或主题性讨论。学生可以在虚拟现实中模拟讨论场景，加入讨论团队，就社会问题、伦理道德等进行深入交流。通过虚拟讨论，学生能够更自由地表达观点，更容易形成对多样观点的理解，培养了学生的批判性思维和语言表达能力。角色扮演是在虚拟现实技术创造的场景中，学生可以扮演不同的角色，体验不同的社会场景。例如，学生可以扮演一位政府官员、一名普通市民等，参与模拟社会情境，从而更深入地理解社会结构和个体在其中的角色。这种角色扮演活动有助于培养学生的同理心和社会责任感，使他们在参与思政学习的过程中更为投入。此外，互动性学习方式还包括学生与虚拟环境中的元素进行互动，如解谜、合作任务等。这种互动性的设计不仅增加了学习的趣味性，也培养了学生的合作精神和解决问题的能力。学生在虚拟环境中完成任务时，需要与同学协同合作，共同解决问题，从而在思政学习中培养了团队合作的重要素养。

三、虚拟现实技术还可以创造更具趣味性的学习环境，提高学生的学科兴趣

虚拟现实技术（VR）在小学思政教育中的应用，通过创造更具趣味性的学习环境，有效地提高学生的学科兴趣。在小学阶段，学生的好奇心和探索欲望较强，通过引入虚拟现实技术，可以设计富有趣味性的教学场景，使学生在轻松愉悦的氛围中进行思政学习，有助于激发学生的学科热情，培养他们对社会和政治问题的关注与参与意识。

虚拟现实技术为小学思政教育创造了生动有趣的虚拟场景。通过 VR 设

备，学生可以进入虚拟的社会场景、历史事件中，如走进博物馆、参与历史人物的互动等。这样的虚拟场景既满足了学生对新奇事物的好奇心，又使学习变得更加有趣。例如，学生可以通过虚拟现实体验历史事件，如亲身感受古代生活、参与历史人物的对话，这样的趣味性学习体验使思政内容更加生动。虚拟现实技术可以通过游戏化设计增强学习趣味性。在虚拟环境中，可以设计具有挑战性和趣味性的游戏，通过完成任务、解决问题来学习思政知识。这种游戏化的学习方式既能够吸引学生的注意力，又能够使学习过程更富有竞争性和互动性。例如，设计思政知识问答游戏、模拟社会角色扮演游戏等，使学生在游戏中获得知识的同时体验趣味性的学习。此外，通过虚拟现实技术，还可以将思政内容与虚拟动漫、虚拟人物结合，设计富有创意和趣味性的学习故事。学生可以在虚拟环境中与有趣的虚拟人物互动，参与虚拟故事情节，使思政学习更具故事性和情感共鸣。这种形式既吸引了学生的兴趣，又为学生提供了在轻松、富有创意的学习环境中进行思政学习的机会。

四、虚拟现实技术为小学思政教育提供更具个性化的学习体验

虚拟现实技术（VR）在小学思政教育中的个性化应用，通过虚拟环境的定制，为学生提供更具个性化的学习体验。这一创新的教学方式可以根据学生的兴趣、水平差异以及学习风格，量身打造适合他们的学习内容和活动，从而满足不同学生的学习需求，促进个性化发展，使每个学生都能在思政教育中找到属于自己的学习路径。

虚拟现实技术允许教育者根据学生的兴趣定制虚拟学习场景。通过收集学生的兴趣爱好、特长等信息，虚拟环境可以被设计成与学生兴趣相关的场景，例如，对社会问题的互动体验、特定历史事件的模拟，使学生能够在感兴趣的领域深入学习。这种个性化的设计不仅提高了学习的吸引力，也激发了学生更强烈的学科兴趣。虚拟现实技术可以根据学生的水平差异提供差异化的学习体验。通过在虚拟环境中设定不同难度的任务、活动，满足不同学生的学科水平和认知发展。例如，对于学科水平较高的学生，可以设置更具挑战性的虚拟任务，激发他们的学科兴趣和思考深度；而对于学科基础相

对薄弱的学生，则可以提供更具针对性的学习资源，帮助他们逐步提高。此外，虚拟现实技术还可以根据学生的学习风格和个性特点进行个性化定制。有的学生更喜欢通过视觉感知学习，有的则更喜欢通过听觉感知学习。通过虚拟现实技术，教育者可以调整虚拟场景的元素，提供更符合学生个性偏好的学习资源。这种个性化的设计不仅提高了学习的效果，也增强了学生对思政内容的吸收力。虚拟现实技术通过学生参与虚拟活动的记录和分析，可以实现对学生学习过程的实时监测。教育者可以根据学生的学习表现，及时调整虚拟学习环境，进一步满足学生的个性化需求。这种实时监测和调整的机制有助于教育者更全面地了解学生的学科水平和学习需求，提高个性化教学的针对性和实效性。

第四节　未来思政课堂的发展趋势

一、更加注重个性化

未来小学思政课堂将在很大程度上强调个性化教学，通过创新的技术手段为学生提供更贴近个体需求的学习体验。这一趋势不仅有望促进学生对思政课程的更深层次理解，还将在培养学生的综合素质和社会责任感方面发挥积极作用。

个性化教学将借助现代信息技术，如人工智能、大数据分析等，深入挖掘学生的学习特点和兴趣爱好。通过智能化的教育平台，系统性地收集学生的学习数据，分析学科优势和薄弱点，为每个学生制定个性化的学习计划。这种定制化的教学体验不仅能够更好地满足学生的个体差异，也能够激发学生学习的主动性和积极性。个性化教学将借助多媒体、虚拟现实等技术手段，打破传统教学的单一模式。通过精心设计的虚拟现实场景，学生可以在沉浸式的环境中体验思政课程的内容，使抽象概念更加具体生动。同时，通过多媒体的运用，将课堂内容呈现得更富有趣味性，激发学生的学科兴趣。这样的教学手段有望让学生更好地理解和接受思政课程中的理念和价值观。

二、更加注重互动性

未来小学思政课堂将更加注重互动性，旨在通过创新的技术手段进一步强化学生的参与度，使思政教育更富有活力。这一趋势的推动不仅有望拉近学生与思政内容之间的距离，还将培养学生的批判性思维、团队协作和社交技能。

互动性将得到进一步强化，通过在线讨论平台，学生可以更便捷地展开有深度的思政话题探讨。这不仅能够激发学生对社会、政治等问题的兴趣，还有助于培养学生的批判性思维和表达能力。通过实时的线上互动，学生可以分享自己的见解、与同学进行思想碰撞，从而形成更为丰富和多元的学习氛围。虚拟实境技术的应用将进一步拓展思政教育的边界。通过虚拟现实的创新教学场景，学生能够身临其境地体验不同历史事件、社会场景，从而更加深入地理解思政课程中的理念和价值观。这样的互动体验不仅让学生在学科知识上有更深层次的感悟，也使学习过程更为生动有趣，激发学生的学习兴趣。

三、将融入更多的创新教学手段

未来小学思政课堂将积极融入更多创新教学手段，借助不断发展的技术，以更好地适应信息时代的教育需求。这一发展方向不仅将丰富思政课堂的教学手段，更有望激发学生的学习兴趣，培养他们的创新思维和综合素养。

随着技术的进步，虚拟现实技术将成为思政课堂的重要创新教学手段。通过虚拟实境，学生可以沉浸式地体验历史事件、社会场景，增强对抽象概念的理解。这种创新手段不仅使思政内容更生动有趣，也提高了学生的学科参与度，促使他们更深入地思考社会问题，更全面地理解思政课程的内涵。人工智能技术的应用将为思政课堂注入新的活力。通过智能化的教育平台，可以实现对学生学习情况的个性化分析，并提供个性化的教学方案。这种定制化的教学方式有助于满足不同学生的学习需求，提高教学的针对性和实效性。同时，人工智能还可以用于自适应性评估，帮助教师更全面地了解学生的学科水平和发展方向，从而更好地指导教学。

参考文献

［1］ 肖庆顺. 中小学思政教育的内涵及其实践策略［J］. 天津教育，2021
（16）：4.

［2］ 妥文梅. 新时期小学思政教育的有效性探究［J］. 科学咨询，2022（8）：
239-241.

［3］ 严玮. 将党史教育融入小学思政教育初探［J］. 现代中小学教育，
2022，38（7）：6.

［4］ 梁德光. 传统文化背景下小学思政教育的开展探究［J］. 文理导航·教
育研究与实践，2020（11）：234-235.

［5］ 张伟. 小学思政教育供给侧的"三破"［J］. 教书育人：校长参考，2023
（6）：26-28.

［6］ 杜翠红. 新时代小学思政教育的现状与对策研究［J］. 电脑迷，2023（13）：
109-111.

［7］ 汪克胜. 三位一体，明德润心：太湖县新城小学思政教育实践体系的构
建［J］. 安徽教育科研，2023（2）：14-16.

［8］ 陈丹. 创新小学思政教育 多元体验促进品格提升［J］. 名师在线（中
英文），2023（7）：35-37.

［9］ 张占杰. 发展性评价在小学思政教育中的运用［J］. 甘肃教育，2023（3）：
15-19.

［10］ 徐盛菊. 红色文化融入小学思政教育的价值及实施策略［J］. 教育实践
与研究，2023（4）：55-57.

［11］ 曹珠. 红色资源在小学思政教育中的应用［J］. 甘肃教育，2023（7）：
15-18.

［12］ 王秀江，霍亮. 发挥党史在小学思政教育中的重要作用［J］. 思想政治
课教学，2022（3）：5.

［13］ 马明建. 新时代小学思政教育的现状与对策［J］. 中文科技期刊数据库

（全文版）教育科学，2022（1）：4.

[14] 王燕.沉浸式教学：小学思政课堂的应然之道[J].教育界，2023（13）：121-123.

[15] 李祺."沉浸式"思想政治教育的独特优势及其实践运用[J].江西电力职业技术学院学报，2022，35（12）：96-98.

[16] 张涵斐，李旭，刘昱彤，等.沉浸式体验在思政教育中应用的路径探索：以延安当地红色体验模式的发展现状为例[J].青年时代，2020.

[17] 沈兴明，练菲菲.对话，让思政课变得"营养又好吃"[J].人民教育，2019（13）：4.

[18] 刘建军.思政课：观照青少年精神成长的三个时期[J].红旗文稿，2019，393（9）：21-24.

[19] 韩喜平，肖杨.课程思政与思政课程协同育人的"能"与"不能"[J].思想理论教育导刊，2021（4）：131-134.

[20] 杨小军，谢添.课程思政与思政课程协同育人机制的构建[J].教育探索，2023（9）：66-70.

[21] 张翔，曹银忠."大思政课"建设的历史嬗变，规律遵循及数智化展望[J].教育探索，2023（10）：67-72.

[22] 王哲.立足"四史"强化思政课教学的感性支撑力[J].思想理论教育导刊，2022（3）：170-175.

[23] 张炳兰.基于云平台的思政课空间教学与创新实践[J].中国电化教育，2020（3）：2.

[24] 齐鹏飞.思政课教师应努力成为"经师"与"人师"相统一的"好老师""大先生"[J].中国高等教育，2022（9）：3.